Hilfe, ich habe meine Privatsphäre aufgegeben!

Hilfe, ich habe meine Privatsphäre aufgegeben!

Barbara Wimmer

Bibliografische Information der Deutschen Nationalbibliothek
Die Deutsche Nationalbibliothek verzeichnet diese Publikation in der
Deutschen Nationalbibliografie; detaillierte bibliografische Daten
sind im Internet über <http://dnb.d-nb.de> abrufbar.

Bei der Herstellung des Werkes haben wir uns zukunftsbewusst für
umweltverträgliche und wiederverwertbare Materialien entschieden.
Der Inhalt ist auf elementar chlorfreiem Papier gedruckt.

ISBN 978-3-7475-0164-1
1. Auflage 2021

www.mitp.de
E-Mail: mitp-verlag@sigloch.de
Telefon: +49 7953 / 7189 - 079
Telefax: +49 7953 / 7189 - 082

Lektorat: Janina Bahlmann
Sprachkorrektorat: Petra Heubach-Erdmann
Covergestaltung: Sandrina Dralle, Christian Kalkert
Satz: III-satz, www.drei-satz.de
Druck: Plump Druck & Medien GmbH, Rheinbreitbach

INHALT

VORWORT

Begonnen hat alles mit einem Kühlschrank, der die Milch nachbestellen sollte, wenn sie aus ist. Das war eine ganze Zeit lang die erste Version eines vernetzten Geräts, das die Masse erreicht hat. Auf Technik-Messen geisterte bereits vor Jahrzehnten ein Prototyp eines solchen Geräts herum. Jedes Jahr kamen weitere Geräte von anderen Herstellern hinzu und plötzlich gab es den ersten vernetzten Kühlschrank tatsächlich.

Im Jahr 2015 traf ich das lokale CERT.at-Team, das Computer Emergency Response Team Austria, zum Pressegespräch und sie erzählten mir von dem ersten vernetzten Kühlschrank, der Spam-E-Mail-Nachrichten verschickte, anstatt Milch zu bestellen. Die Internet-Verbindung des Kühlschranks war so unsicher, dass er Teil eines sogenannten Botnets geworden war. Sein Besitzer wusste freilich nichts davon, hat er doch den Kühlschrank nur genau einmal mit dem Heim-WLAN verbunden und sich danach nie wieder darum gekümmert. Während sein Kühlschank also Spam-E-Mails verschickte, wunderte ich mich darüber, was wohl mit all den anderen vernetzten Dingen passieren würde, die es auf dieser Welt geben würde. Denn zu dem Zeitpunkt war mir als Technologie-Journalistin bereits klar, dass es nicht bei einem vernetzten Kühlschrank bleiben würde.

Tatsächlich folgten bald jede Menge anderer Gegenstände – und überholten die Vision des Kühlschranks, der zwar nach wie vor ein beliebtes Gadget auf Messen blieb, aber kaum Einzug in Privathaushalte hielt. Im Juli 2020 fragte ich meine Twitter-Follower, wer von ihnen einen vernetzten Kühlschrank hat oder jemanden kennt, der einen besitzt. Von 180 Teilnehmern an der Umfrage meldeten sich fünf Prozent mit: »Hier! Ich!« Es waren IT-Nerds oder Sicherheitsforscher, die damit im Labor verschiedene Dinge untersuchten. 17,8 Prozent meiner Follower hatten noch nie von einem Kühlschrank gehört, der die Milch nachbestellen konnte, und 77,2 Prozent hatten keinen und kannten auch niemanden, der so ein Gerät besaß. Die Begründungen reichten von »Ich dachte, das gibt es bisher nur als Technologie-Demo« bis hin zu »Es gibt keinen Händler, bei dem man diese Dinge im Internet nachbestellen kann«.

Hersteller von smarten Kühlschränken haben sich in der Praxis eher dazu entschieden, diese mit einem Display auszustatten, sodass man auch beim Kühlschrank Live-Übertragungen oder Serien gucken kann oder einfach nur Rezepte aus dem Internet anzeigen sowie Musik und Videos streamen. Man kann sich mit dem smarten Kühlschrank aufgrund einer eingebauten Kamera auch Bilder vom Inhalt schicken lassen, während man gerade selbst Lebensmittel einkaufen ist, damit man keine wichtige Zutat vergisst. Ein Kühlschrank, der selbstständig Milch bestellt, blieb aber in großen Teilen eine Vision.

Dem Kühlschrank folgten schon bald Backöfen, Geschirrspüler und E-Herde – und zumindest dank einer Verknüpfung mit Amazon konnte die Bestell-Idee Wirklichkeit werden. Denn der Geschirrspüler kann beim »Amazon Dash Replenishment Service« mitzählen, wie viele Waschgänge getätigt wurden, und dann selbstständig neue Tabs bei Amazon nachbestellen. Alles wurde weitergedacht, doch die Idee kam durch den smarten Kühlschrank ins Rollen.

Von da an wurde »einfach gemacht, was geht«, wie es der Datenschützer Max Schrems einmal im Zusammenhang mit dem Internet der Dinge ausgedrückt hat. Es wurde vernetzt, was möglich ist, und nicht drüber nachgedacht, ob das auch sinnvoll ist. So präsentierten die Tech-Firmen Jahr für Jahr auf ihren Messen immer mehr vernetzte Gegenstände – bis sich auch die Vorfälle häuften, bei denen es um die Sicherheit ging, und es plötzlich im Jahr 2016 ein so großes Botnet aus verwaisten vernetzten Geräten gab, dass infolge einer Überlastung ein wichtiger Service-Provider ausfiel und dadurch Dienste wie Twitter oder Netflix lahmgelegt wurden.

Die Sicherheitsforscher von CERT.at hatten mich bei unserem Gespräch ein Jahr zuvor bereits davor gewarnt, dass solche Dinge passieren werden. Mich hat das zum Nachdenken gebracht. Seither beschäftige ich mich intensiv mit dem Internet der Dinge und den Auswirkungen der zunehmenden Vernetzung auf die Gesellschaft. Was wird passieren, wenn das so weitergeht, fragte ich mich.

Ich habe bereits damals bei meiner redaktionellen Arbeit bemerkt, dass wenige der Hersteller auch nur im Ansatz darüber nachgedacht haben, wie sie ihre Geräte absichern können. Dabei sind vernetzte Kühlschränke nichts anderes als Computer – und wir wissen, dass ein Anti-Virus-Programm das Mindeste ist, was nötig ist, um uns vor gröberen Problemen zu bewahren. Der Ausfall des Internet-Service-Providers durch den Zusammenschluss unzähliger vernetzter Geräte zu einem Botnet hat gezeigt, dass wir durch die zunehmende Vernetzung als Gesellschaft vulnerabler und anfälliger werden und wir – bzw. die Hersteller von Geräten – nicht so lax mit Sicherheitsthemen umgehen sollten wie bisher.

Ein andermal, es war ungefähr zur selben Zeit, stand ich auf einem Flughafen in der Warteschlange zum Schalter, um mein Gepäck aufzugeben. Ich war rechtzeitig zwei Stunden vor dem Abflug da, doch es gab einen »Computerfehler« im System. Die Passagiere konnten nicht abgefertigt werden, weil das Flughafenpersonal keinen Notfallplan hatte für einen Check-In ohne Internet-Verbindung. Zahlreiche Maschinen sind daher an dem Tag halb leer abgeflogen, da sie nicht auf die Passagiere warten konnten, die in der Halle standen und stundenlang vergeblich darauf warteten, einzuchecken.

Durch die zunehmende Vernetzung werden wir als Gesellschaft immer abhängiger vom »Always On«. Und manchmal trifft uns das viel härter als eine Spam-Mail, die automatisiert von einem Kühlschrank verschickt wurde. Experten warnen seit Jahren davor, dass wir auf die Folgen, die die zunehmende Vernetzung haben könnte, nicht ausreichend vorbereitet sind. Dem stimme ich zu. Ihnen, liebe Leserinnen und Leser, möchte ich mit dem Buch einen Überblick über die wichtigsten Entwicklungen in diesem Bereich geben – und über die lauernden Gefahren.

Eine dieser Gefahren ist, dass wir als Gesellschaft auf eine Totalüberwachung zusteuern – denn unsere Daten werden nicht nur von kommerziellen Firmen gesammelt, auch Cyberkriminelle und der Staat wollen gleichermaßen darauf zugreifen können.

Cyberangriffe sind nicht nur für große, kritische Anlagen ein Problem, sondern auch, wenn sie in unseren Wohn- und Kinderzimmern stattfinden, etwa wenn unbekannte Angreifer eine Baby-Cam übernehmen und die Mutter beim Stillen beobachten oder wenn sie über vernetztes Spielzeug direkt mit dem Kind in Kontakt treten und ihm den Befehl erteilen, die Haustür zu öffnen. Auch Connected Cars sind nicht sicher und auf den »Autopiloten« sollten Sie sich besser nicht allzu sehr verlassen.

Neben den Gefahren, die im Bereich der IT-Sicherheit lauern, machen sich große Konzerne wie Amazon oder Google mit digitalen Assistenzwanzen in unseren Wohnzimmern breit – und nutzen die Datensammlung auch noch dazu, ihre Produkte zu verbessern. Auch App-Hersteller sind nicht viel besser, wenn es um das Sammeln und Speichern unserer Daten geht. Von diesen Herstellern werden unsere intimsten Details oftmals an Werbetreibende weiterverkauft und landen damit auch bei Firmen, mit denen wir niemals persönlich in Kontakt waren. Immer mehr Daten werden gesammelt, auch in vernetzten Städten.

Ich möchte Ihnen aber nicht nur die Gefahren aufzeigen, sondern auch, was Sie tun können, um dieser Entwicklung nicht hilflos ausgeliefert zu sein. Wir befinden uns mitten drin in einer Entwicklung, die Teil eines »immer schneller, höher, weiter!« ist, ohne an die Konsequenzen zu denken. Das müssen wir wieder ändern. Gemeinsam.

1

WAS IST DAS INTERNET DER DINGE?

Neue Technologien beeinflussen Ihr Leben und zwar vielleicht sogar, ohne dass Sie davon etwas wissen. Dieser Satz soll Ihnen jetzt keine Angst einjagen. Stattdessen will ich Sie auf den Inhalt dieses Buches sanft vorbereiten, denn von dem ein oder anderen werden Sie überrascht sein.

Zum Beispiel: Wussten Sie, dass es im Jahr 2017 in Österreich bereits mehr Geräte, die miteinander vernetzt waren, als Menschen gab? Diese Zahl stammt von einem, der es wissen muss: T-Mobile-Chef Marcus Grausam, er lancierte sie in einem Interview.[1] 2020 soll die Zahl der vernetzten Dinge in Österreich bereits auf 20 Millionen Dinge gestiegen sein.

Auch für Deutschland ist die Prognose beeindruckend. Auf rund 82 Millionen Einwohner kommen im Jahr 2020 bereits rund 767,5 Millionen vernetzte Geräte. Diese Zahl stammt von Cisco, einem weltweit tätigen Telekommunikations-

---

1 vgl. *https://futurezone.at/b2b/a1-chef-schon-mehr-vernetzte-geraete-als-menschen/400672259*

unternehmen, das von einem stark exponentiellen Wachstum ausgeht. Laut dem Deutschlandchef von Cisco sollen in vier Jahren bereits auf jeden Deutschen rund zehn vernetzte Geräte kommen – vom Baby bis zum Greis.[2]

Weltweit soll laut der Vorhersage von Cisco die Zahl der vernetzten Geräte in den kommenden fünf Jahren deutlich stärker steigen als die Zahl der Internetnutzer und der Weltbevölkerung.

Sie können sich unter diesen sogenannten »vernetzten Geräten« nichts vorstellen? Das liegt daran, dass diese Dinge auf den ersten Blick schwer greifbar sind und es so wirkt, als würde es Sie nichts angehen. Unter dem Sammelbegriff »Internet der Dinge« (im Englischen: »Internet of Things«, abgekürzt: IoT) fasst man alle jene Technologien und Geräte zusammen, die selbstständig über das Internet miteinander kommunizieren können.

IoT-Geräte und ihre Macht über uns

Um etwas konkreter zu werden: Ein vernetztes Gerät kann eine Kaffeemaschine sein, die sich per App einschalten lässt. Oder ein Spielzeug-Teddy, der mit der Stimme der Mutter zum Kind spricht. Oder eine Lampe, die mit dem Lichtschalter kommuniziert und sich automatisch ein- und ausschaltet. Oder ein smarter Lautsprecher, der Ihre Lieblingsmusik spielt. Oder der Pflanzensensor, der Ihren Garten automatisch bewässert, wenn Sie im Urlaub sind. Oder die Fußgängerampel, die automatisch auf Grün umschaltet, wenn Sie sich ihr nähern. Oder der Getränkeautomat am Bahnsteig, der automatisch eine Meldung an seinen Eigentümer abschickt, wenn jemand versucht, ihn aufzubrechen, oder wenn er kaputt ist.

---

2   vgl. *https://www.ip-insider.de/2020-fast-800-mio-vernetzte-geraete-in-deutschland-a-537991/*

Nicht all diese vernetzten Geräte stehen zusätzlich zu unserem WLAN-Router, mit dem wir Menschen eine Internet-Verbindung herstellen, bei uns zu Hause in den Wohnzimmern. Die vernetzten Geräte, die miteinander kommunizieren, sind auch in unseren Städten, der Infrastruktur, Fabriken und Büros zu Hause und sie haben prinzipiell den Sinn und Zweck, unser Leben zu erleichtern. Der Anwendungsbereich ist dabei genauso vielfältig wie die Vielzahl an vernetzten Geräten. Er reicht von der allgemeinen Informationsversorgung über automatische Bestellungen bis hin zu Warnfunktionen. In Betrieben geht es vor allem um Effizienzsteigerung und darum, Produktionsabläufe zu erleichtern.

Die Vision, alles miteinander zu vernetzen, wurde übrigens bereits im Jahr 1991 erstmals aufgeschrieben. Der Computerwissenschaftler Mark Weiser, der als Tüftler bei Xerox in Palo Alto in Kalifornien arbeitete, beschrieb seine Vision in einem Aufsatz namens »Computer for the 21st Century«. Der Begriff »Internet der Dinge« stammt vom MIT-Technikpionier Kevin Ashton.

Doch was hat das jetzt mit mir zu tun, werden Sie sich fragen? Sie machen Ihren Kaffee am liebsten mit einer Espressokanne und gießen Ihre Pflanzen zweimal täglich selbst. Tatsächlich sind Sie mit dieser Ansicht nicht alleine: Vielen Konsumenten ist das Internet der Dinge egal – aber nur, solange es sich nicht plötzlich um Anwendungen handelt, die auch Ihr persönliches Leben verbessern könnten. Könnten, wohlgemerkt. Denn fast jedes IoT-Gerät hat derzeit seinen Preis, wenn es um Datenschutz und Sicherheit geht.

Robert Martin etwa hatte auf Amazon ein Gadget entdeckt, von dem er dachte, dass es gut zu seinen Gewohnheiten passte. Nie mehr aussteigen, um die Garagentür zu öffnen, sondern dies bequem aus der Ferne erledigen. Alexa per App am besten schon ein oder zwei Ecken vor seinem Haus befehlen, das Tor zu öffnen, damit er bequem ohne Wartezeit in seine Garage reinfahren kann. So stellte sich Robert Martin das vor, als er ein entsprechendes Produkt von Garadget erwarb.

Doch Robert Martin staunte nicht schlecht, als er eines Tages seine Garagentür plötzlich nicht mehr bequem per App öffnen konnte. Der smarte Türöffner des Start-ups reagierte nicht mehr auf seinen Knopfdruck am Smartphone. Auch seine Sprachbefehle per Alexa gingen ins Leere. Das Start-up hatte die Verbindung schlichtweg gekappt und die Hardware vom Netzwerk, mit dem die App verbunden war, getrennt. Das geschah in voller Absicht, um dem Mann eins auszuwischen.

Offiziell begründete das Unternehmen seinen Zug damit, dass der Mann »toxisch« sei und das Produkt von Anfang an nicht wirklich wollte.[3] Robert Martin hatte nämlich, nachdem seine ersten Installationsversuche gescheitert waren, eine negative Bewertung auf Amazon über den smarten Türöffner abgegeben, der in den USA zu dem Zeitpunkt, im Jahr 2017, für rund 99 Dollar erhältlich war. In dieser Bewertung bezeichnete Robert Martin den smarten Türöffner als »Scheißteil«, weil es nicht gleich wie gewünscht funktioniert hatte. »Schrott. Gebt nicht euer Geld dafür aus«, lautete sein Ratschlag an andere potenzielle Kunden. Auch im Support-Forum des Start-ups sparte er nicht mit einer ausfallenden Wortwahl, um seine Kritik anzubringen.

Der Hersteller blockierte ihn daraufhin einerseits im Online-Forum, andererseits trennte er die Verbindung des smarten Türöffners zur App. Er »empfahl« Robert Martin, das Gerät an Amazon zurückzuschicken, um sein Geld zurückzubekommen. Eine andere Option wurde dem Mann, der das Gadget eigentlich behalten wollte, nicht zur Verfügung gestellt.

Jeder hat sich schon einmal geärgert, wenn ein neues Gerät nicht das tut, was man will. Und natürlich sollte man nicht fluchen und den Hersteller beschimpfen, wenn etwas nicht

---

3 vgl. *https://www.theatlantic.com/technology/archive/2017/04/garadget-sabotage/521937/*

gleich wie erwartet funktioniert. Doch das Start-up hat hier eine Grenze überschritten: Es hat lieber sein eigenes vernetztes Gerät sabotiert, als mit dem Kunden zu sprechen. Es hat den Account des Kunden ausfindig gemacht, überwacht, die ID gesperrt und die Verbindung gekappt und ihn damit für sein »toxisches« Verhalten nach eigenem Gutdünken bestraft.

De facto konnte Robert Martin nicht mehr mit seinem Auto aus der Garage fahren. Er konnte in seinem eigenen Heim nicht mehr das tun, was er wollte, weil er von einem Hersteller abhängig war, der Macht über ihn hatte. Und wer rechnet schon damit, dass dieser ihn nicht als Kunden haben will?

Der Fall hätte in Europa für beide negative rechtliche Konsequenzen haben können. Robert Martin hätte in Europa von Garadget wegen »übler Nachrede« verklagt werden können, und zwar dann, wenn seine Online-Bewertung »unsachlich« gewesen ist und wenn sich davon jemand »persönlich angegriffen« fühlen könnte. Ob eine Bewertung beschimpfend oder verspottend ist, hat allerdings im Einzelfall untersucht zu werden. Garadget ist nach wie vor am Markt und mittlerweile auch zu einem beliebten Hersteller von smarten Garagentoröffnern geworden. Das Beispiel zeigt, wie viel Kontrolle Hersteller von vernetzten Geräten über ihre Dinge haben – und wie sie im schlimmsten Fall ihre Macht missbrauchen können.

Überwachung mal andersrum

Nicht nur Hersteller können Gadgets aus der Ferne steuern, wie die Niederländerin Rilana Hamer am eigenen Leib erfahren musste. Sie hatte sich eine billige Überwachungskamera angeschafft, mit der sie ihr Haustier überwachen wollte. Sie hatte einen jungen Welpen, auf den sie mit der Kamera ein Auge werfen wollte, auch wenn sie selbst nicht zu Hause war. Sie hatte dazu die Kamera mit ihrem Heim-WLAN-Netzwerk verbunden. Doch statt Rilana Hamers Welpen fing die Über-

wachungskamera unterdessen an, seine Besitzerin in ihrem
eigenen Zuhause zu beobachten – und ungefragt mit ihr zu
kommunizieren. Als dies das erste Mal passierte, schrieb
Rilana Hamer auf Facebook: »Für einen Moment dachte ich,
ich bin verrückt geworden. Ich bin heimgekommen und habe
meine täglichen Dinge erledigt. Aufräumen und im Haus sin-
gen ... bis ich im Wohnzimmer etwas gehört habe. Ich bin ein-
getreten und habe gesehen, wie sich die Kamera bewegt hat«,
heißt es in dem Posting. Danach habe sie das Wohnzimmer
wieder verlassen. Als sie es das nächste Mal betrat, bewegte
sich die Kamera von ihr weg und sagte auf Französisch:
»Guten Tag. Wie geht es Ihnen?«[4]

Rilana Hamers zog sofort den Stromstecker und trennte
die Kamera vom Internet, doch der Vorfall ließ ihr keine
Ruhe: »Ich war voller Sorge und dachte ernsthaft, ich werde
verrückt. Ich bin beobachtet worden. Aber wie lange schon?
Was hat die Person gesehen? Mein Haus, meine persönlichen
Befindlichkeiten ...« Und so kam es, dass Rilana Hamers die
Kamera noch einmal auspackte und einsteckte. Wieder begann die Kamera, sich ungefragt zu bewegen. Dieses Mal
filmte sie den Vorfall und die Person am anderen Ende be-
grüßte sie auf Spanisch. »Verlassen Sie sofort mein Haus!«,
sagte die Niederländerin. Und zurück kam stattdessen die Auf-
forderung eines Unbekannten zum Oralverkehr.

Am nächsten Tag brachte die Frau die Überwachungskamera zu dem niederländischen Discount-Supermarkt zurück, in dem sie das vernetzte Gerät billig gekauft hatte. Doch
was war passiert? Die Überwachungskamera wies praktisch
keinen Schutz gegen unbefugtes Eindringen auf und konnte
aus der Ferne bequem und einfach von Unbekannten gesteuert werden. Diese hatten vollen Zugriff auf die Bilder der
Überwachungskamera sowie auf das eingebaute Mikrofon,
weil der Hersteller eingebaute Sicherheitsmaßnahmen komplett »vergessen« hatte.

---

4   vgl. *https://www.grahamcluley.com/hacked-smart-camera-hola/*

Rilana Hamers wird nie erfahren, wer da versucht hat, mit ihr zu sprechen, sie und ihre Gewohnheiten auszuspionieren, und wer sie da womöglich auch einmal nackt durchs Wohnzimmer tanzend und singend aus der Ferne beobachtet hat. Sie hatte befürchtet, verrückt geworden zu sein. Was sie in dieser Situation aber definitiv war: komplett machtlos. Ihr einziger Ausweg war, die Überwachungskamera, mit der am Ende sie selbst überwacht worden war, nicht mehr zu verwenden und zurückzubringen.

Datenlecks

Schlechte Security und potenzielle Gefahren wie die unkontrollierte Fernsteuerung durch Fremde ist bei billigen Produkten von weniger namhaften Herstellern an der Tagesordnung. Ein anderes Problem, das relativ häufig auftritt, ist der Datenverlust durch Datenlecks.

So hat etwa ein Hersteller von smarten Glühbirnen, Steckdosen und Überwachungskameras zu Weihnachten 2019 Daten von rund 2,4 Millionen Nutzern und ihren vernetzten Geräten unabsichtlich frei im Internet zugänglich gemacht. Die Sicherheitsforscher von IPVM fanden insgesamt 40 Millionen Datensätze zu dem Vorfall. Dazu gekommen war es, weil der Hersteller, die US-amerikanische Firma Wyze, eine Kundendatenbank überspielt hatte, um das Durchsuchen von Informationen für die Mitarbeiter zu erleichtern. Bei der Überspielung der Daten wurde aus Versehen das Sicherheitsprotokoll gelöscht und – schwups – waren die Daten frei im Netz verfügbar.[5]

Darunter waren neben der E-Mail-Adresse aller Nutzer, die das Gerät benutzten, etwa Daten wie die Spitznamen, die die Besitzer ihren smarten Geräten verpasst hatten, sowie die genaue Typenbezeichnung und Firmware des Geräts. Auch das WLAN-Netzwerk, mit dem sie verbunden waren, befand

---

5   vgl. *https://blog.12security.com/wyze/*

sich darunter, sowie der Zeitpunkt, wann das Gerät zum letzten Mal benutzt worden war. Von 24.000 Nutzern waren auch sogenannte »Tokens« betroffen, mit denen die Wyze-Geräte mit Alexa-Geräten verbunden worden waren. Zudem befanden sich unter den frei im Netz verfügbaren Daten Informationen wie die Körpergröße, das Gewicht, das Geschlecht, das Alter, der tägliche Proteinbedarf, die Knochendichte sowie zahlreiche andere Gesundheitsdaten der Nutzer.

Die Firma hat zwar insgesamt rasch reagiert, aber diese Daten waren so lange frei im Netz, dass sie potenziell von Kriminellen runtergeladen werden konnten. Das bedeutet, dass Ihre Daten gegen Sie eingesetzt werden und Ihnen schaden können. Sie können nichts dagegen tun, sind völlig machtlos.

Sie denken vielleicht, dass sich sowieso niemand dafür interessiert, wann Sie Ihre smarte Lampe das letzte Mal ein- und ausgeschaltet haben oder wie viel Sie wiegen. Doch aus dem Verhalten Ihrer Lampe kann man etwa ablesen, ob Sie sich gerade im Urlaub befinden. Ihre Daten zum Übergewicht können an sogenannte »Datenhändler« auf dem Schwarzmarkt verkauft werden, damit Sie etwa gezielt Werbung für Diätprodukte erhalten. Ihre Spitznamen der Geräte können als Passwort-Kombinationen ausprobiert werden, um sich in Ihre Accounts einzuhacken. Sie müssen bedenken, dass es Kriminellen nur um den Profit geht, und deshalb sind sie sehr einfallsreich. Sie leben schließlich davon. Das Gemeine an derartigen Datenlecks ist, dass Sie als betroffener Kunde möglicherweise gar nichts merken. Ihre Daten können missbraucht werden, oder auch nicht.

Der Hersteller Wyze musste in diesem Fall als Sicherheitsmaßnahme ein Update an seine Nutzer senden. Dadurch, dass auch Tokens zu Android- und Alexa-Geräten betroffen und frei im Netz verfügbar waren, wären bestimmte Angriffe von Kriminellen auf diese Accounts nahezu problemlos möglich gewesen. Es bestand also eine akute Gefahr für alle betroffenen Nutzer. Diese wurden durch das Update von Wyze zu ihrer eigenen Sicherheit dazu gezwungen, all ihre smarten, vernetzten Geräte, die mit anderen Accounts von Drittanbietern wie Amazon Alexa oder Google Assistant verbunden waren, neu zu konfigurieren.

Das S für Security

Die oben genannten Beispiele sind der Grund, warum es im Internet unter Sicherheitsexperten einen beliebten Scherz gibt. »Das S in IoT steht für Security«. Welches S, fragen Sie sich? Genau. Es gibt keines. Es gibt keine eingebaute Sicherheit beim Internet der Dinge.

Die fehlende Sicherheit ist einer der Hauptgründe, warum viele vernetzte Geräte zur Überwachung regelrecht einladen. »So ein Gerät kommt mir niemals ins Haus«, sagen Sie sich jetzt? Tja, denken Sie daran: Sobald Sie das Gefühl haben, dass ein vernetztes Gerät für Sie bequem erscheint und Ihnen im Alltag Erleichterung bringt, werden Sie Ihre Sorgen und Bedenken wieder vergessen haben.

Sie sind allerdings nicht komplett hilflos ausgeliefert. Ich werde Ihnen in diesem Buch genau erklären, worauf Sie achten müssen, damit Sie zumindest die größtmögliche Sicherheit für sich erreichen können. Datenlecks wie jenes bei Wyze werden sich aber auch bei seriösen Anbietern nicht immer verhindern lassen, denn absolute Sicherheit gibt es freilich nie. Eines kann ich Ihnen zudem bereits an dieser Stelle verraten: Von vernetzten Billig-Produkten wie der beschriebenen Überwachungskamera von Rilana Hamers sollten Sie generell die Finger lassen. Die Chance, dass Ihnen Ähnliches passiert wie der niederländischen Welpen-Besitzerin, ist groß.

Der IT-Sicherheitsexperte Bruce Schneier beispielsweise glaubt nicht, dass derartige Produkte irgendwann von selbst vom Markt verschwinden. Deshalb sind Sie gefragt. Sie müssen sorgfältig wählen und sich vor einem Kauf genau erkundigen. Bruce Schneier ist der Meinung, dass in jedes Produkt IT-Sicherheit eingebaut werden muss. Das ist allerdings nicht so einfach, denn es gibt nicht eine einzige Lösung, die für alle

Geräte gleichermaßen funktioniert. Deswegen ist Sicherheit eine große Herausforderung, selbst für Hersteller, die das Thema ernst nehmen.[6] Und das sind freilich nicht alle. Dem Hersteller der smarten Überwachungskamera, die die Niederländerin im Supermarkt gekauft hatte, war die Sicherheit schlichtweg egal.

Das Internet der Dinge, also die Vernetzung von allen Dingen, die es gibt, mit dem Internet, hat sich daher bisher weder in der Security-Branche noch bei den Datenschützern einen guten Ruf erarbeitet. Bei vielen Geräten sollte man sich als Kunde tatsächlich schon vor dem Kauf fragen: Brauche ich dafür eine Internet-Verbindung oder sollte ich lieber auf ein Offline-Produkt setzen?

Der Cambridge-Professor und IT-Sicherheits-Experte Ross Anderson bezeichnet vernetzte Geräte als »Internet of Targets«, also »Internet der Ziele«, weil man herkömmliche Gegenstände durch eine Verbindung zum Internet plötzlich zur Zielscheibe von Kriminellen macht. Bruce Schneier warnt allerdings davor, ausschließlich »Worst-Case«-Szenarios auszumalen – also all das Negative, das passieren könnte. »Das würde zu Überreaktionen führen anstatt zu Lösungen«, so der Experte.

Ich möchte Ihnen mit den Beispielen auch keine Angst einjagen, sondern Ihnen lediglich aufzeigen, wie vernetzte Produkte missbraucht werden können. Wenn Ihre Lampe mit dem Internet verbunden ist oder Ihre Überwachungskamera oder in weiterer Folge Ihr Auto, Ihre Waschmaschine oder Ihre Zahnbürste, dann sind diese Geräte denselben Gefahren im Netz ausgesetzt wie Sie. Auf genau diese Probleme machen seit jeher Menschen aufmerksam. Neben dem US-Sicherheitsforscher Bruce Schneier, der mit seinem Werk »Click Here To Kill Everybody« (deutsche Ausgabe: mitp-

---

6   vgl. *https://www.schneier.com/news/archives/2018/10/how_to_keep_ the_inte.html*

Verlag, 2019) sämtliche Gefahren aufgezeigt und Lösungs-
wege bereitgestellt hat, gibt es beispielsweise seit Jahren auf
Twitter einen eigenen Account namens »Internetofshit«[7].
Dieser sammelt Beispiele und macht vor allem auf oft satiri-
sche Art und Weise auf Privatsphäre- und Sicherheitsverlet-
zungen von vernetzten Geräten aufmerksam.

Markus Beckedahl, Chefredakteur von netzpolitik.org, bezeichnete beim 36. Chaos Communication Congress in Leipzig smarte Lautsprecher mit Alexa oder Google Home als
»nicht vertrauenswürdige Assistenzwanzen«. Auch Datenschützer der britischen Bürgerrechtsorganisation Privacy International warnen seit Jahren vor dem Einsatz und »Alexa«
hat nicht umsonst bereits den Datenschutz-Negativpreis »Big
Brother Award« erhalten. Zu den immer beliebter werdenden
smarten Lautsprechern wird es ein eigenes Kapitel geben, bei
dem ich Ihnen die Vorteile und Risiken aufzeigen werde –
und Sie dann am Ende selbst entscheiden müssen, ob in
Ihrem Fall die Bequemlichkeit oder die Gefahren überwiegen.
Letztendlich sollen Sie in der Lage sein, selbst zu entscheiden,
welche vernetzten Geräte für Sie infrage kommen, wie Sie damit umgehen oder ob Sie auf manche lieber verzichten.

Und haben Sie sich an dieser Stelle schon gefragt: Was
war das erste »Ding«, das Sie vernetzt haben, vielleicht ohne
es zu wissen?

Smarte Städte

Vielleicht glauben Sie jetzt, dass Sie das meiste von dem, was
Sie bisher gelesen haben, nicht betrifft. Sie könnten am Ende
zu der Einsicht gelangen, dass Sie sich »sicher keine Wanze
ins Haus stellen«, aber ich habe leider schlechte Neuigkeiten
für Sie: Sie sind von der Entwicklung der voranschreitenden
Vernetzung von Dingen, die miteinander kommunizieren,

---

7   vgl. *https://twitter.com/internetofshit*

dennoch betroffen. Es gibt nämlich Dinge, die Sie sich im Gegensatz dazu, ob Sie sich eine »Alexa« ins Haus stellen oder mit einem Smartphone in der Tasche herumlaufen, durch das man permanent weiß, wo Sie sich gerade befinden, nicht aussuchen können. Dinge, die der Staat für Sie anschafft – oder Ihnen per Verordnung in Ihr Haus stellt.

Das betrifft Sie etwa dann, wenn Sie in einer Stadt leben, die Fußgängerampeln vernetzt und mit Kameras ausstattet, damit sie schneller umschalten, wenn Sie über die Straße gehen wollen. Das macht beispielsweise die österreichische Hauptstadt Wien. In Berlin hat am Bahnhof Südkreuz die Deutsche Bahn in einem Pilotprojekt mit der Bundespolizei den Einsatz von vernetzten Überwachungskameras mit Gesichtserkennung getestet. Die BVG (Berliner Verkehrsbetriebe) hat zudem die Kontrolle über mehr als 16.000 Kameras, manche davon sind mit Mikrofonen ausgerüstet.[8] Insgesamt soll es rund 40.000 Überwachungskameras im öffentlichen Raum geben. Berlin schaffte es damit in einem Ranking des britischen Technikportals Comparitech sogar auf Platz 19 der bestüberwachten Städte. Auf rund tausend Menschen in Berlin kommen umgerechnet elf Überwachungskameras. Doch die deutsche Metropole ist damit nicht allein in Europa: Unter den Top 50 der meistüberwachten Städte befinden sich auch London, Warschau, Wien, Madrid und Budapest.[9]

Doch nicht nur im öffentlichen Raum wird viel mehr vernetzt. Wenn Sie in einen Neubau in Deutschland ziehen, werden Sie dort einen sogenannten »Smart Meter« finden. Das ist ein intelligenter Stromzähler, der in ein Kommunikationsnetz eingebunden ist und Ihren Stromverbrauch künftig digital an den Netzbetreiber weitergibt – und zwar in 15-Minuten-Intervallen. Im Gegensatz zum bereits seit Jahrzehnten einge-

---

8   vgl. *https://netzpolitik.org/2019/berlin-keine-rationalen-argumente-fuer-videoueberwachung-an-s-bahnhof/#spendenleiste*

9   vgl. *https://www.deutschlandfunknova.de/beitrag/ueberwachung-40-000-kameras-fuer-berlin*

setzten mechanischen Ferraris-Zähler besitzt der neue, elektronische Stromzähler keine mechanisch bewegten Teile und hat eine weitaus kürzere Lebensdauer.

Diese Smart Meter sind nichts anderes als vernetzte Geräte, die miteinander kommunizieren und dem Netzbetreiber Rückmeldung geben. Doch diese Geräte können auch aus der Ferne an- und abgedreht werden – und bieten damit ein Einfallstor für Kriminelle. In Deutschland sind sie für Haushalte mit einem Jahresstromverbrauch von über 6000 kWh verpflichtend sowie bei Haushalten, die Solaranlagen betreiben, die über eine Leistung von bis zu 100 Kilowatt Strom erzeugen. Auch wer für sein E-Auto eine Ladestelle errichtet hat, ist davon betroffen. Doch prinzipiell kann der neue Stromzähler auch in Ihrem Haushalt landen, wenn Sie das nicht wollen: Das letzte Wort hat dabei nämlich der Netzstellenbetreiber oder Vermieter.

Auch in Österreich werden die Stromzähler intelligent. Dort gibt es eine Verpflichtung, die vorsieht, dass alle Haushalte mit dem Gerät ausgestattet werden. Konkret bekommen dort bis Ende 2022 sogar 95 Prozent der Haushalte smarte Stromzähler. Die gesammelten Daten können detaillierte Auskünfte über den Stromverbrauch eines Haushalts geben und die Gefahren eines Cyberangriffs dadurch steigern. Aber auch die Gefahren eines Systemfehlers in der IT steigen dank der zunehmenden Komplexität.

Weitere Entwicklung

Sie sehen also, wie weit das Internet der Dinge reicht und was alles unter diesem Begriff zusammengefasst werden kann. Bei den vernetzten Haushaltsgeräten hört die Entwicklung nicht auf und deshalb sollten Sie genau darüber Bescheid wissen, denn auch Ihr Leben ist auf jeden Fall davon betroffen. Im vergangenen Jahrzehnt – von 2010 bis 2020 – sind technologische Entwicklungen insgesamt ganz massiv vorangeschritten. Von künstlicher Intelligenz bis zum Überwachungskapitalismus durch die großen Internet-Konzerne Amazon, Facebook und Google haben vor allem Telekom-Konzerne die Vernetzung von Maschinen und Dingen massiv vorangetrieben.

Das Internet der Dinge wird sich auch in den nächsten zehn Jahren zunehmend ausbreiten und wächst zudem, wie bereits zu Beginn aufgezeigt, exponentiell weiter. Im Jahr 2020 stehen wir damit noch relativ am Anfang. Bisher haben wir all diese Entwicklungen zu wenig kontrolliert und reguliert. Das soll sich in der nächsten Dekade ändern, wie Zukunftsexperten erläutern. Es soll ein Jahrzehnt folgen, in dem wir als Gesellschaft Technologie nicht nur verwalten und dabei zusehen, wie sie uns überrollt. Stattdessen werden wir diese als Gesellschaft aktiv gestalten.

Der berühmte NSA-Whistleblower Edward Snowden, der 2013 die Überwachungsmaschinerie der NSA aufgedeckt hatte, sprach am Chaos Communication Congress in Leipzig via Videoschaltung ebenfalls von dieser Aufbruchsstimmung. »Derzeit erleben wir ein überwachtes Internet. Aber der Wechsel kommt. Und er wird durch Leute erreicht, die aufmerksam sind, sich um Dinge zu kümmern«, sagte Snowden und forderte die Hacker-Community, die am Congress mit knapp 17.000 Menschen vertreten war, dazu auf, sich aktiv an diesem Prozess zu beteiligen.[10] Statt immer nur die negativen Dinge zu sehen oder gar den Kopf in den Sand zu stecken und sich zu denken, dass man »als Einzelner nichts ausrichten kann« oder »es noch schlimmer sein könnte«, sollte man handeln und daran denken, dass »jede Entscheidung zählt« und »es besser sein könnte«.

Auch Sie sollten daher nicht den Kopf in den Sand stecken.

---

10 vgl. *https://media.ccc.de/v/36c3-10574-human_rights_at_a_global_crossroads*

2

DIGITALE UNMÜNDIGKEIT DURCH VERNETZUNG

D as Internet der Dinge verspricht uns Bequemlichkeit und Komfort. So sollen Dinge für uns Menschen einfacher und besser werden, wenn wir sie miteinander vernetzen. Doch alles hat seinen Preis. Und den zahlen wir oft, ohne es zu merken. Das Internet der Dinge ist nämlich nichts anderes als eine Erweiterung des Internets – und dieses geriet in den vergangenen Jahren für das Ökosystem, das sich darin durchgesetzt hat, ordentlich in Verruf. Der digitale Wohlstand ist ungleich verteilt und im Internet haben große Unternehmen wie Google, Facebook und Amazon die Übermacht gewonnen.

Überwachungskapitalismus

Die Harvard-Ökonomin und Philosophin Shoshana Zuboff war unter den Ersten, die vor einer Herrschaft der großen Digitalkonzerne gewarnt hat. Sie hat den Begriff »Über-

wachungskapitalismus« geprägt,[1] der auch beim Internet der
Dinge durchgehend eine große Rolle spielt.

Hinter dem Terminus »Überwachungskapitalismus« ver-
steckt sich ein neues, totalitäres Profitmodell, bei dem
menschliche Erfahrung und Daten von Unternehmen in
proprietäre Datenflüsse umgewandelt werden. Ergo: Wir
zahlen mit unseren Daten für vermeintlich kostenlose
Dienste wie etwa die Suchmaschine von Google oder das so-
ziale Netzwerk Facebook. Während Unternehmen einen Teil
dieser Daten dazu verwenden, ihre Angebote zu verbessern,
nutzen sie einen anderen Teil, um damit Profit zu erwirtschaften. Sei es durch ihr Werbegeschäft oder aber, indem
sie die Daten an sogenannte Datenhändler weiterverkaufen.

Dieses Modell haben Firmen wie Facebook, Google und
Amazon freilich perfektioniert. Doch es geht mittlerweile weit
darüber hinaus: Auch viele andere Firmen – von kleinen
Start-ups bis hin zu mittelständischen Unternehmen – setzen
auf dieses datengetriebene Geschäftsmodell. Es gilt vielerorts
in der Wirtschaft mittlerweile als erstrebenswerter Weg, um
Gewinne zu erwirtschaften. Gewinne, die auf den Daten der
Kunden beruhen – und diesen gleichzeitig die Macht über
diese Daten verweigern. Wir Kunden werden damit zum Produkt erklärt und digital unmündig.

Ich gebe Ihnen ein Beispiel: Angenommen, Sie schaffen
sich eine vernetzte Zahnbürste an. Diese bringt den Vorteil
für Sie mit, dass Sie in einer App ganz genau sehen können,
an welchen Zähnen Sie schlampen und welche Sie praktisch
immer erwischen. Die intelligente Zahnbürste, die das Putzverhalten aufzeichnet, hilft Ihnen dabei, die Zähne gründ-
licher zu putzen und dadurch auch, teure Zahnbehandlungen
zu vermeiden. So der Plan. Doch in der Praxis ändern Sie an
Ihrem Putzverhalten vielleicht weniger, als Sie gedacht haben.
Und was Sie nicht getan haben, als Sie das Produkt erworben

---

1   vgl. *https://kontrast.at/shoshana-zuboff-ueberwachung-datenschutz/*

haben, ist, die sogenannten, mehrseitigen »Datenschutzbestimmungen« durchzulesen. Dann hätten Sie nämlich festgestellt, dass die Daten über Ihr Putzverhalten vom Unternehmen ausgewertet und meist auch ohne weitere Zustimmung an Dritte verkauft werden dürfen. Aus diesen Verhaltensdaten lassen sich auch Prognosen erstellen und es können Muster errechnet werden, um unser Verhalten vorherzusagen. Auch mit diesen Prognosedaten wird laut Shoshana Zubhoff fleißig gehandelt und sie sind das Kernstück des Überwachungskapitalismus. Für die smarte Zahnbürste bedeutet das etwa, dass daraus errechnet werden könnte, dass Sie immer genau am Sonntag den ganzen Tag lang das Zähneputzen vergessen.

Na und, denken Sie? Ist doch Ihr Problem? Das kommt ganz darauf an, in welche Hände diese Daten über Sie gelangen und was für eine Rolle sie in Ihrem Gesamtprofil spielen. Die Datenhändler wissen nämlich freilich viel mehr über Sie, als dass Sie sonntags nie die Zähne putzen. Sie wissen auch, dass Sie sonntags immer viel länger schlafen, weil Sie sich erst gegen Mittag auf Facebook einloggen. Oder sie wissen, dass Sie meist die doppelte Dosis Kaffee brauchen, weil Ihre smarte Kaffeemaschine diese Daten ebenfalls ins Internet überträgt. Aus diesem Gesamtbild lassen sich Schlussfolgerungen über Sie anstellen, die Ihnen vielleicht gar nicht so bewusst sind – und die Ihnen auch gar nicht recht sind. Schließlich ist es Ihre Privatangelegenheit, was Sie sonntags in Ihrer Freizeit so tun. Oder am Abend davor.

Datenverknüpfung

Die Verknüpfung Ihrer Daten läuft im Hintergrund ab, ohne dass Sie etwas davon bemerken. Es ist ein intransparenter, für Sie vollkommen unsichtbarer Prozess, den Sie selbst nicht beeinflussen können. Rein hypothetisch betrachtet könnten sich daraus für Sie aber unangenehme Konsequenzen ergeben: Im harmlosesten Fall könnte sonntags plötzlich Werbung für Kopfschmerztabletten einer bestimmten Marke eingeblendet werden, weil jemand davon ausgeht, dass Sie sich am Samstagabend die Nächte in einer Disco um die Ohren schlagen und dabei auch immer viel Alkohol fließt. Dass Sie in Wahrheit vielleicht einfach nur jeden Samstagabend bis nachts um drei Uhr früh gemütlich offline ein Buch im Bett lesen, wissen die Datenhändler nicht. (Außer Ihre smarte Lampe hat diese Information geteilt.) Schon drastischer wäre es, wenn ein künftiger Arbeitgeber Zugriff auf diese Daten erhalten und Sie deshalb nicht einstellen würde, weil er daraus etwas über Ihre Einstellung zur Arbeit ableitet und diese Lebensweise nicht mit Ihnen teilt. Oder aber Ihre Zahnversicherung könnte auf Sie zukommen und Ihnen am Sonntag sogenannte »Reminder« auf Ihr Smartphone schicken, damit Sie auch am Sonntag nicht das Putzen vergessen. Wenn Sie diese »Reminder« ignorieren, wird Ihre Prämie für die Versicherung erhöht. All diese Beispiele sind frei erfunden, aber Sie sollen Ihnen aufzeigen, was im Überwachungskapitalismus alles möglich ist.

Sicherlich gibt es gewisse Gesetze, wie etwa die europäische Datenschutzgrundverordnung (DSGVO), die bis zu einem gewissen Grad regulierend eingreifen. So müssen Sie etwa darüber informiert sein, dass Ihre smarte Zahnbürste Daten über Sie sammelt. Aber seien Sie ehrlich: Lesen Sie wirklich alle Datenschutzbestimmungen vor der Benutzung eines Produkts ganz genau durch? Außerdem: Wenn Sie die smarte Zahnbürste bereits käuflich erworben haben, werden Sie sie dann zurückgeben, weil in den Bedingungen steht, dass die aufgezeichneten Daten an Dritte weitergegeben werden dürfen? Damit hat man Sie bereits in der Hand, denn Sie haben gar keine Wahl. Außer die, von vornherein auf vernetzte Zahnbürsten zur Gänze zu verzichten – damit allerdings auch auf die Vorteile, die das Produkt mit sich bringt.

Tatsächlich gibt es bereits smarte Zahnbürstenhersteller am Markt, die mit Versicherungen zusammenarbeiten. Das österreichische Unternehmen Playbrush bietet etwa gemeinsam mit der Versicherungsanstalt Uniqa eine Zahnversicherung an.[2] Allerdings ist diese nicht, wie im genannten Beispiel, an Bedingungen bei der Zahnpflege geknüpft und deckt auch keine Zahnfüllungen ab, die aufgrund von Schäden durch schlechtes Putzverhalten hervorgerufen werden, sondern lediglich Zahnschäden, die bei Unfällen entstehen.

Auswertung von Gesundheitsdaten

Versicherungsdienstleister schreiben gerne Ziele vor, die per Gesundheits- und Fitnessarmbänder kontrolliert werden. In den USA gibt es mit John Hancock bereits einen Anbieter für Lebensversicherungen, der seine Klienten dazu verpflichtet, Fitnessarmbänder oder Smart Watches zu tragen.[3] Fitnessarmbänder wie Fitbit oder Smart Watches wie die Apple Watch können Puls und Blutdruck regelmäßig messen und aufzeichnen. Damit lässt sich aber auch eruieren, wie viel Sport jemand treibt. Es lassen sich etwa Laufstrecken tracken oder wie viele Schritte jemand täglich zurücklegt.

Bis zum Jahr 2019 war der Einsatz dieser vernetzten Geräte beim Versicherer freiwillig und wurde von rund 40 Prozent der Versicherungsnehmer genutzt. Seit 2019 können die Kunden nun nicht mehr frei wählen, ob sie solche Armbänder, die sie ständig überwachen und alle möglichen Daten messen, überhaupt wollen. John Hancock nennt das »interaktives Vitality-System« und behauptet, dass Menschen 13 bis 21 Jahre länger leben, wenn sie am Gesundheitsprogramm, das der Versicherer zu den Armbändern anbietet, teilnehmen. Und weil das Unternehmen der größte Anbieter für derartige Versicherungen in den USA ist, bleibt ihnen am Markt sonst

---

2 vgl. *https://www.playbrush.com/de/zahnversicherung/*
3 vgl. *https://www.diepresse.com/5500745/versicherung-nur-noch-mit-bdquofitnesstrackerldquo*

nicht mehr viel Auswahl. Oft führt das Vorpreschen eines Marktriesen in einem Bereich auch dazu, dass andere Anbieter nachziehen – und dass es dadurch bald gar keine freie Wahl mehr geben wird.

In den USA gibt es zudem bereits zahlreiche Firmen, die von ihren Mitarbeitern verlangen, Fitnessarmbänder zu tragen. »Workplace Wellness« nennen sich diese Programme, die es bereits seit einigen Jahren gibt. Dadurch erfährt der Arbeitgeber etwa auch, ob jemand in der Früh ausgeschlafen ist und ob er zu Fuß oder mit dem Auto zur Arbeit gekommen ist – sofern der Mitarbeiter diese Daten »freiwillig« mit seinem Arbeitgeber teilt. Das geschieht häufig über sogenannte »Fitness-Challenges«, bei der ganze Abteilungsteams gemeinsam gegen andere Abteilungen antreten, um sich spielerisch zu messen. Je nach Größe der Abteilung – und Gesundheitszustand der Mitarbeiter – lassen sich daraus sehr wohl personenbezogene Schlüsse ziehen und oft herrscht eine Art Gruppendruck. Menschen, die ihre Daten eigentlich nicht teilen wollen, werden durch ihre Kollegen dazu überredet, mitzumachen. Der Spruch »Sei kein Spielverderber« kann nicht nur beim gemeinschaftlichen Konsum von Alkohol angewandt werden, sondern auch bei Fitness-Challenges im Büro.

In diesem Fall ist es keine Versicherung, die die Gesundheits- und Fitnessziele festlegt, sondern der Arbeitgeber, der Prämien verteilt, wenn diese Ziele eingehalten werden. Die Abteilung, die als Kollektiv am meisten Schritte pro Woche zurücklegt, bekommt Boni oder andere Anreize vorgesetzt. Und der Arbeitgeber erhofft sich davon, dass er Krankenversicherungsbeiträge sparen kann, wenn seine Mitarbeiter »gesund und produktiv« sind.

Der Einsatz von derartigen Programmen wäre in Deutschland übrigens rechtlich durchaus problematisch. Gesundheitsdaten zählen laut Datenschutzgrundverordnung zu »sensiblen Daten« und derartige Programme könnten, wenn überhaupt, ausschließlich freiwillig erfolgen.[4] Sobald sich ein Mitarbeiter weigert, ist es vorbei mit dem »Workplace Wellness«-Programm. Aber freilich gibt es auch hierzulande den erwähnten Gruppendruck.

Freiwilligkeit vs. Verpflichtung

Die digitale Selbstvermessung liegt auch in Europa seit Längerem im Trend. In Deutschland zeichnet rund ein Drittel der Menschen ihre Gesundheitsdaten auf. Das ergab eine repräsentative Umfrage des IT-Branchenverbands Bitkom aus dem Jahr 2016. 18 Prozent der Deutschen nutzen Fitnessarmbänder, 13 Prozent Smartphone-Apps und sechs Prozent Smart Watches. Dieselbe Studie hat herausgefunden, dass 75 Prozent der Deutschen auch bereit wären, ihre gesammelten Daten im Krankheitsfall an den Arzt zu übermitteln. Rund ein Drittel wäre auch einverstanden, ihre Gesundheitsdaten herzugeben, wenn sie im Gegenzug Prämien erhalten.[5]

Doch was passiert, wenn es einmal nicht mehr so gut läuft mit der eigenen Gesundheit – und zwar ohne eigenes Verschulden?

Ein Bekannter von mir war ein begnadeter Läufer, der jeden Tag in der Früh seine Runden drehte, diese aufzeichnete und mit der ganzen Welt teilte, indem er die Daten ins Netz stellte. Doch eines Tages hatte er einen Unfall und benötigte eine Knie-Operation. Mit dem Laufen war es danach vorerst vorbei, und es dauerte etwa ein ganzes Jahr, bis er wieder

---

4   vgl. *https://www.faz.net/aktuell/karriere-hochschule/buero-co/fitness-wettbewerbe-im-buero-schritte-zaehlen-fuer-den-chef-14490683-p3.html*

5   vgl. *https://www.bitkom.org/Presse/Presseinformation/Gemeinsame-Presseinfo-von-Bitkom-und-BMJV-Fast-ein-Drittel-nutzt-Fitness-Tracker.html*

damit beginnen konnte – und noch länger dauerte es, bis er wieder auf das Level kam, auf dem er sich vor dem Unfall befunden hatte. Er teilte seine Laufstrecken allerdings nicht mehr so häufig im Netz wie zuvor. Später erzählte er mir, er sei oft darauf angesprochen worden, dass er nicht mehr laufe. Ob er faul geworden sei, war einer der hämischen Kommentare, mit denen er sich befassen musste. Dabei sei es zu seinem Unfall völlig unvorhersehbar und ohne Selbstverschuldung gekommen, sagte er. Die Aufzeichnungen seiner Laufaktivitäten macht er daher jetzt in erster Linie wieder nur für sich selbst – und um sich anzuspornen, weiter »dabeizubleiben«.

Vor allem eine verpflichtende Einführung solches Trackings ist für diejenigen problematisch, die es sich schlichtweg nicht leisten können, ausreichend auf ihre Gesundheit zu achten. Es gibt Menschen, die um ihr tägliches Überleben kämpfen, indem sie zwei oder drei Jobs nachgehen. Diesen bleibt weder die Zeit noch die Energie, um sich danach noch ausreichend einem »Vitality«-Programm zu widmen – sei es vom Versicherer oder vom Arbeitgeber. Oder sie haben schlichtweg nicht das Budget, um gesündere Lebensmittel einzukaufen. Statistiken belegen, dass es vor allem arme Menschen sind, die mit Krankheit zu kämpfen haben. Psychosoziale Belastungen und negativer Stress können gesundheitliche Probleme wie Herzerkrankungen oder Bluthochdruck hervorrufen. Und wenn Sie jetzt sagen, dass es in Europa im Vergleich zu den USA weniger Armut – und damit weniger Krankheitsgefährdete – gibt, muss ich Sie enttäuschen. Laut Zahlen aus der Armutskonferenz können sich rund 17 Prozent der Menschen in Europa grundlegende Bedürfnisse nicht erfüllen und sind von Armut betroffen.[6]

---

6 vgl. *https://www.gesundheit.gv.at/aktuelles/archiv-2010/armut-macht-krank*

In Deutschland gibt es bereits mehrere Versicherungsgesellschaften, die den Erwerb von Fitnesstrackern und Smart Watches finanziell bezuschussen.[7] Die Generali-Versicherung bietet etwa ein »Vitality-Programm« an, bei dem es darum gehen soll, eine gesündere Lebensweise zu unterstützen und somit niedrigere Gesundheitskosten zu generieren. Auch dieses System funktioniert nach dem Prinzip »Belohnt werden«.[8] In Österreich gibt es für die Selbstständigen das Modell »Gesundheitshunderter und halber Selbstbehalt«. Um diesen »Bonus« zu bekommen, müssen fünf Gesundheitsziele erreicht werden: mit dem Rauchen aufhören, Alkoholkonsum einschränken, blutdrucksenkend leben, Normalgewicht erreichen und das Ziel »mehr Bewegung« mit Angeboten zu Ausdauer, Koordination und Kraft. Nur wer alle fünf Ziele erreicht, bekommt eine reduzierte Selbstbeteiligung und damit einen »Bonus«.[9] Menschen, die beim Gewicht über dem Normalbereich liegen, müssen also abnehmen. Sie sollen in einem Zeitraum von einem halben Jahr ihr Gewicht um fünf Prozent reduzieren. »Die Belohnung von Menschen, die schlank sind, und eine Bestrafung von Menschen mit Übergewicht lassen sich mit wissenschaftlichen Fakten nicht begründen«, sagt die Gesundheitswissenschaftlerin und Expertin Ingrid Mühlhauser.[10]

Auch aus gesundheitlicher Sicht macht das Vorgehen, Menschen mit finanziellen Anreizen zum Abnehmen zu motivieren, allerdings nicht immer Sinn. Wer zum Beispiel komplett untrainiert mit Bewegung anfängt, wird erst einmal Muskeln aufbauen und Fett verlieren – nur sind Muskeln

---

7 vgl. *https://www.stern.de/digital/online/apple-watch---co---diese-krankenkassen-zahlen-fuer-fitness-tracker-8546308.html*

8 vgl. *https://www.generalivitality.at/vmp/so_funktioniert_vitality*

9 vgl. *https://www.geld.at/blog/sva-gesundheitsversicherung*

10 vgl. *https://www.moment.at/story/abnehmen-fuer-die-sva-schlanke-zahlen-weniger*

schwerer als Fett. Es wurde daher schon von Fällen berichtet, bei denen Training dreimal in der Woche binnen eines halben Jahres nicht zum gewünschten Gewichtsabbau geführt hat. In solch einer Situation fühlt man sich dann doppelt schlecht: einerseits, weil man kein Gewicht verliert, andererseits, weil man keinen Bonus erhält.

Kein einziger Anbieter traut sich außerdem, das Wording einfach umzudrehen in »Bestraft werden« und »Malus«. Schließlich geht es darum, dass man sich etwa »Übergewicht leisten können muss«. Menschen, die nicht die perfekten BMI-Maße haben, sind dadurch im Nachteil. Und genau das ist paradox, wenn wir an das denken, was wir bereits vorher erörtert haben: Armut macht krank. Und chronisch kranke Menschen sind häufiger übergewichtig. Damit trifft ein derartiges Anreizsystem mittels Überwachung per Fitnesstracker die Falschen. Übrig bleiben die Fragen: Was macht das eigentlich mit einem Menschen, wenn er seine Gesundheitsziele nicht einhalten kann und trotz großer Anstrengung, diese zu erreichen, plötzlich mehr für die Versicherung zahlen muss? Und: Ist man wirklich noch ein mündiger Bürger, wenn man sich derartige Dinge von einer Versicherung diktieren lässt? Kann man wirklich von »Freiwilligkeit« sprechen, wenn man jeden Cent umdrehen und sparen muss?

Datensammlung

Selbst wenn Sie sich jetzt nicht direkt angesprochen fühlen oder kein großer Fan von Fitnessprodukten sein sollten, gibt es auch für Sie einige Punkte, die Sie beachten sollten. Sie sollten sich vor dem Einsatz der vernetzten Gesundheitsgadgets folgende Fragen stellen: Wer bekommt eigentlich die Daten über mich, die ich sammle und von mir preisgebe? Richtig, Sie ahnen es schon: Fitnesstracker und Smart Watches sind nichts anderes als vernetzte Geräte, die all diese Daten nicht nur auf Ihrem Gerät speichern, sondern diese auch ins Internet übertragen. Ihre sensiblen Gesundheitsdaten werden von den Anbietern in der Cloud gespeichert, wodurch die Daten leicht in falsche Hände geraten können – und auf jeden Fall auch vom Anbieter Ihres Fitnessarmbands oder Ihrer Smart Watch ausgelesen werden können.

Die deutsche Verbraucherzentrale Bundesverband (vzbv) hat sich die Allgemeinen Geschäftsbedingungen und Datenschutzbestimmungen der einzelnen Diensteanbieter von Fitness-Gadgets genauer angesehen und dabei festgestellt, dass sich diese selbst umfassende Rechte einräumen, wie sie die Daten der Nutzer – also IHRE Daten – verwenden dürfen. Ihre sensiblen Gesundheitsdaten dürfen großteils, je nachdem, bei welchem Anbieter Sie Ihr Fitnessarmband erworben haben, für Werbezwecke verwendet und an Dritte weitergegeben werden. So etwas sollte Sie misstrauisch machen. So sind sich Experten durch die Bank einig, dass es für die Funktion der Geräte gar nicht zwingend erforderlich ist, dass diese Daten permanent an den Hersteller übertragen werden. Wenn Anbieter von Fitnessarmbändern diese Daten also trotzdem sammeln wollen, sind wir wieder beim »Überwachungskapitalismus« von Shoshana Zuboff angelangt. Die Hersteller wollen die Daten für ihre eigenen Zwecke nutzen – und daraus Analysen erstellen, die sie dann etwa als Prognosen über Sie an andere Unternehmen verkaufen möchten.

»Dass der 35-jährige Hans Müller aus Hamburg, der mit seinem Samsung-Handy mit der Gerätekennung 12341a5b6c 7890 und dem Betriebssystem Android 4.2 über das Mobilfunknetz der Telekom telefoniert und im Internet surft und jeden Morgen bei einem Pulsschlag von 130 seine zehn Kilometer an der Alster entlangjoggt, um weitere fünf Kilogramm an Gewicht zu verlieren und seinen Body-Mass-Index von 30 weiter zu reduzieren, ist nicht nur für den eigenen Diensteanbieter von Interesse, sondern weckt unter Umständen auch Begehrlichkeiten Dritter, wie Werbeunternehmen, Krankenkassen oder Versicherungen«, erklärt der vzbv völlig treffend anhand eines fiktiven Beispiels.[11]

In den USA ist es etwa durchaus möglich, dass private Gesundheitsversicherungen derartige Daten, die sie von Datenhändlern erworben haben, in ihre Risikobewertungen einbeziehen – und darauf basierend neue Kunden akzeptieren oder ablehnen.

Mein Rat an Sie ist daher einfach und er gilt nicht nur bei Fitnessarmbändern und Smart Watches, sondern bei allen vernetzten Geräten, die Sie erwerben möchten, bereits vor dem Kauf: Fragen Sie sich: Welche Daten sammelt das Gerät? Wer hat Zugriff auf diese Daten? Was darf der Hersteller mit diesen Daten machen? Werden meine Daten auch an Dritte weitergegeben? Kann ich das Produkt auch ohne Vernetzung nutzen, also ohne dass die Daten in die Cloud des Herstellers übertragen werden?

Doch selbst wenn Sie ausgiebig über ein Produkt recherchieren und sich genau erkundigen und sich dann für einen Fitnesstracker entscheiden, der möglichst »datensparsam« ist, und Sie selbst bestimmen können, welche Daten Sie mit wem teilen, kann es Ihnen passieren, dass sich die Situation plötzlich ändert. So wurde etwa das beliebte Unternehmen Fitbit, das Fitnessarmbänder anbietet, für 2,1 Milliarden Dollar im Jahr 2019 an Google verkauft. Die Übernahme wurde 2020 abgeschlossen. Fitbit hat weltweit 28 Millionen Nutzer und all ihre Daten sind mit der Übernahme des Unternehmens an Google geraten.

»Fitbit wird seinen Nutzern weiterhin ermöglichen, die Kontrolle über ihre Daten zu haben, und die Transparenz darüber beibehalten, welche Daten für welche Zwecke gesammelt werden. Das Unternehmen wird persönliche Informationen niemals verkaufen und die Gesundheits- und Wellnessda-

---

11 vgl. *https://www.datenschutzbeauftragter-info.de/fitness-tracker-zum-umgang-vom-fitness-armband-mit-ihren-daten/*

ten von Fitbit werden nicht für Google-Werbung verwendet«, hieß es seitens Fitbit in einem Pressestatement nach der Übernahme von Google. Denn viele Nutzer haben aus Protest gleich darauf angekündigt, ihre Fitbit-Geräte zu verkaufen und nicht mehr zu nutzen, weil sie nicht wollen, dass ihre Daten in die Hände des Monopolisten fallen, der mit personenbezogener Werbung im Netz reich und groß geworden ist. Auch Googles Vizepräsident Rick Osterloh versprach, dass Google »niemals und an niemanden persönliche Informationen verkaufen« werde, die aus den Fitbit-Armbändern stammen.[12] Und versprochen wurde auch, dass die Daten nicht von Google zu Werbezwecken benutzt werden. Lustigerweise wurde die Aussage von der Presseabteilung von Google bereits kurz nach der Aussage relativiert. »Man kann niemals nie sagen«, hieß es daraufhin.[13]

Weder das Versprechen von Fitbit noch das von Google sind freilich viel wert. Auch Facebook hatte bei der Übernahme des beliebten Messenger-Dienstes WhatsApp hoch und heilig versprochen, die Daten von WhatsApp niemals mit denen von Facebook zu verknüpfen. Zwei Jahre später hatte Facebook dieses Versprechen bereits gebrochen. Die Dienste Instagram, WhatsApp und Facebook mitsamt der Nutzer-Daten wurden sehr wohl alle miteinander verbunden und befinden sich jetzt in einem gigantischen Datenpool. Dass diese Dienste nicht miteinander verschränkt werden, versprach Facebook nicht nur in den USA, sondern auch der EU-Kommission bei ihrer Wettbewerbsprüfung. Doch Facebook hielt sich schlichtweg nicht daran und auch Aufsichts- und Regulierungsbehörden konnten nichts dagegen tun. Offenbar nimmt Facebook sogar ein entsprechendes Bußgeld, das fällig

---

12 vgl. *https://futurezone.at/digital-life/nutzer-wegen-google-kauf-stinksauer-mein-fitbit-kommt-in-den-muell/400671194*

13 vgl. *https://twitter.com/WolfieChristl/status/1126280881482674176/photo/1*

werden könnte, in Kauf, indem es sein Versprechen bricht. Dahinter stecken freilich ökonomische Gründe. Während bei Facebook die Nutzer-Zahlen stagnieren, sind diese bei Whats-App noch weiter gestiegen. Bei WhatsApp waren allerdings die Umsätze deutlich niedriger und Facebook-CEO Mark Zuckerberg erhoffte sich von der Zusammenlegung ein besseres Geschäft in manchen Märkten, in denen Facebook nicht so beliebt, aber WhatsApp dafür umso beliebter ist.

Der Protest der Fitbit-Nutzer gegen die Übernahme von Google war nicht nur in Europa, wo es prinzipiell mehr Bewusstsein für Datenschutz gibt, zu spüren, sondern auch in den USA. Dort hat Fitbit auch mit zahlreichen Arbeitgebern und Dienstleistern sogenannte »Workplace Wellness«-Programme abgeschlossen, bei denen die mit Fitbit gesammelten Daten eine große Rolle spielen. Der Wiener Techexperte und Datenschutzaktivist Wolfie Christl warnte deshalb davor, die Übernahme von Fitbit durch Google auf die leichte Schulter zu nehmen. »Da steckt viel mehr dahinter als ein Armband«, so Christl. Fitbit habe mit seiner Wellness-Plattform zahlreiche Kooperationen mit Betrieben und Versicherungen am Laufen. Christl hat sich bereits 2014 in einer Studie mit der »kommerziellen digitalen Überwachung im Alltag«[14] auseinandergesetzt und den Datenhunger der Hersteller von Fitness-Trackern kritisiert.

Google wolle sein »obszönes Überwachungsprogramm dramatisch erweitern«, schreibt auch Robert Epstein vom American Institute for Behavioral Research in einem Twitter-Eintrag. Mit Fitbit-Armbändern ließen sich Daten sammeln zu Schlaf, Aktivität, Sport und Herzschlägen. Google nutze diese Informationen, um uns zu manipulieren, so Epstein.[15] Der Forscher spielt damit auf die Rolle von Google im »Überwachungskapitalismus« an. Google hat diesen laut Shoshana

---

14 vgl. *https://wolfie.crackedlabs.org/*
15 vgl. *https://twitter.com/DrREpstein/status/1190793736042663937*

Zuboff als erstes Unternehmen geprägt. Mit seinen personalisierten Werbeanzeigen und der Messung der Klickraten habe Google den Grundstein dafür gelegt, sagte die Harvard-Ökonomin.

Die Skepsis gegenüber Google und der Verwaltung der Gesundheitsdaten von 28 Millionen Fitbit-Nutzern ist außerdem aus einem weiteren Grund berechtigt. Im November 2019 wurde bekannt, dass Google Zugriff auf die Krankendaten von Millionen US-Bürgern hatte. In den USA ist es nämlich prinzipiell erlaubt, Krankendaten mit Unternehmenspartnern zu teilen. Google verwaltete die Daten von Patienten aus 150 Krankenhäusern der Firma Ascension Health Care und speicherte diese in der Google-Cloud. Dutzende Google-Angestellte sollen Zugriff auf sensible Patientendaten wie Namen, Geburtsdatum, Krankheiten und die Therapie gehabt haben. Ziel der Kooperation war die »Modernisierung des Verwaltungssystems« und das »Testen von künstlicher Intelligenz«.[16]

Die Systeme sollten mit den Daten vor allem zu dem Zweck gefüttert werden, dass bestimmte Krankheiten besser vorhergesagt werden und damit das Gesundheitssystem entlastet werden kann. Das klingt nach einem akzeptablen, gesellschaftlichen Ziel, sofern es Regelungen dafür gibt, wer die Daten nutzen darf und was mit ihnen passiert. Wenn diese Daten am Ende der Allgemeinheit zur Verfügung gestellt und nicht von den Unternehmen für ihren eigenen Profit verwendet werden, sind derartige Analyseverfahren (mit Bedacht und unter bestimmten Voraussetzungen) durchaus zukunftsweisend.

Im Überwachungskapitalismus geht es aber nicht darum, der Allgemeinheit weiterzuhelfen und Krankheiten zu besiegen, sondern darum, Geld mit Prognosen und Analysen zu verdienen: Google und Ascension Health Care könnten Ge-

---

16 vgl. *https://www.wsj.com/articles/google-s-secret-project-nightingale-gathers-personal-health-data-on-millions-of-americans-11573496790*

schäftsmodelle aus diesen Datenanalysen entwickeln, die nur ihren Kunden zugutekommen. Sie könnten die Ergebnisse an Pharmafirmen verkaufen, die dann bestimmte Medikamente herstellen. Diese bekommen allerdings am Ende nur die Patienten, die es sich auch leisten können.

Die betroffenen Patienten, deren Daten in der Google-Cloud abgelegt und analysiert worden sind, wussten übrigens nichts von diesem Experiment namens »Project Nightingale«. Sie waren nicht darüber informiert worden, dass mit ihren Daten über ihre Krankheiten und ihren Krankenhausaufenthalt Prognosen entwickelt werden sollten, oder darüber, ob eine bestimmte Krankheit in Zukunft vielleicht effektiver behandelt werden könnte oder nicht. Dasselbe könnte nun auch den Fitbit-Nutzern auf lange Sicht blühen. Deshalb würde ich Ihnen raten, auf andere Armbänder und Services umzusteigen, wenn Sie Ihren eigenen Gesundheitszustand weiterhin digital im Blick haben wollen.

All dies zeigt, dass wir als Menschen, als Patienten, als Nutzer von Fitness-Gadgets nicht frei entscheiden können, was mit unseren sensiblen Daten passiert. Wir sind den Unternehmen ausgeliefert und es besteht ein hohes Missbrauchspotenzial dieser Daten – durch private Gesundheitsversicherungen, die Pharmaindustrie, Wirtschaft, Staat oder Forschung. Anders würde das freilich aussehen, wenn wir als Kunden die Datenhoheit hätten und wirklich frei entscheiden könnten, wer welche Informationen über uns bekommt. Dies zieht sich in viele andere Bereiche hinein, die ich Ihnen in den weiteren Kapiteln genau vorstellen werde.

Die Expertin für Technologiepolitik und Fellow der Mozilla Foundation, Frederike Kaltheuner warnt davor, dass die Gefahr für die Privatsphäre weit perfider sei, als wir glauben.[17] Die Daten, die wir selbst von uns preisgeben und bewusst mit

---

17 vgl. *https://futurezone.at/science/gefahr-fuer-privatsphaere-ist-perfider-als-wir-glauben/400692500*

anderen Menschen im Internet teilen, seien weit weniger als die, die über uns gesammelt werden, so die Forscherin. Die Masse an Daten, die über uns erhoben wird, ohne dass wir es wissen, sei schlichtweg »gigantisch« und würde durch das exponentielle Wachstum beim Internet der Dinge noch weiter steigen. Sie fordert, dass wir Menschen wieder zu mündigen Bürgern werden und selbst darüber entscheiden sollen, was mit unseren Daten passiert.

»Oft wird so getan, als hätten wir die Kontrolle über unsere Daten – und das ist falsch«, sagt auch die österreichische Digitalexpertin Ingrid Brodnig, die sich mit der Übermacht der großen Digitalkonzerne im Internet beschäftigt. Auch sie ist der Ansicht, dass Konsumenten es nicht in ihrer Hand haben, welche Daten sie mit wem teilen. Sie fordert, dass Konsumenten stärker auf Augenhöhe mit Unternehmen gebracht werden müssen.[18] Dieser Schritt ist immens wichtig. Denn wenn sich der Überwachungskapitalismus flächendeckend als Geschäftsmodell durchsetzt, haben wir Konsumenten am Ende keine Chance mehr. All unsere Kaufentscheidungen würden am Ende auf dasselbe hinauslaufen: Wir kaufen etwas, das uns überwacht und unsere Daten verwendet, um kommerzielle Gewinne zu erwirtschaften.

Die Produkte gehören gar nicht uns

Doch unsere digitale Unmündigkeit geht noch weiter, als sich viele von Ihnen jetzt vorstellen können. Viele der Produkte, die wir erwerben, gehören uns gar nicht mehr selbst und wir haben daher auch keine Kontrolle über sie. Wir können nicht frei über sie verfügen, das letzte Wort hat immer der Hersteller. Wir bezahlen also für Produkte, die wir am Ende wegschmeißen können, wenn der Hersteller pleitegeht. Oder wenn

---

18 vgl. *https://futurezone.at/netzpolitik/warum-wir-fuer-ein-gerechteres-internet-kaempfen-muessen/400602848*

wir das Abo-Modell kündigen. Ich will Ihnen das anhand von Beispielen veranschaulichen.

Im Jahr 2014 sammelte das Start-up Emberlight auf der Crowdfunding-Plattform Kickstarter 300.000 Dollar ein, um eine smarte Lampen-Fassung auf den Markt zu bringen, die mit herkömmlichen Glühlampen funktioniert. Damit sollen sich Lampen auch ohne Lichtschalter steuern lassen. Doch dieselbe Geschäftsidee hatten auch andere Unternehmen. Diese brachten ähnliche Produkte für die Hälfte des Geldes und auch noch schneller auf den Markt und zwangen Emberlight damit dazu, ihr Produkt aufzugeben, weil es sich finanziell nicht mehr rechnete. Für die Kunden und Investoren des Start-ups bedeutete dies in der Folge: Licht aus. Denn die vernetzte Lampen-Fassung kommunizierte im Hintergrund permanent mit den Cloud-Servern von Emberlight. Als das Start-up in Konkurs ging, wurden auch diese Server abgedreht – und damit auch die Cloud. Die Lampen, die in den smarten Sockeln steckten, konnten nicht mehr ein- und ausgeschaltet werden. Die Betroffenen mussten die Sockel, die sie ausgewechselt hatten, schon nach wenigen Monaten mühsam wieder abmontieren und zurücktauschen, um nicht im Dunklen zu sitzen. Das Produkt konnten sie nur noch in die Mülltonne werfen.[19] Um es plakativer auszudrücken: Sie haben für einen smarten Lampensockel Geld ausgegeben, der ausschließlich mit der Cloud-Verbindung eines bestimmten Unternehmens funktioniert hat. Ergo: Das Produkt hat ihnen gar nicht wirklich vollständig gehört.

Gut, sagen Sie jetzt: Bei Crowdfunding muss man vorsichtig sein. Das weiß doch jeder. Da haben Sie recht, dass man da generell vorsichtig sein muss, weil man praktisch Experimente finanziert. Falls Sie das noch nicht gewusst haben, haben Sie es hiermit gelernt. Bei Crowdfunding-Produkten,

---

19 vgl. *https://qz.com/1132657/an-internet-of-things-flop-means-some-connected-lights-wont-work-anymore/*

die das Internet der Dinge betreffen, sollten Sie aber besonders vorsichtig sein und sich Produkte ganz genau ansehen, bevor Sie diese finanziell unterstützen und erwerben.

Doch dass Ihnen das vernetzte Produkt, das Sie erworben haben, nicht wirklich gehört, kann Ihnen auch bei bekannten und völlig seriösen Herstellern passieren. So stellt die Firma Nest Labs etwa beliebte Überwachungskameras her. Nest ist ein Vernetzungs- und Automatisierungsunternehmen mit Sitz in Palo Alto (USA), das im Februar 2018 Teil der Hardware-Abteilung von Google wurde. Nest bietet verschiedene vernetzte Produkte an, unter anderem Überwachungskameras, um Einbrüche aufzuzeichnen oder Einbrecher mit den Kameras präventiv abzuschrecken. Die Kameras funktionieren allerdings wie die Glühbirne, die Steigerwald untersucht hatte, ausschließlich mit einer aktiven Internet-Verbindung. Ohne Internet keine Überwachung und kein Schutz vor Einbrechern. Das ist schon einmal der erste Knackpunkt. Ein smarter Einbrecher, der etwa das Nest-Logo auf der Haustür sieht, das Zeichen dafür, dass ein Heim mit Nest-Kameras überwacht wird, wird als Erstes das Internet abdrehen, bevor er in das Haus eindringt. Dann zeichnet die Überwachungskamera nämlich nichts auf. Gar nichts.

Sollte der Einbrecher allerdings nicht so schlau sein und einfach das tun, was er normalerweise tut, heißt das noch nicht, dass SIE ihn am Ende auch tatsächlich auf einer Video-Aufzeichnung zu Gesicht bekommen. Denn das Bildmaterial, das die Kamera mitschneidet, wird zwar auf die Google-Server übertragen, Sie bekommen allerdings nur dann umfangreichen Zugriff darauf, wenn Sie ein Abo-Modell abschließen.[20] Ohne Nest-Aware-Abo können Sie lediglich auf die Aufnahmen der letzten drei Stunden zugreifen – und auch nur auf Screenshots. Wer versucht, den Screenshot des Einbrechers auf seiner lokalen Festplatte oder in seiner eigenen Cloud-

---

20 vgl. *https://futurezone.at/produkte/nest-cams-im-test-ueberwachungsfantasien-fuer-zuhause/285.992.879*

Lösung zu speichern, wird daran ebenfalls scheitern – und das, obwohl Sie die Überwachungskamera vorher für teures Geld erworben haben. Die Nest Cam Indoor kostete 2019 etwa 199 Euro, die Nest Cam Outdoor wurde für 229 Euro verkauft.

Etwas mehr Zugriff gibt es für Kunden, die ein Abo abschließen. Wer auf Videoaufnahmen zehn Tage lang zugreifen möchte, wurde von Nest im Jahr 2019 mit 100 Euro im Jahr oder zehn Euro pro Monat geschröpft. Für den 30-Tage-Verlauf waren 300 Euro im Jahr oder 30 Euro pro Monat fällig. Wer also im Sommer 14 Tage in Urlaub fährt, muss entweder darauf hoffen, dass der Einbruch ins Eigenheim nicht in den ersten vier Tagen seiner Abwesenheit stattfindet, um eine Videoaufnahme davon zu Gesicht zu bekommen, oder 300 Euro pro Jahr extra zu den Produktkosten berappen. Wer mehr als eine Kamera installiert hat, weil er etwa ein großes Haus hat, das von mehreren Seiten zugänglich ist – beispielsweise über einen Keller, die Haustür und die Terrassentür, muss entsprechend mehr zahlen. Pro Kamera fallen 50 Euro pro Jahr zusätzlich an oder fünf Euro pro Monat.

Das ist doch absurd, oder? Es ist auf jeden Fall eine Steigerung im Überwachungskapitalismus: Man gibt nicht nur seine privaten Daten an Google her, weil die Geräte ständig per Internet mit dem Hersteller verbunden sind, sondern zahlt auch noch dafür, sie selbst abrufen zu dürfen.

Ein Experte, der diese Problematik bereits ausführlich analysiert hat, ist Joshua A. T. Fairfield, Jus, Jura-Professor an der Washington and Lee University in den USA und Autor von »Owned«. Er beschäftigt sich mit dem Besitz von digitalen Gütern und vernetzten Geräten und gilt als Rechtskoryphäe im Technologie-Bereich. Seine These ist, dass uns das Internet der Dinge wieder ins Mittelalter zurückschickt.[21] Damals besaß der König alles und was die anderen Menschen besa-

---

21 vgl. *http://theconversation.com/the-internet-of-things-is-sending-us-back-to-the-middle-ages-81435*

ßen, hing von ihren Beziehungen zum König ab. Die Arbeiter besaßen nicht einmal die Werkzeuge, die sie für ihre Arbeit benötigten. In der jetzigen Zeit gäbe es »Digital-Barone«, die derartige Besitzverhältnisse wieder aufleben lassen. »Ein Grund, warum wir keine Kontrolle über unsere Geräte haben, ist, dass die Unternehmen, die sie herstellen, anscheinend glauben – und definitiv so handeln, nachdem wir sie gekauft haben – als würden sie diese noch besitzen«, sagt der Rechtsexperte.

Das bedeutet: Auch wenn Sie ein Hardware-Produkt kaufen, verwalten die Hersteller die dazugehörige Software – und ohne diese funktioniert das Produkt nun einmal nicht. Das ist etwa auch bei der Nest-Überwachungskamera der Fall. Das Kamera-Gehäuse alleine bringt Ihnen nichts. Sie brauchen die Software, die die Einbrecher aufzeichnet, um Aufnahmen sehen zu können. Das gilt aber auch für viele Smartphones. Die laufen ohne Betriebssystem ebenfalls nicht. Für Joshua A. T. Fairfield ist das in etwa so, als würde man von einem Händler ein Auto kaufen, dieser behält aber den Motor in seinem Besitz. »Es ist wichtig, dass wir das erkennen und ablehnen, was diese Unternehmen machen. Wir müssen unsere Rechte, etwas im digitalen Zeitalter zu verwenden, zu reparieren und zu modifizieren, stärken«, fordert der Rechts-Professor. Das bedeutet: Wir müssen uns gegen derartige Praktiken wehren – und die Hersteller nicht dabei unterstützen.

Auch beim Roboterhund Aibo von Sony, der in seiner Neuauflage mit seinen Besitzern interagieren und eine digitale Persönlichkeit entwickeln kann, setzt man auf ein Abo-Modell. Der Konzern zwingt Menschen, die sich Aibo kaufen, dazu, dafür zu bezahlen, dass Aibo die von ihnen beigebrachten Kunststücke und Gewohnheiten beibehält – und von seinen Besitzern lernt. Wer immer zur selben Zeit mit seinem Roboterhund Gassi gehen mag, muss rund 650 Euro zahlen, um das drei Jahre lang tun zu dürfen. Ansonsten »vergisst«

Aibo alles, was er gelernt hat.[22] Das ist wirklich grausam, anders kann man es nicht ausdrücken. Jemand, der sich Aibo anschafft, hat vielleicht nicht ausreichend Zeit, sich um ein echtes Tier zu kümmern, will aber trotzdem nicht alleine sein. Dass es sich dabei um eine Maschine handelt, die lediglich ein Tier imitiert, ist egal. Bei den Besitzern sind hier, anders als bei einer Überwachungskamera, auf jeden Fall auch Gefühle im Spiel. Als Sony die Produktion des ersten Aibo-Modells eingestellt und es auch keine Ersatzteile mehr gegeben hatte, gab es in Japan Hunderte buddhistische Begräbnisse für die Roboterhunde.[23] Menschen haben zu ihren Roboterhunden eine Bindung aufgebaut, sie wie Tiere behandelt und gepflegt. Daher ist »Bindung mit Drei-Jahres-Abo« wirklich nicht hübsch. Dennoch wurden in Japan nach der Wiedereinführung bis August 2018 rund 20.000 Stück des lernfähigen Aibos mit digitaler Persönlichkeit verkauft. In Japan kostet Aibo rund 1.500 Euro. Das ist doch grausam, oder?

Leider versuchen, wie diese Beispiele zeigen, immer mehr Hersteller, Profit zu machen, indem sie unsere vernetzten Produkte softwareseitig vollständig kontrollieren und uns für die Daten, die durch unsere Nutzung generiert werden, extra bezahlen zu lassen. Jura-Professor Fairfield fordert daher zu Recht, dass dieser Praxis ein Ende gesetzt wird, bevor sie sich so richtig durchsetzt. In erster Linie ist es daher wichtig, dass Sie diese Produkte nicht kaufen, wenn Sie etwas von »zusätzlichem Abo-Modell« lesen. Sehen Sie sich weiter um, welche ähnlichen Produkte es noch gibt, die darauf verzichten. Derzeit gibt es noch Alternativen. Langfristig betrachtet braucht es aber eine Regulierung dieser Geschäftspraxis und die Daten gehören in die Hände der Kunden, die schließlich bereits dafür

---

22 vgl. *https://futurezone.at/produkte/sony-bringt-roboter-hund-aibo-zurueck-mit-abo-modell/295.552.603*

23 vgl. *https://futurezone.at/digital-life/114-roboterhunde-erhalten-begraebnis-in-japan/400029733*

gezahlt haben. Was bringt es uns etwa, wenn Nest weiß, wer in unsere Wohnung eingebrochen hat, aber wir nicht – oder nur gegen Extra-Cash?

Privatpersonen sollten außerdem selbst darüber entscheiden können, wem sie ihre Daten überhaupt anvertrauen. Solange wir diese Entscheidungsmacht nicht zurückerobert haben, sind wir in eine digitale Unmündigkeit gedrängt. Und das Internet der Dinge trägt – leider – dazu bei, diese digitale Unmündigkeit weiter auszubauen, statt sie zu überwinden.

3

WARUM WIR AUF EINE TOTALÜBERWACHUNG ZUSTEUERN

Das Datensammeln weckt Begehrlichkeiten. Und beim Internet der Dinge werden viele Daten gesammelt. Sehr viele. Sehr, sehr, sehr viele. Die vernetzten Geräte stellen praktisch rund um die Uhr eine Verbindung mit der Cloud des Herstellers her. Viele der vernetzten Geräte sind überhaupt so konstruiert, dass sie ohne Internet-Verbindung gar nicht verwendet werden können oder funktionieren. Das müsste nicht so sein, ist aber derzeit der Fall. Das liegt einerseits daran, dass es viel billiger ist, Geräte über das Internet laufen zu lassen, und viele Hersteller lieber auf Gewinnmaximierung setzen als auf Sicherheit. Andererseits hat das Ganze für die Hersteller noch einen weiteren Vorteil: So können viel mehr Daten gesammelt werden, die später vielleicht einmal nützlich sein könnten.

Wer interessiert sich schon für meine Daten, denken Sie jetzt? Viele, müssen Sie wissen. Sehr, sehr viele. Und alle aus unterschiedlichen Gründen. Beim Internet der Dinge gibt es drei Ebenen der Überwachung, die für uns in diesem Kontext eine Rolle spielen. Erstens (diesen Punkt kennen Sie bereits):

Kommerzielle Unternehmen und Datenhändler wollen unsere Daten für ihre Zwecke verwenden und daraus Profit schlagen. Zweitens: Cyberkriminelle wollen unsere Daten stehlen und mit diesen am Schwarzmarkt Profit erwirtschaften. Drittens: Der Staat sagt sich: Wir wollen auch dürfen, was die privaten Anbieter dürfen, um ein besseres Gesamtbild von unseren Bürgern zu erlangen. Damit besteht die Gefahr, dass wir durch die zunehmende Vernetzung auf eine Totalüberwachung zusteuern. Diese Gefahr nehmen wir nur deshalb nicht so wahr, weil uns nicht die ganze Zeit jemand eine Riesen-Kamera und ein Riesen-Mikrofon vor das Gesicht hält. Wie bei der Überwachung durch Browser-Cookies, Pixel, Banner und Plug-ins im Internet ist die Überwachung beim Internet der Dinge für uns größtenteils unsichtbar. Doch sie wird durchgeführt, und zwar auf den genannten unterschiedlichen Ebenen. Und sie nimmt uns viele unserer Freiheiten.

Ich möchte Ihnen die Problematik anhand von Beispielen veranschaulichen.

Kommerzielle Überwachung

Viele von uns öffnen heutzutage ihr privates, vertrautes Heim und machen daraus ein »Smart Home«. Das bedeutet, dass Sie sich unterschiedliche vernetzte Dinge in Ihre eigenen vier Wände stellen, um Ihren Alltag zu erleichtern. Das kann zum Beispiel eine smarte Überwachungskamera sein, die Sie vor Eindringlingen beschützen soll. Oder eine smarte Heizung, mit der Sie die Temperatur aus der Ferne regulieren können. Oder smarte Lampen, die Sie per App ein- und ausschalten. Oder digitale Sprachassistenten und smarte Lautsprecher, denen Sie bequem von der Wohnzimmercouch aus Sprachbefehle geben können, um Musik zu hören oder den Wetterbericht abzurufen.

Das hört sich erst einmal alles praktisch und bequem an. Modern. Das gehört heutzutage einfach zum Alltag dazu. Das sehen Sie ständig in der Werbung. Das haben auch Ihre Nachbarn. Ihre Nichte ist ganz begeistert davon. Schlichtweg: Davon haben Sie zumindest schon öfter gehört, und zwar überwiegend Positives.

Nun ist es aber so, dass all diese Dinge von Unternehmen stammen, die damit nicht nur Ihr Wohlbefinden im Auge haben. Und zwar fängt das bei Produkten an, die Sie am wenigsten in Verdacht haben. Vielleicht haben Sie schon davon gehört, dass digitale Sprachassistenten auch beim Sex mitlauschen, und haben sich deshalb bewusst dagegen entschieden, ein »Alexa«-Produkt in Ihr Wohnzimmer zu stellen. Aber wissen Sie auch, dass Ihre smarten Lampen Ihren exakten Standort kennen und aufzeichnen, wann Sie ihr Licht ein- und ausschalten?

Michael Steigerwald, Experte für IT-Sicherheit und Gründer der Firma Vtrust, hat die Strukturen und die Architektur von smarten Glühbirnen untersucht und sich angesehen, was bei einer klassischen OEM-Lösung, die in 11.000 verschiedenen Produkten steckt, im Hintergrund passiert. OEM bedeutet dabei »Original Equipment Manufacturer«. Dieser stellt OEM-Produkte her, die dann unter dem Namen von verschiedenen, bekannten Marken vertrieben wird. Es steckt dabei aber immer dieselbe technische Lösung dahinter. Der OEM-Hersteller bringt die Lösungen meistens nicht selbst auf den Markt, sondern verkauft die Hardware und Lizenzen an die Marken, die sie nutzen möchten. Das bedeutet: In einer Lampe steckt dieselbe Hardware, obwohl verschiedene Marken draufstehen.

Der IT-Experte hatte also eine solche OEM-Lösung analysiert und dabei herausgefunden, dass die exakten Koordinaten der bei ihm im Wohnzimmer eingebauten Lampe dem OEM-Hersteller und dem Verkäufer des Produkts übermittelt worden waren. »Die GPS-Daten sind über die Smartphone-App übertragen worden. Ich habe meinen eigenen Schreibtisch in den Koordinaten wiedergefunden«, sagt der Experte in seinem Vortrag »Smart Home, Smart Hack« auf dem 35. Chaos Communication Congress im Dezember 2018 in Leipzig. Für Steigerwald sei allerdings völlig unklar, warum der Verkäufer und der Hersteller wissen müssen, wo sich eine einzelne Lampe befindet. »Es ist erschreckend, wer darauf Zugriff hat.« Neben diesen Koordinaten befanden sich auch eine Liste mit An- und Ausschaltvorgängen der letzten sieben Tage unter den Daten sowie die E-Mail-Adresse, mit der er die Lampe registriert hatte, und die Seriennummer des Produkts. Steigerwalds Fazit: »Das große Datensammeln war für mich erschreckend«.

Steigerwald hatte sich zudem bei dem OEM-Hersteller als Verkäufer registriert und so getan, als würde er das Produkt in sein Portfolio aufnehmen wollen. Damit konnte er die Lösung auch auf Sicherheitsschwachstellen überprüfen. Er fand dabei heraus, dass die smarte Lampe nicht funktioniert, wenn sie nicht mit der Cloud des Herstellers verbunden ist. »Man kann das Produkt nicht benutzen, ohne dass Daten in der Cloud gespeichert werden«, so Steigerwald. Er fragte bei dem Hersteller an, warum er diese Daten speichere, und bekam als Antwort lediglich, dass es nicht möglich sei, das Produkt ohne Cloud zu nutzen, und dass er als Verkäufer auch Zugriff auf diese Daten habe und wenn er noch weitere benötige, solle er sich melden. Der IT-Experte fand bei seiner Untersuchung jedoch heraus, dass das Produkt, rein technisch betrachtet, sehr wohl ohne direkte Cloud-Verbindung funktionieren würde, doch das sei schlichtweg nicht gewollt.[1]

Damit hatte Steigerwald praktisch bewiesen, dass eine smarte Glühbirne, die von vielen Einzelhändlern verkauft wird (der Name des OEM-Herstellers blieb geheim), bewusst so konstruiert wurde, dass sie ohne Internet-Verbindung nicht verwendet werden kann – einzig und allein aus dem Grund, Daten zu sammeln. Bei der smarten Lampe betrifft es

---

1   vgl. *https://media.ccc.de/v/35c3-9723-smart_home_-_smart_hack*

mit einem Schlag 11.000 verschiedene Produkte, weil diese alle auf dasselbe System zurückgreifen. Dass das damit kein »Einzelfall« ist, liegt auf der Hand. Um Ihnen ein weiteres Beispiel zu geben: Auch Überwachungskameras fürs Eigenheim, die von Nest stammen, funktionieren nur mit aktiver Internet-Verbindung.

»Das größte Problem, dass ich dabei sehe, ist, dass es die einfachsten Verbrauchsgegenstände betrifft. Eine Glühbirne ist nur dazu da, ein bisschen Licht zu machen. Wenn selbst so kleine Geräte, die normal für uns sind, smart sein müssen, bringt man damit viele Gefahren in seinen eigenen Haushalt. Das ist den meisten Leuten nicht bewusst«, sagt der IT-Sicherheitsexperte Steigerwald – und zeigt damit eine der größten Gefahren auf. Wir bringen mit diversen, einfachen Alltagsgegenständen, bei denen es jetzt »hip« ist, sie zu vernetzen, »freiwillig« Spione in unsere privatesten Räumlichkeiten – und werden durch sie rund um die Uhr überwacht.

Datenmissbrauch durch Cyberkriminelle

Uns droht auch noch von einer ganz anderen Seite eine Überwachung (und noch viel mehr). Erinnern Sie sich an das Beispiel der Frau, die von ihrer Welpen-Kamera überwacht wurde? Tja, das war kein Einzelfall. Fast täglich kann man mittlerweile über ähnliche Ereignisse in Medienberichten nachlesen. Es gibt beispielsweise immer wieder Berichte darüber, dass Unbekannte sich in die Überwachungskameras von Amazon namens Ring eingeloggt und die Menschen im Eigenheim damit bestenfalls verwirrt haben.

Rund um Weihnachten im Jahr 2019 wurde etwa in Mississippi (USA) von einem Fall berichtet, bei dem Eltern eine derartige Kamera im Kinderzimmer ihrer achtjährigen Tochter installiert hatten. Sie wollten damit mit ihrer Tochter sprechen, um nicht immer das Zimmer wechseln zu müssen, wenn es etwas Wichtiges gab. Doch das Kind hörte plötzlich, nachdem die Ring-Kamera gerade einmal vier Tage lang im Haus war, ein Lied über das Gerät: »Tiptoie through the Tulips« wurde abgespielt und als das Kind nachgefragt hat, wer gerade spricht, sagte die unbekannte Stimme: »Hier ist der Weihnachtsmann, dein bester Freund.«[2] Das Kind wurde von dem Unbekannten nicht nur beobachtet, sondern es erfolgte auch eine unerwünschte Kontaktaufnahme. Die Person täuschte obendrein vor, jemand anderer zu sein. Das ist gefährlich, denn Kinder könnten das Gefühl haben, den Weihnachtsmann zu »kennen«, weil sich etwa der Papa jedes Jahr als solcher verkleidet. Oder sie sind auf jeden Fall besonders neugierig und wollen den Weihnachtsmann kennenlernen. Wenn Kinder zu einer fremden Person über eine derartige Kamera Vertrauen aufbauen, könnte man sie damit auch dazu bringen, die Haustür zu öffnen. Etwa dann, wenn der Weihnachtsmann Schokolade verspricht. Derartige Fälle sind daher nicht nur eine lästige Angelegenheit, sondern stellen auch eine echte Gefahr dar. Das wirklich Perverse an der Sache ist aber, dass das Ganze über eine vernetzte Überwachungskamera geschieht, die eigentlich zum Schutz da ist – die das eigene Heim überwachsen soll, um sich vor Eindringlingen zu schützen.

Dieser Vorfall war kein Einzelfall. Es gibt nämlich seit Anfang 2020 diverse Anleitungen und sogar Programme im Internet, mit denen es möglich ist, sich relativ einfach in derartige Ring-Kameras reinzuhacken. Es gibt sogar einen eigenen Audio-Podcast, der alle möglichen Aufzeichnungen aus den Häusern, in denen ungeschützte Ring-Kameras verwendet werden, ins Internet überträgt. Dabei handelt es sich freilich um private Gespräche und es sind damit häufig auch Rückschlüsse auf Personen möglich, wenn man etwa Adressen nennt oder lokale Geschäfte oder man schlichtweg einen

---

2   vgl. *https://www.vice.com/en_us/article/3a88k5/how-hackers-are-breaking-into-ring-cameras*

eindeutigen Akzent hat, der zu einem bestimmten Bundesgebiet führt.

Im Fall der Ring-Kameras können sich Nutzer ganz einfach davor schützen, dass jemand Fremdes in ihre intime Privatsphäre eindringt, indem sie gleich nach dem Kauf des Produkts die sogenannte »Zwei-Faktor-Authentifizierung« aktivieren. Das sollten Sie schon von anderen Internet-Diensten oder Ihrem Smartphone kennen. Falls nicht, werde ich es Ihnen kurz erklären: Es handelt sich dabei um eine zusätzliche Sicherheitsmaßnahme Ihrer Benutzerkonten. Zusätzlich zu einem Passwort müssen Sie beim Login ein weiteres Sicherheitsmerkmal eingeben und bestätigen damit Ihre Identität. Das kann zum Beispiel ein PIN-Code sein, der per SMS-Nachricht auf Ihr Smartphone geschickt wird. Damit wird verhindert, dass Unbekannte Zugriff auf Ihre Kamera bekommen. Zusätzlich empfiehlt Amazon, für die Kamera ein starkes Passwort auszuwählen, das nicht bereits bei einem anderen Dienst zum Einsatz kommt. In dem Fall der Ring-Kameras ist es nämlich so, dass die Unbekannten nicht über das Kamera-System selbst eindringen, sondern sich mit gestohlenen Login-Daten und Passwörtern sowie durch reines Ausprobieren von diversen Kombinationen von User-Accounts und Passwörtern in die Geräte einloggen.[3]

Mit diesem Problem ist Amazon allerdings nicht alleine. Ergo: Es hilft Ihnen nicht, einfach auf eine andere, vernetzte Überwachungskamera auszuweichen, denn die Chance ist groß, dass es damit ähnliche Probleme gibt. Wiener Forscher der Sicherheitsfirma SEC Consult haben vergleichbare, aber noch gravierendere Sicherheitsrisiken bei neun Millionen Überwachungskameras aus China festgestellt. Die chinesischen Kameras werden von einem OEM-Hersteller vertrieben und sind unter den unterschiedlichsten Namen wie SecTec,

---

3 vgl. *https://www.wired.com/story/ring-hacks-exemplify-iot-security-crisis/*

Nextrend, digoo oder A-Zone auch auf dem europäischen Markt erhältlich. Mindestens 1,3 Millionen der untersuchten Kameras sind laut Aussagen des Sicherheitsforschers Stefan Viehböck auch in Europa im Einsatz. Eine Million dieser Kameras davon in Deutschland. Anders als bei der Ring-Kamera von Amazon müssen die Nutzer nicht zwangsläufig einen Account anlegen, wenn sie die Kamera in Betrieb nehmen. Das ist allerdings noch gefährlicher, denn die chinesischen Kameras werden mit einem vorgefertigten Nutzeraccount ausgeliefert, allerdings ohne Passwort. Das bedeutet, bei allen Kameras ist der Benutzername »admin« und das Passwort leer. Wenn das nicht sofort nach dem Kauf und noch vor der Inbetriebnahme geändert wird, können Unbekannte auf der Kamera die Gerätekonfiguration ändern und somit steht einem ungewollten Zugriff von außen nicht mehr viel im Wege.[4] Weil die Xiaongmai-Produkte allerdings noch einige weitere Schwachstellen haben, empfehlen die Sicherheitsforscher, gänzlich auf diese Art von Kameras zu verzichten. Mit dem Ändern des Passworts ist es in diesem Fall nicht getan.

Und da sehen Sie schon die Wurzel des Übels: Wie können Sie sich sicher sein, welche vernetzten Überwachungskameras sicher sind? Gar nicht, sage ich Ihnen. Aus dieser Perspektive würde ich Ihnen generell von einer vernetzten Überwachungskamera abraten, vor allem von einer billigen, bei der der Hersteller nichts über sich preisgibt und bei der nicht ersichtlich ist, woher sie stammt. Falls Sie solch ein Produkt in Ihrem Supermarkt sehen: Verzichten Sie darauf. Lassen Sie es.

Was Sie daraus lernen können, ist Folgendes: Sich vernetzte Geräte anzuschaffen, bedeutet, sich um sie kümmern zu müssen und sich auch dazu zu verpflichten, sich um sie zu

---

4   vgl. *https://futurezone.at/digital-life/sicherheitsluecke-in-neun-millionen-ueberwachungskameras-entdeckt/400140746*

kümmern, damit sich diese nicht gegen Sie wenden und Sie plötzlich selbst der Überwachte sind. Je mehr vernetzte Geräte Sie besitzen, desto mehr Zeit müssen Sie für die Verwaltung der Geräte einplanen und desto wichtiger ist es, verschiedene Passwörter zu verwenden und sich bei der Installation zu fragen, wie Sie selbst die Sicherheit des Geräts erhöhen können. Wirklich. Das müssen Sie ernst nehmen, wenn Sie sich solche Geräte anschaffen wollen. Dazu werde ich Ihnen später noch einige Tipps geben.

Nicht immer kann man allerdings selbst etwas tun. Manchmal sind die Sicherheitslücken im Produkt selbst eingebaut und der Hersteller voll und ganz dafür verantwortlich. Um noch einmal kurz bei den Überwachungskameras zu bleiben: Selbst wenn eine Profi-Kamera, die für den Business-Bereich vorgesehen ist, als »vandalismussichere Kamera, mit der Vorfälle gut erkannt und bewiesen werden können« vermarktet wird, wie das bei der SNC-DH160-Kamera von Sony der Fall war, heißt das nicht, dass diese wirklich sicher ist. Die Sony-Kamera hatte etwa den Fehler, dass sie über einen sogenannten »root«-Nutzer verfügt. Dessen Zugang ist mit einem Passwort geschützt, das sich nicht ändern lässt, außer vom Hersteller. Dieses Passwort lautet in allen Kameras dieses Modells gleich und ermöglicht damit Kriminellen vollen Zugriff auf alle Funktionen der Kamera.

Damit könnte es sogar zu filmreifen Szenen kommen: Angenommen, ein Gebäude wird von einem Wachmann kontrolliert. Diesem könnte vorgegaukelt werden, dass alles in Ordnung ist, während in Wirklichkeit gerade ein Einbruch stattfindet. Ihm wird einfach das Material der letzten Stunden, das aufgezeichnet wurde, erneut angezeigt, während die Diebe ihr begehrtes Objekt stehlen.[5] Auch diese gravierende Sicherheitslücke hat das Team von SEC Consult entdeckt.

---

5   vgl. *https://futurezone.at/digital-life/wiener-decken-schwere-luecke-in-ueberwachungskamera-auf/234.479.006*

Erfinden muss man solche spektakulären Szenarien übrigens heutzutage nicht mehr: So wurde beispielsweise am 24. Dezember 2019 die Überwachungskamera des Lang-Suan-Gefängnisses in Thailand gehackt. Auf dem YouTube-Channel »Big Brother's Gaze« waren Bilder aus den überfüllten Gefängniszellen zu sehen.[6]

Kann uns also wirklich permanent jemand zusehen, wenn wir uns vernetzte Geräte ins Haus holen? Mit hoher Wahrscheinlichkeit ist das möglich. Die Wiener Sicherheitsfirma SEC Consult hat im Jahr 2016 4683 Internet-der-Dinge-Produkte auf Sicherheit analysiert und dabei festgestellt, dass rund 96,8 Prozent der untersuchten Geräte kritische Sicherheitslücken aufwiesen. Darunter befanden sich neben Überwachungskameras für Profis auch vernetzte Thermostate, Feuermelder oder Netzwerkdrucker. Das bedeutet übersetzt: All diese Dinge sind angreifbar und Unbekannte können die vollständige Kontrolle darüber erlangen und uns damit überwachen oder uns anderweitigen Schaden zufügen.

Das gilt auch für die smarte Lampe, die Michael Steigerwald untersucht hat. Diese sendete, wie Sie sich erinnern, unsere GPS-Daten an den Hersteller, zusammen mit den Vorgängen, wann sie ein- und ausgeschaltet wurde. Steigerwald hatte bei seiner Sicherheitsanalyse festgestellt, dass diese Daten von der Lampe großteils unverschlüsselt an den Verkäufer und Hersteller übertragen werden. Das bedeutet, dass sie jeder zwischendrin abfangen und damit überwachen könnte, wer wann wo zu Hause ist. Kriminelle könnten diese Daten etwa über einen längeren Zeitraum protokollieren und so herausfinden, zu welcher Uhrzeit jemand garantiert nicht zu Hause ist oder schläft. Steigerwald sagte, dass das Sicherheitslevel für die smarte Lampe minimal sei. Weitere mög-

---

6   vgl. *https://www.nytimes.com/aponline/2019/12/25/world/asia/ap-as-thailand-prison-camera-hack.html*

liche Szenarien: Manipulation der Daten, Sabotage oder das Verwenden der IoT-Geräte, um andere anzugreifen.

Staatliche Überwachung

Die Totalüberwachung durch das Internet der Dinge droht noch über eine dritte Schiene. Es sind nicht nur Sicherheitsrisiken dafür verantwortlich oder Unternehmen, die unsere Daten auslesen, sondern auch Behörden und Staaten, die etwa Druck auf Firmen aufbauen, um an Daten zu gelangen. An der US-Ostküste hat der Internet-Service-Provider »Armstrong Zoom« Kunden damit gedroht, die Internet-Verbindung so weit zu drosseln, dass es damit nicht mehr möglich ist, Netflix zu schauen – aber auch IoT-Geräte wie das smarte Thermostat im Haushalt würden dann nicht mehr funktionieren. Alle, die auf einer bestimmten Liste standen, die der Provider vom Staat erhält, sollten gedrosselt werden. Der Staat hat eine Liste von Menschen erstellt, die eine Urheberrechtsverletzung begangen haben, indem sie etwa »Game of Thrones« rechtswidrig runtergeladen und mit anderen geteilt haben. Man nennt dies »Filesharing« und es war vor allem bei jungen Menschen beliebt, bevor das legale Streamen von Filmen aufgekommen ist. Doch Filesharing feierte im Jahr 2019 eine Art Comeback. Laut dem Global Internet Phenomena Report hat Filesharing wieder zugenommen, weil die Angebote der Streaming-Anbieter so stark variieren. Wer etwa ein Netflix-Abo hat, möchte auch die Amazon-Prime-Exklusiv-Titel sehen, ohne dafür extra zu zahlen – oder umgekehrt. Der Staat gab die Liste an den Provider, und dieser reagierte im eigenen Ermessen und ohne von der Behörde selbst dazu aufgefordert worden zu sein, mit einer Drohung an seine Kunden auf der Liste. Er machte diese darauf aufmerksam, dass er alle vernetzten Geräte im Haushalt – sei es TV, Thermostat, Alarmanlage, Überwachungskamera – komplett unbrauchbar machen werde, wenn sie auf der Filesharing-Liste landeten. All die smarten Geräte wären dann mit einem Schlag unbrauch-

bar und das Smart Home nicht mehr regulierbar. Zu dem
Zeitpunkt herrschten an der Ostküste Temperaturen weit unter 0 Grad Celsius. Das bedeutete für Menschen, die ihre Heizung per vernetztem Thermostat regelten, eine akute Lebens-
bedrohung. Besonders absurd daran: Der US-Staat hatte in
der Vergangenheit schon mehrfach Menschen auf die Liste
der Urheberrechtsverletzungen gesetzt, die in Wahrheit un-
schuldig waren und deren Unschuld auch im Nachhinein bewiesen werden konnte.[7]

Man muss aber gar nicht in die USA schauen, um derartig
gravierende Beispiele zu finden, bei denen Unternehmen aufgrund von Gesetzen oder Druck von Behörden ihren Kunden
das Leben schwer machen. In Österreich wurde im Jahr 2019
mehreren Menschen, teils mit gesundheitlichen Beeinträchti-
gungen oder Kindern, der Strom abgedreht, weil sie den Einbau von »Smart Metern«, also intelligenten Stromzählern,
verweigert hatten. Die Menschen wollten nicht, dass damit
ihre Daten praktisch rund um die Uhr ausgelesen werden
können. Außerdem hatten sie Angst vor Sicherheitsrisiken.
Obwohl es in Österreich ein »Opt-Out« gibt, mit dem Kunden
die Möglichkeit haben, die Verwendung von smarten Stromzählern abzulehnen, können diese dennoch nicht den Einbau
des Zählers verweigern. Sie bekommen in der Regel trotzdem
ein elektronisches Messgerät, lediglich die Funktionen, mit
denen der Strom in 15-Minuten-Intervallen gemessen werden
kann, werden abgedreht. Die eingebauten Zähler sind allerdings aus der Ferne ein- und ausschaltbar – und damit ein
potenzielles Sicherheitsrisiko.

In Österreich gibt es daher seit Längerem eine Initiative
mit dem Namen »Stop Smart Meter«, die sich dafür einsetzt,
dass Menschen ihre analogen Stromzähler behalten dürfen.[8]

---

7 vgl. *https://futurezone.at/netzpolitik/filesharing-provider-droht-mit-
   iot-drosselung/305.283.938*

8 vgl. *https://futurezone.at/digital-life/familie-verzichtet-auf-strom-
   weil-sie-keinen-smart-meter-will/400354282*

Die Netzbetreiber, die für den Wechsel zuständig sind, geben sich aber hart. Wer den Einbau mehrfach verweigert, dem wird zuerst mit einem Gerichtsverfahren gedroht und dann, in letzter Konsequenz, der Strom abgedreht. Das ist bereits mehreren Familien passiert, etwa einer Frau im Burgenland oder einer Familie in Oberösterreich. Laut der zuständigen Regulierungsbehörde gebe es kein Recht auf eine Grundversorgung und kein Recht auf einen analogen Stromzähler. Der Stromzähler gehört nämlich offiziell dem Netzbetreiber und der Kunde hat diesem Zutritt zu gewähren. Was für ein Zähler montiert wird, könne man sich eben nicht aussuchen, so die Argumentation seitens der Netzbetreiber. Wahlfreiheit? Fehlanzeige! Denn anders als den Energieanbieter kann man sich seinen Netzbetreiber als Kunde nicht aussuchen. Dabei hatte der österreichische Rechnungshof in seinem Bericht vom Januar 2019 festgestellt, dass die Öffentlichkeit über die datenschutzrechtlichen Fragen nicht rechtzeitig informiert worden und der Datenschutzrat nicht von Beginn an eingebunden worden sei.[9] Smart Meter erfassen personenbezogene Daten, nämlich den Energieverbrauch. Damit gilt für das Sammeln dieser Daten auch die Datenschutzgrundverordnung (DSGVO) und bestimmte rechtliche Rahmenbedingungen. Der Rechnungshof hatte aber auch weitere Mängel festgestellt, etwa bei der sogenannten Kosten-Nutzen-Rechnung, die verpflichtend durchzuführen war und die »methodische Mängel« aufgewiesen hatte. Bislang hat es die Regierung in Österreich nicht geschafft, derartige Informationen nachzuliefern, geschweige denn eine Lösung für die betroffenen stromlosen Familien zu schaffen.

Ein anderes Beispiel zeigt, dass praktische Internet-Anwendungen plötzlich abgedreht werden können, wenn sie zur potenziellen Gefahr für einen Staat werden. In Spanien

9 vgl. *https://www.rechnungshof.gv.at/rh/home/home_1/fragen-medien/Presseinformation_Smartmeter.pdf*

wurde die Plattform GitHub gezwungen, Daten zu einer App offline zu nehmen, die in Katalonien im Streit um die Unabhängigkeit genutzt worden war, um Proteste gegen die spanische Regierung zu organisieren. Die Tsunami Democratic Group, eine Protestbewegung, die die Aktionen vor allem über das Smartphone und Chat-Gruppen organisiert hatte, wurde von der spanischen Regierung als terroristische Vereinigung eingestuft und der GitHub-Besitzer Microsoft musste per Gerichtsbeschluss die entsprechenden Codes zur App löschen. Ähnliche Anfragen würden normalerweise aus Ländern wie China oder Russland kommen, hieß es.[10] Das Beispiel zeigt, dass auch Länder in Europa versuchen, Technologie zu blockieren, die zur Organisation von Protesten verwendet wird – nicht nur Länder wie China, Arabien oder Hongkong.

»Einige Länder treiben die Überwachung auf die Spitze und nutzen das Internet, um die gesamte Bevölkerung auszuspionieren. Allen voran China: Sämtliche sozialen Medien des Landes werden staatlich überwacht, und Äußerungen, die Anstoß erregen, können zensiert werden«, schreibt der IT-Sicherheitsexperte Bruce Schneier in seinem Buch »Click Here To Kill Everybody«.[11] Denn viele Länder würden das Internet nicht nur zur Überwachung nutzen, sondern es auch zensieren, und um ihre Bürger zu kontrollieren.

Natürlich ist China dabei klarer Vorreiter, doch dank dem Internet der Dinge kommt es eben auch in vielen anderen Ländern zu einem Mehr an Überwachung durch den Staat. Sei es durch neue Technologien oder Gesetze, die sich die Existenz diese Technologien zunutze machen.

In Deutschland dürfen die Strafverfolgungsbehörden unter bestimmten Umständen eine staatliche Spähsoftware nutzen, die oft auch als »Bundestrojaner« bezeichnet wird. Dazu ist ein richterlicher Beschluss auf Antrag der Staatsanwalt-

---

10 vgl. *https://www.bbc.com/news/technology-50232902*
11 vgl. *https://www.mitp.de/IT-WEB/IT-Sicherheit/Click-Here-to-Kill-Everybody.html*

schaft notwendig, der das zeitlich begrenzte Überwachen ermöglicht. Da die Kommunikation über WhatsApp beim Versenden verschlüsselt und auf dem Empfängergerät wieder entschlüsselt wird, muss man die Daten entweder vor dem Verschicken oder nach dem Empfangen überwachen, um solche Gespräche oder Chats mitschneiden zu können. Die in Deutschland eingesetzte Software kann diese sogenannte Ende-zu-Ende-Verschlüsselung angeblich umgehen, indem sie direkt über das betroffene Gerät geht und dieses mit der Software »infiziert«.

Ob es allerdings erstrebenswert ist, dass ein Staat bewusst Sicherheitslücken schafft, ist mehr als fraglich. Derartige Methoden und Programme können auch von Kriminellen ausgenutzt werden, sobald sie diese entdecken, und von anderen Staaten, wenn sie diese Software vom selben Anbieter kaufen. In Österreich wurde ein ähnliches Vorhaben im Dezember 2019 vom Verfassungsgerichtshof gekippt, weil es grundrechtswidrig war. »Computersysteme sind bedeutend für die Persönlichkeitsentfaltung und mit dieser Maßnahme erhält man Einblick in höchstpersönliche Lebensbereiche«, so der Verfassungsrichter Christoph Grabenwarter in seiner Begründung des Urteils. »Der Eingriff ist schwerwiegend und damit nur in engen Grenzen zulässig.«

Neben dem Bundestrojaner gab es in Deutschland etwa auch Tests mit Gesichtserkennungssystemen am Berliner Bahnhof Südkreuz, die 2017 und 2018 von der Bundespolizei, dem Bundeskriminalamt und dem Bundesinnenministerium durchgeführt worden sind. Anfang 2020 wurde bekannt, dass das Ministerium plant, Gesichtserkennungssysteme an 135 deutschen Bahnhöfen und 14 Flughäfen zum Einsatz zu bringen, um die Kompetenzen der Bundespolizei zu erweitern.[12]

---

12 vgl. *https://www.spiegel.de/panorama/justiz/bundespolizei-gesichts-erkennungssysteme-an-vielen-flughaefen-und-bahnhoefen-geplant-a-1303523.html*

Dabei gab es an den durchgeführten Tests massive Kritik. Gesichtserkennungssysteme haben nämlich massive Probleme, Menschen richtig zu erkennen und einzuordnen. Bei manchen Menschen tun sich die Systeme leichter, bei anderen schwerer. Oft hängt es von der Hautfarbe ab, aber jedes System hat seine Stärken und Schwächen. Insgesamt ist das Problem der Fehlerkennungen nicht zu unterschätzen, denn dadurch geraten unschuldige Menschen ins Visier der Behörden. Damit würde diese Maßnahme mehr Unsicherheit stiften, als Sicherheit zu schaffen. Der Chaos Computer Club (CCC) hatte aufgedeckt, dass die vonseiten des Ministeriums kommunizierte Trefferquote von 80 Prozent bei keinem der getesteten Hersteller gemessen worden war, sondern lediglich eine fiktive Zahl sei, die man erreiche, wenn man alle drei getesteten Systeme zusammenzähle.[13] Eine permanente Analyse von Gesichtern im öffentlichen Raum wäre zudem eine massive Einschränkung der Freiheit jedes Einzelnen. Jeder Pendler würde, wenn er seinen Weg zur Arbeit mit der Bahn tätigt, mehrfach am Tag gefilmt und überwacht werden. Alles würde darauf hinauslaufen, dass es praktisch unmöglich wird, sich im öffentlichen Raum frei und unerkannt zu bewegen.

Jetzt erinnere ich Sie noch einmal an den ersten Satz dieses Kapitels: Das Datensammeln weckt Begehrlichkeiten. Ich hoffe, Sie verstehen jetzt ein bisschen besser, was ich damit meine und was das mit dem Internet der Dinge zu tun hat. Wir haben es nicht nur mit einer Ebene der Überwachung zu tun, und zwar den kommerziellen Anbietern, die unsere Daten sammeln, um diese weiterzuverkaufen oder daraus selbst ein Produkt zu machen, sondern mit noch zwei weiteren: Cyberkriminellen, die unsere Daten am Schwarzmarkt verkaufen oder uns damit erpressen wollen und dazu die

---

13 vgl. *https://netzpolitik.org/2018/ueberwachungstest-am-suedkreuz-geschoente-ergebnisse-und-vage-zukunftsplaene/#spendenleiste*

Sicherheitslücken in IoT-Produkten ausnutzen. Und Staaten, die selbst mit Initiativen wie dem Bundestrojaner Sicherheitslücken schaffen sowie uns mit Kameras mit Gesichtserkennungssoftware in der Öffentlichkeit auf Schritt und Tritt verfolgen.

All diese Prozesse finden schleichend statt. Das heißt: Wir werden nicht plötzlich aufwachen und können uns nicht mehr frei bewegen. Aber wir müssen all diese Entwicklungen genau beobachten und uns dagegen wehren, bevor es zu spät ist. George Orwell, Autor des berühmten Überwachungsbuches »1984«, hätte sich das alles nicht besser ausdenken können, was wir in diesen Zeiten in der Realität erleben – und zwar auch mitten in Europa.

4

HEY, EINHORN: WIE UNS SPIELZEUG AUSSPIONIERT

Es ist weiß und kuschelig, hat rosa Pfoten, einen pfiffigen, rosaroten Irokesen-Haarschnitt und einen süßen, runden Bauch: das Einhorn-Spielzeug »CloudPets« der Firma Spiral Toy. Das Medienportal des Mitteldeutschen Rundfunks bezeichnete es in einer Twitter-Nachricht als »das gefährlichste Einhorn der Welt«[1]. Denn wenn man auf die linke Pfote drückt, bekommt man nicht etwa ein »Hallo, Juliana!« mit der Stimme der Mutter zu hören, sondern eine Botschaft eines Daleks aus der beliebten Science-Fiction-BBC-Serie »Dr. Who«. Dieses will die gesamte Welt auslöschen und zerstören. Mit böser, finsterer Stimme dröhnt es aus dem Einhorn:»Auslöschen, Zerstören!« Das sind Dinge, von denen man nicht will, dass es Kinder in jungem Alter zu hören bekommen. Sie können beängstigend sein und Kinder regelrecht verstören.

---

1   vgl. *https://twitter.com/MEDIEN360G/status/946421154369232896*

Und jetzt stellen Sie sich vor, dass Sie gar nichts davon wissen. Wenn Ihr Kind jetzt nicht gerade weinend zu Ihnen läuft und sich von Ihnen in die Arme nehmen lässt, bekommen Sie möglicherweise gar nichts davon mit. Nun möchte ich Ihnen in aller Ruhe erklären, was es mit diesem Einhorn auf sich hat.

Das Spielzeug-Einhorn ist vernetzt und verfügt über eine Internet-Verbindung. Das erkennt man im Falle von »Cloud-Pets« unter anderem an dem WLAN-Wolken-Symbol, das auf einer der beiden Pfoten des Einhorns abgebildet ist. Bei dem Einhorn-Plüschtier, das es auch in der Variante Hund oder Katze gibt, können Sie und andere Familienmitglieder über eine App Nachrichten aufnehmen und via Plüschtier an Ihr Kind schicken. Sobald die Nachricht angekommen ist, blinkt das rote Herz des Plüschtiers. Durch das Drücken der rechten Pfote kann Ihr Kind die von Ihnen aufgenommene Nachricht dann abhören. Mit dem Drücken der linken Pfote kann Ihr Kind dank eines eingebauten Mikrofons auch selbst Nachrichten aufnehmen und an Sie zurücksenden. Diese erscheinen bei Ihnen dann in der dazugehörigen App. Auf diesem Weg ist es zum Beispiel möglich, Ihrem Kind auf kreative und lustige Weise mitzuteilen, dass das Mittagessen fertig ist, und es zum Essen in die Küche kommen soll. Oder aber Ihr Bub liegt im Krankenhaus und Sie wollen ihm außerhalb der Besuchszeiten sagen, dass Sie an ihn denken. Oder die Oma Frida, die in Australien lebt, will ihrem Enkel eine Grußbotschaft zukommen lassen. Die Aufmerksamkeit des Kindes ist Ihnen mit dieser Methode gewiss. Denn wenn das Kind das Einhorn (oder die Katze oder den Hund) liebt, wird es jede Botschaft über diesen Kanal mit besonderer Wertschätzung entgegennehmen.

Das klingt jetzt eher nach Werbung für das Produkt als nach dem »gefährlichsten Einhorn der Welt«, werden Sie sich jetzt denken. Die von mir beschriebenen Funktionen des Spielzeugs klingen nicht nur gut, sondern stoßen bei vielen Kindern auch auf ein großes »Will-haben«-Gefühl.

Doch von »CloudPets« für Ihr Kind würde ich Ihnen ganz dezidiert abraten. Die Internet-Verbindung, die bei dem Spielzeug zum Einsatz kommt und ermöglicht, dass Sie mit Ihrem Kind kommunizieren können, ist nicht sicher und wird vom Hersteller auch nicht mehr sicherer gemacht. Das bedeutet in der Praxis, dass nicht nur Sie Ihrem Kind Nachrichten schicken können, sondern praktisch jeder, der ein wenig von Technik versteht.

Gehacktes Einhorn

Besuchern des Chaos Communication Congress ist es bereits im Jahr 2017 binnen einer Minute gelungen, das Einhorn mit der Dalek-Botschaft »Zerstört die Welt!« zu versehen, und zwar ohne dass ich davon etwas von außen gemerkt hätte.[2] Ich hatte für meinen Vortrag über das »Internet of Fails« eine Botschaft aufgenommen, die lautete: »Hallo, Chaos Communication Congress!« Im Vortrag hatte ich dazu aufgerufen, dass interessierte Hacker gerne im Anschluss mit dem Spielzeug ein wenig spielen dürften. Als ich nach dem Vortrag das nächste Mal auf den Knopf des Einhorns drückte, war die Botschaft des Daleks zu hören. Der Aufruf zum Spielen hatte jemanden angespornt, es gleich auszuprobieren. Auf dem Chaos Communication Congress geschah dies mit meiner Einwilligung und aus »Spaß am Gerät«, wie es in der Hacker-Community so schön heißt. Das hat nichts mit Cybercrime zu tun oder illegalen Aktionen. Bei der jährlichen Veranstaltung des Chaos Communication Club (CCC) geht es darum, derartige Dinge in einer geschützten Umgebung auszuprobieren. Doch Cyberkriminelle haben meist keine so noblen Absichten: Sie wollen das Produkt nicht verbessern, sondern machen sich solche Sicherheitslücken zunutze, um sich damit persönliche Vorteile zu verschaffen.

---

2 vgl. *https://shroombab.at/2018/01/01/das-gehackte-dalek-einhorn-am-34c3/*

Bei dem Spielzeug von Spiral Toy war der Zugriff auf die Kommunikationszentrale des Einhorns einfach, weil die Bluetooth-Verbindung nicht gesichert ist. Somit kann sich jeder mit dem Einhorn verbinden, wenn er einen simplen Trick anwendet, der sich im Internet mit einer genauen Anleitung findet. Die exakten Details zu dem Angriff sind seit Längerem bekannt. Es reicht, im Chrome-Browser eine bestimmte Seite zu besuchen, und schon ist man im »CloudPets«-Einhorn drin und kann selbst Sprachnachrichten an Ihr Kind schicken. Dafür muss man sich aber im selben Raum befinden – was die Gefahren dieses Angriffs zumindest etwas reduziert.

Es wäre schon schlimm genug, dass Ihr Kind auf diese Weise Dinge zu hören bekommen kann, die nicht für Kinderohren bestimmt sind. Doch es könnte auch jemand versuchen, sich das Vertrauen Ihres Kindes zu erschleichen, indem er immer wieder und wieder mit ihm spricht. Stellen Sie sich vor, aus dem Einhorn spricht eine Stimme mit Ihrem Kind, die darum bittet, doch rasch zur Wohnungstür zu gehen und diese zu öffnen. Dieses Szenario hat etwa der norwegische Verbraucherschutzverein Forbrukerrådet in einem Video verwendet, um vor vernetztem Spielzeug zu warnen.[3] Beim Einhorn wäre dies aufgrund der fehlenden Bluetooth-Reichweite zwar nicht möglich, aber dieses Beispiel ist bei Weitem nicht das einzige. Im Video der Verbraucherschützer wird etwa eine vernetzte Puppe aus der Ferne gesteuert. Wie genau man das macht, wurde – aus Sicherheitsgründen – freilich nicht erläutert.

Stimmen manipulieren

Ich möchte noch einen Schritt weitergehen und an das Szenario, dass Ihr Kind einem Fremden die Tür öffnen könnte, anknüpfen: Sie haben Ihr Kind schließlich so erzogen, dass es

---

3 vgl. *https://www.youtube.com/watch?v=lAOj0H5c6Yc*

Fremden keine Türen aufmachen soll – auch dann nicht, wenn es Schokolade gibt. Das Kind würde die Tür aber öffnen, wenn die Stimme wie die Mama oder die Tante Frida klingt und nicht wie ein Fremder. Und schon steht ein Unbekannter in Ihrer Wohnung und räumt sie aus oder entführt Ihr Kind.

Ich will dieses Szenario jetzt gar nicht weiter ausführen, weil ich Ihnen keine Angst machen will – aber technologisch ist es bereits möglich, Stimmen so zu manipulieren, dass diese wie eine bekannte Person klingen. Dazu wird zuerst die Stimme dieser Person gestohlen und im Anschluss für kriminelle Zwecke verwendet. Die Manipulation der Stimme selbst erfolgt mit einer Software, die über eine künstliche Intelligenz (KI) verfügt. Diese Software gibt es im Internet zum Runterladen. Die App heißt »Real Time Voice Cloning« und wurde dazu entwickelt, Stimmen zu klonen.[4] Die Open-Source-App ist allerdings nicht die einzige Anwendung, mit der das technisch möglich ist. Auch das kalifornische Start-up modulate.ai arbeitet daran, Stimmen von Personen nachzubilden. Das Start-up trainiert sein Programm so, dass sich Stimmen so manipulieren lassen wie von den Nutzern gewünscht. Anders als reguläre Stimmfilter kann die Software bereits in Echtzeit das Alter, das Geschlecht und die Tonhöhe von Sprechern verändern.[5] Was sich für Sie also wie Zukunftsmusik anhört, ist bereits seit einigen Jahren in Entwicklung und steht kurz davor, die Masse zu erreichen. Kriminelle haben diese Technik längst entdeckt und auch ausgenutzt: Ein CEO einer Firma überwies etwa 220.000 Euro, weil der vermeintliche Chef eines anderen Konzerns ihn dazu angewiesen hatte. Das hatte er allerdings nie: Seine Stimme war von Cyberkriminel-

---

4   vgl. *https://mixed.de/deepfake-audio-mit-dieser-app-lasst-ihr-jeden-alles-sagen/*

5   vgl. *https://www.derstandard.at/story/2000098708642/stimme-wie-obama-deepfake-ki-laesst-nutzer-klingen-wie-sie*

len gestohlen worden, die mit dieser Methode Geld erbeuten wollten.[6]

An dieser Stelle denken Sie jetzt bitte nicht: »Das kann mir nicht passieren!« oder »Ich bin kein Firmen-CEO, bei dem es Gelder in sechsstelliger Höhe zu erbeuten gibt. Ich bin doch nicht interessant genug!« Natürlich kann es auch Ihnen passieren: Wenn Sie, Ihre Freunde oder Familie das Spielzeug »CloudPets« nutzen, werden dabei Ihre Stimmen in die Cloud geschickt. Das heißt, die Sprachnachrichten, die Sie an Ihr Kind gesendet haben, werden auf Servern des Unternehmens Spiral Toy gespeichert und in einer Datenbank abgelegt. Hackt sich jemand in diese Datenbank ein, können Ihre Stimme und die Ihrer Freunde oder Familie ganz einfach gestohlen, manipuliert und für den oben beschriebenen Zweck missbraucht werden.

Und jetzt raten Sie mal, was der Firma Spiral Toy, die dieses nette Spielzeug herstellt, passiert ist. Laut dem US-Sicherheitsexperten Troy Hunt sind dem Unternehmen 2,2 Millionen aufgenommene »CloudPets«-Sprachnachrichten von rund 820.000 registrierten Anwendern abhandengekommen.[7] Die Sprachnachrichten waren in einer Datenbank abgelegt worden, die keinen Schutz geboten hatte. Man konnte damit von außen darauf zugreifen. Die Sprachnachrichten der Benutzer waren zwar jeweils mit Passwörtern geschützt, aber diese lauteten oft »1234« oder »susi123«. Daher möchte ich Sie an dieser Stelle daran erinnern, auf jeden Fall sichere Passwörter zu verwenden – auch wenn Sie denken, dass es sich beim erworbenen Einhorn doch »nur um Kinderspielzeug« handelt. Durch schlecht gewählte Passwörter dauerte es in diesem Beispiel nur wenige Sekunden, bis eine Software

---

6 vgl. *https://futurezone.at/digital-life/mit-deepfake-die-stimme-vom-chef-imitiert-220000-euro-ergaunert/400597388*

7 vgl. *https://www.troyhunt.com/data-from-connected-cloudpets-teddy-bears-leaked-and-ransomed-exposing-kids-voice-messages/*

diese geknackt hatte und auf die Benutzerkonten mitsamt den gespeicherten Sprachnachrichten Zugriff hatte.

Die betroffenen Nutzer wurden damals von der Firma Spiral Toy zudem nicht darüber informiert, dass ihre Stimmen und Sprachdateien offen im Netz verfügbar waren. Auch nicht darüber, dass diese Nachrichten jeder runterladen und anhören konnte, der dazu Lust hatte – oder diese missbrauchen wollte. Laut Hunt sei das Unternehmen von einem Sicherheitsforscher-Kollegen mehrfach auf das Problem aufmerksam gemacht worden, doch es hatte mehrere Wochen lang nicht reagiert. Dabei saß die Firma Spiral Toy in Kalifornien, USA – ebenso wie der Sicherheitsforscher. Man sollte meinen, dass hier eine Kommunikation miteinander möglich sein sollte. Laut Hunt wurden die betroffenen Sprachdateien in der Zwischenzeit sehr häufig runtergeladen, denn die offene Datenbank war ein gefundenes Fressen für Kriminelle. Es wurden damit auch Erpressungsversuche durchgeführt, wie der Sicherheitsforscher berichtete. Erst viel später wurde seitens des Unternehmens reagiert und die Datenbank vom Netz genommen.

Zur Beruhigung: Tatsächlich ist bis jetzt kein Fall bekannt, bei dem es durch eine gestohlene und im Anschluss gefälschte Stimme zu einer Kindesentführung oder einem Einbruchdiebstahl gekommen ist. Aber der Fall »CloudPets« zeigt, dass Sie mit einem vermeintlich niedlichen und harmlosen Spielzeug Ihr Kind gefährden können und auch sich selbst. Ich wollte Ihnen hier vor allem die Möglichkeiten aufzeigen, an die Sie wahrscheinlich nicht denken, wenn Sie Ihrem Kind dieses süße Kuscheltier mit Internet-Verbindung kaufen. Und mit Erpressungsversuchen, weil Ihre Daten in einer ungeschützten Datenbank im Internet landen, würde wohl erst einmal niemand rechnen.

Es gab zudem bereits mehr als den einen geschilderten Fall, bei denen etwa Unternehmen abgezockt worden sind, weil jemand mit der gestohlenen, manipulierten Stimme des

Firmenchefs angerufen und um eine Überweisung auf ein bestimmtes Konto gebeten hat. Der Mitarbeiter glaubte, er telefoniere gerade mit dem Chef – und hinterfragte die Anweisung nicht, frei nach dem Motto »der Chef hat immer recht«. Genauso wenig würde Ihr Kind zweifeln, wenn es Ihre Stimme aus dem Einhorn hört, die sagt, es solle die Wohnungstür öffnen, weil Sie sich ausgesperrt haben – außer es hört Sie zeitgleich im Nebenzimmer.

Unpassende Werbung

Jetzt haben Sie genug von vernetzten Einhörnern? Leider muss ich Sie enttäuschen, denn die Geschichte von »Cloud-Pets« ist noch immer nicht zu Ende. Die Firma hat nämlich auch noch ein Geschäftsmodell rund um seine App entwickelt, die ganz gut zu den Dingen passt, die Sie in den vorherigen Kapiteln bereits erfahren haben, nämlich die Tatsache, dass Sie das Produkt nicht wirklich besitzen. Sie haben zwar das vernetzte Plüscheinhorn käuflich erworben, aber wenn Sie die App nutzen wollen, haben Sie bei »CloudPets« zwei Optionen: Entweder Sie verwenden die »Gratis«-Version, bei der Sie Werbeeinblendungen sehen, oder Sie zahlen Geld für ein werbefreies Produkt.

Ich habe mir die »Gratis«-Version der App ein wenig genauer angesehen und dabei festgestellt, dass die Werbung nicht nur im Eltern-Teil der App eingeblendet wird, sondern auch in dem Teil der App, die Ihrem Kind vorbehalten ist. Denn auch Kinder können vom selben Gerät oder ihrem eigenen Handy – je nachdem, ab welchem Alter sie damit ausgestattet werden – auf die App zugreifen und selbst Nachrichten an das Einhorn schicken. In der Nutzeroberfläche der App, die für das Kind freigegeben war, wurde mir nicht altersgerechte Werbung eingeblendet.

Ergo: Einmal sah ich, eingeloggt als Kind namens »Cayla« (die App fragte selbstverständlich auch Namen und Alter des

Kindes ab) eine Werbung für Alkohol, dann sah ich eine Werbung für eine bestimmte Aktie, ein andermal wurde mir eine Anzeige mit expliziten »Casual Dating«-Angeboten und viel nackter Haut angezeigt. Logisch, denken Sie sich. Wahrscheinlich treibt sich Frau Wimmer auch privat auf solchen Seiten herum und informiert sich laufend über eine Aktie nach der anderen. Doch bei den Anzeigen hat es sich nicht um personalisierte Werbeeinblendungen gehandelt, die nur für Erwachsene, die sich für diese Dinge interessieren mögen, gedacht sind, sondern explizit um Einblendungen im Menü für Kinder. Das heißt, auch Ihr Kind hätte diese Art von Werbung bei der Benutzung der Gratis-App zu Gesicht bekommen.

Na und, denken Sie? Aber wollen Sie wirklich, dass Ihr Kind bei der Benutzung einer Spielzeug-App vielleicht irrtümlich auf derartige Anzeigen draufklickt? Was wäre, wenn gleich die erste Kontaktperson nicht jugendfrei antwortet? Wollen Sie das noch immer?

Werbung mag Sie als Erwachsene vielleicht nicht immer und überall stören. Aber Apps, die für Kinder gedacht sind, sollten bereits von Beginn an werbefrei konzipiert sein. Und Unternehmen, die mit derartigen Methoden zusätzliches Geld verdienen wollen, haben niemals das Wohl von Kindern im Visier, sondern lediglich ihren eigenen Profit.

Ratschläge für Eltern

Was können Sie nun aus diesem schönen, langen Beispiel alles lernen? Sehr viel, würde ich sagen. Dieses Horror-Beispiel steht symptomatisch für viele der Probleme, die vernetztes Spielzeug mit sich bringt. Ein guter Rat für Eltern ist deshalb, sich bereits vor der Anschaffung eines neuen Spielzeugs darüber zu informieren, ob dieses mit dem Internet verbunden werden kann oder gar muss, um zu funktionieren.

Das vernetzte Einhorn der Firma Spiral Toy, ist es einmal angeschafft, kann ohne Batterien auch komplett analog als Kuscheltier verwendet werden – es muss nicht sofort in der Mülltonne entsorgt werden. Aber es gibt mittlerweile auch Spielzeug, das ohne Internet seine Funktionen gar nicht mehr erfüllt und gar nicht mehr verwendet werden kann. Deshalb sollten Sie beim Kauf von neuem Spielzeug auf jeden Fall darauf achten, ob dies der Fall ist. Fragen Sie sich: Ist eine Internet-Verbindung zur Verwendung unbedingt erforderlich? Werden persönliche Daten verarbeitet und wenn ja, wo werden diese gespeichert? Wenn Sie in einem Shop mit Beratung sind, sollte jemand diese Frage beantworten können, oder, falls nicht, Ihnen gegebenenfalls ein Rückgaberecht einräumen, wenn Sie am Ende etwas anderes erhalten als erwünscht.

Wenn das Kind etwas unbedingt haben will, weil es das bei einem Freund gesehen hat oder weil es die Haarfarbe des Einhorns so hübsch findet, geben Sie nicht nach, seien Sie trotzdem erst einmal skeptisch und schauen Sie sich das Produkt genauer an. SaferInternet.at empfiehlt etwa, sich auch entsprechende Produkttests und Rezensionen von anderen Nutzern durchzulesen, bevor Sie etwas Neues anschaffen.[8] Leider gibt es derzeit noch kein spezielles Kennzeichen, das Ihnen ermöglicht, rauszufinden, welchem Anbieter Sie vertrauen können. Das erschwert natürlich die Angelegenheit beim Kauf von vernetztem Spielzeug. Denn manchmal geht alleine aus der Produktbeschreibung nicht hervor, ob das Spielzeug eine WLAN-Verbindung oder Bluetooth benötigt. Doch manche Spielzeuge lassen sich ohne diese gar nicht aktivieren.

Deshalb rät Ihnen etwa die Stiftung Warentest komplett vom Kauf von mit dem Internet verbundenem Kinderspielzeug ab. »Ein dummer Teddy ist die schlauere Wahl«, heißt es

---

8   vgl. *https://www.saferinternet.at/news-detail/spielzeug-mit-internet-worauf-muss-ich-achten/*

seitens der Verbraucherschützer.[9] Das würde auch ich Ihnen derzeit raten: Das dumme Einhorn ist die smartere Wahl. Denn im Falle von »CloudPets« hätte Ihnen das alleinige Wissen, dass das Gerät »vielleicht gehackt werden könnte«, nicht viel genutzt: Sie als Kunde hätten nichts an diesem Zustand ändern können. Das Unternehmen hätte die Bluetooth-Verbindung anders gestalten müssen, um zu verhindern, dass Fremde auf das Gerät zugreifen. Das Unternehmen hätte die Kundendaten besser absichern müssen, damit kein Zugriff von außen möglich ist. Das Unternehmen hätte auch dafür sorgen müssen, dass die App werbefrei ist oder wenn, dann lediglich altersgerechte Werbung angezeigt wird. Apropos Werbung: Wenn ein bestimmtes vernetztes Produkt mit einer dazugehörigen App wirbt, können Sie sich diese immer schon vorab aus den jeweiligen App-Stores runterladen und testen. Im Falle von »CloudPets« hätte Sie das möglicherweise schon vor dem Kauf des Produkts davon abgehalten, wenn Sie sich diese App genauer angesehen hätten.

Für den Fall allerdings, dass Sie unbelehrbar sind oder Ihr Kind von dem vernetzten Plüschtier, das Sie unlängst besorgt haben, so angetan ist, dass Sie unmöglich darauf verzichten möchten, sei Ihnen als Rat mitgegeben: Informieren Sie Ihr Kind darüber, womit es spielt. Beobachten Sie Ihr Kind, wie es mit dem Spielzeug umgeht. Sagen Sie Ihrem Kind, dass es immer zu Ihnen kommen kann, wenn ihm etwas komisch vorkommt. Lassen Sie sich alles zeigen, was das Kind damit anstellt. Falls das Kind jemals fremde Stimmen hört, denken Sie nicht gleich an eine psychische Erkrankung, sondern checken Sie zuerst, ob jemand anderer das Spielzeug gekapert hat und heimlich mit Ihrem Kind spricht. Sollte einmal tatsächlich etwas passieren, auf das Sie nicht vorbereitet waren und das für das Kind ein einschneidendes Erlebnis ist, empfehlen

---

9   vgl. *https://www.bayern3.de/stiftung-warentest-teddy-kinderspielzeug-vernetzt-internet-daten*

Experten von SaferInternet.at, das Erlebte zu malen oder darüber zu sprechen. Beruhigen Sie Ihr Kind, seien Sie da, machen Sie ihm keine Vorwürfe – aber auch nicht sich selbst. Lernen Sie daraus für die Zukunft.

Erste Schritte gegen vernetztes Spielzeug

In den vergangenen fünf Jahren hat die Zahl des Spielzeugs, das mit Mikrofon ausgestattet und mit Apps verbunden ist, stark zugenommen – und es ist weiter auf dem Vormarsch. Man könnte denken, dass der Markt das Ganze selbst regeln wird und die vernetzten Einhörner einfach wieder verschwinden werden, wenn es nicht genug Menschen gibt, die sie kaufen. Doch davon sind wir weit entfernt. Peter Bihr, der Gründer des Vereins ThingsCon.org und der gleichnamigen Konferenz, denkt, dass wir erst am Beginn dieser Entwicklung stehen. »Jetzt ist die Phase des Wilden Westens, wo einfach alles auf den Markt kommt, weil es geht. Die Produkte sind aber nicht ausgereift. In zehn Jahren wird die Lage ganz anders aussehen«, sagte mir Bihr.

Einige der Produkte werden tatsächlich wieder verschwinden, aber nicht, weil der Markt es selbst regelt, sondern weil es Druck auf die Hersteller gibt – und zwar einerseits von Regulatoren wie Staaten, andererseits von Aktivisten, Nicht-Regierungs-Organisationen (NGOs) und Verbraucherschutzverbänden. Dass die vernetzten Spielzeuge der Firma Spiral Toy mittlerweile von Online-Plattformen wie Amazon oder aus der US-Supermarktkette Target wieder verschwunden sind, ist einzig und allein dem Engagement von Mozilla zu verdanken. Mozilla ist Ihnen wahrscheinlich bisher vor allem als Browser-Hersteller bekannt und Sie haben schon einmal von Firefox gehört oder benutzen diesen Browser regelmäßig zum Surfen im Internet. Doch Mozilla ist eine irrsinnig große Organisation und auch im Bereich Internet-Recht und Konsumentenschutz tätig.

Mozilla hatte bei einem Sicherheitsforscher ein Gutachten in Auftrag gegeben, in dem nachgewiesen werden konnte, dass das Spielzeug von Spiral Toy so manipuliert werden konnte, dass damit Fremde Nachrichten aufnehmen und senden können. Danach haben sie sich mit dem Gutachten direkt an Amazon gewandt und den Online-Händler gebeten, das Spielzeug von der Plattform zu nehmen, weil es eine Gefahr für Kinder darstellt. Amazon hat das Gutachten angefordert, gelesen und wenige Tage später war das Spielzeug aus den Amazon-Stores verschwunden – und zwar weltweit. Auch aus den Supermärkten der US-Kette Target verschwand das Produkt. Doch natürlich machten die Supermärkte und Online-Händler das nicht gänzlich freiwillig: Mozilla hatte bereits eine Kampagne vorbereitet, mit der sie groß an die Öffentlichkeit gegangen wären, um den Druck auf die Konzerne zu erhöhen und auch in Richtung Politik und Regulierung Akzente zu setzen.

»So wie viele Konsumenten keine Ahnung davon haben, was sie sich da eigentlich angeschafft haben, wissen auch viele Händler nicht, worauf sie sich beim Verkauf von bestimmten Produkten eigentlich einlassen«, sagt Ashley Boyd, Vizepräsidentin bei Mozilla. »Händler sollten sich gut überlegen, welche Produkte sie in ihr Sortiment aufnehmen.«[10] Im Fall des vernetzten Einhorns von Spiral Toy hat Mozilla etwas nachgeholfen. Die Firma Spiral Toy hat das Geschäft übrigens mittlerweile aufgegeben und die Produktion von »CloudPets« eingestellt.

Für den US-Raum gibt die Organisation auch Ratgeber heraus, die auf Gefahren von einzelnen Produkten hinweisen und auch als Richtlinie für den Kauf herangezogen werden können. Das Motto dieses Ratgebers lautet: »Be Smart. Shop

---

10 vgl. *https://futurezone.at/netzpolitik/wie-mozilla-vernetztes-spielzeug-aus-den-kinderzimmern-verbannen-will/400076951*

Safe.«[11] Die Bewertungen der Produkte reichen dabei von »nicht gruselig« (not creepy) bis zu »extrem gruselig« (super creepy). Falls Sie ein IoT-Produkt erwerben wollen und Ihr Englisch es zulässt, würde ich Ihnen empfehlen, sich auf der Seite zu informieren und die Einteilung in Ihre Bewertung miteinfließen zu lassen.

Neben dem besagten vernetzten Einhorn der Firma Spiral Toy ging es auch noch einem zweiten Spielzeug an den Kragen – und zwar dieses Mal direkt in Deutschland. Bereits seit 2014 gab es die berühmt-berüchtigte Puppe namens »My friend Cayla« im Handel, bevor sie im Jahr 2017 verboten wurde. Sie war sogar einmal unter den Top 10 der meistverkauften Spielzeuge, doch dann wurde sie von der Bundesnetzagentur als »verbotene Sendeanlage« eingestuft und aus dem Verkehr gezogen. Kinder konnten Cayla per App Fragen stellen und mit ihr reden.[12]

Ein Rechtsgutachten von Stefan Hessel von der Universität des Saarlandes hat geprüft, ob die Puppe Cayla mit dem Telekommunikationsgesetz vereinbar sei, und daraufhin festgestellt, dass die Puppe als »verbotene Sendeanlage« einzustufen sei, weil via Bluetooth – ähnlich wie beim vernetzten Einhorn »CloudPets« – ein ungesicherter Zugriff auf das Mikrofon möglich war. »Jedes bluetoothfähige Gerät in Reichweite von etwa zehn Metern kann eine Verbindung zu ihr aufbauen und Lautsprecher und Mikrofon nutzen. In einem Versuch hatte ich auch über mehrere Wände hindurch auf die Puppe Zugriff. Es fehlt an eingebauten Sicherungen«, sagte Hessel laut einem Bericht von netzpolitik.org.[13] Eltern wurden dazu aufgefordert, die Puppe Cayla zu vernichten – womit wir wieder beim Dalek-Einhorn angelangt wären. Auf den Besitz

---

11 vgl. *https://foundation.mozilla.org/en/privacynotincluded/*
12 vgl. *https://futurezone.at/digital-life/spionage-im-kinderzimmer-puppe-cayla-wird-verboten/247.055.266*
13 vgl. *https://netzpolitik.org/2017/schnueffelpuppe-my-friend-cayla-in-deutschland-verboten/*

von »verbotenen Sendeanlagen« stehen nämlich Strafen von bis zu zwei Jahren Haft.

Dieses Gesetz gibt es allerdings nur in Deutschland und »Cayla« durfte beispielsweise in Österreich weiterhin verkauft werden, weil Österreich eine andere Rechtslage hat. Der Verein für Konsumenteninformation (VKI) riet Kunden allerdings auch in Österreich vom Kauf ab und bot ihnen an, sich bei Problemen an den Verein zu wenden.

Die Puppe »Cayla« ist jedoch ebenso wie das Einhorn von »CloudPets« nicht das einzige vernetzte Spielzeug auf dem Markt. Daher kann dieser Schachzug in Deutschland ebenso wie das Vorgehen von Mozilla gegen »CloudPets« in den USA lediglich unter »Exempel statuieren« eingeordnet werden. Es gibt nach wie vor vernetzte Puppen und vernetzte Einhörner auf den Websites großer Einzelhandelsketten oder Billig-Produkte mit Internet-Verbindung in Supermärkten. Teilweise ist die Lage jetzt sogar noch schlimmer geworden als noch vor ein paar Jahren, als die Entwicklung wirklich ganz am Anfang stand: Denn im Gegensatz zu Zeiten von »Cayla« oder »Cloud-Pets« in den Jahren 2014 bis 2018 lassen sich die Hersteller von vernetzten Spielzeugprodukten jetzt teilweise nicht mehr genau zurückverfolgen.

Probleme beim Kauf

Es ist im Jahr 2020 noch schwieriger geworden, festzustellen, woher ein Produkt kommt, von wem es produziert wird und wie es um die Internet- und Bluetooth-Verbindungen sowie die dazugehörigen Cloud-Dienstleister bestellt ist. Über die Einzelhandelsplattform amazon.de lässt sich etwa ein Plüschtier-Einhorn mit ähnlichen Funktionen wie bei »CloudPets« von einem Händler namens Stuffems Toy Shop für 22 Euro erwerben. Weitere Angaben zum Produkt fehlen jedoch komplett. Mit großer Wahrscheinlichkeit handelt es sich dabei um eine Billig-Kopie von »CloudPets« aus China. Feststellen können das aber bestenfalls Profis aus dem Security-Bereich, indem sie die Verbindungen der Cloud zurückverfolgen und großflächig untersuchen. Sie als Kundin oder Kunde haben keine Chance, in Erfahrung zu bringen, was mit Ihren Daten passiert oder ob und wie das Spielzeug gegen Zugriffe von außen gesichert ist. Von derartigen Angeboten sollen Sie daher auf jeden Fall komplett Abstand nehmen, und Sie sollten hellhörig werden, wenn keine Angaben zum Hersteller gemacht werden.

Auch wenn man auf Amazon nach der Puppe »Cayla« sucht, findet man über den Online-Händler Produkte, die »Cayla« ähneln, aber von anderen Herstellern stammen – und daher noch nicht direkt verboten worden sind. Sie sind aber ebenso wenig zu empfehlen wie andere Produkte. Der Anteil an billigen China-Kopien ist im Bereich des vernetzten Spielzeugs allerdings generell noch nicht ganz so hoch wie bei artverwandten vernetzten Geräten wie Babymonitoren oder Überwachungskameras. Hier kommen viele Standardkomponenten aus China, nur die Firmennamen sind jeweils andere. Das ist ähnlich wie bei den smarten Lampen, die ich Ihnen in Kapitel 3 schon vorgestellt hatte. Doch selbst bei vernetzten Markenprodukten sollten Sie aufpassen, denn auch »Hello Barbie« kämpfte mit denselben Datenschutz- und Sicherheitsproblemen wie »Cayla« & Friends.

Sie fragen sich jetzt womöglich: Gibt es denn gar keine Alternativen? Und leider muss ich Sie enttäuschen: Nein, es gibt derzeit keinen Spielzeug-Anbieter, der die Sicherheit und Privatsphäre an die oberste Stelle der Entwicklung gesetzt und ein Kuscheltier oder anderes interaktives Spielzeug entwickelt hat, ohne dass dabei Daten in die Cloud übertragen oder unsichere Bluetooth-Verbindungen verwendet werden.

Ein Berliner Start-up hatte mit Vai Kai eine Holzpuppe in Entwicklung, bei der die Daten nicht per Standardeinstellung gespeichert und eingesehen werden können. Die Holzpuppe hätte interaktives Spielen fördern sollen, indem sie darauf reagiert, wie Kinder sich bewegen. Die Puppe wäre außerdem geschlechtslos gewesen: keine Rosa-Blau-Klischees, sondern an einem Tag Prinzessin, am nächsten Tag ein Monster. Doch von Vai Kai hat man seit November 2018 plötzlich nichts mehr gehört. Der Internet-Auftritt ist mittlerweile zur Gänze verschwunden und die Social-Media-Kanäle werden nicht mehr befüllt. Kein Online-Shop listet das Produkt, also ist davon auszugehen, dass Vai Kai am Markt nicht mehr existiert.

Noch mehr Ratschläge für Sie

Nun möchte ich allen Eltern, denen das Thema gerade aktuell am Herzen liegt, noch einen Rat der Initiative klicksafe.de mitgeben: »Prüfen Sie ganz grundsätzlich, ob ein vernetztes Spielzeug zu Ihrem Erziehungsstil passt. Bei interaktiven Spielzeugen ist es auch wichtig, darüber nachzudenken, welche Inhalte und Werte vermittelt werden. Worüber spricht die Puppe eigentlich mit Ihrem Kind?«[14] Es ist schön und gut, wenn ich Ihnen jetzt alles über die Sicherheitsprobleme erzähle und darüber, wie Hersteller Ihre Daten speichern, wenn Sie etwa gar nicht wollen, dass Ihr Kind mit zu vielen Klischees aufwächst. Denn das sollten Sie auch noch mitbedenken: Sie wissen nicht, welche Dinge die Entwickler dem smarten Spielzeug einprogrammiert haben. Hier könnte auch noch die ein oder andere Überraschung lauern.

Aus vielen anderen Bereichen ist bekannt, dass Geschlechterklischees gang und gäbe sind. Haben Sie etwa schon einmal versucht, in der Google-Bilder-Suche nach »CEO« (Chief Executive Officer) zu suchen? Die Anzahl der Chefinnen bei der Bildauswahl ist auch im Jahr 2020 noch überschaubar. Vor ein paar Jahren hatte Google hier gar keine Top-Manage-

---

14 vgl. *https://www.klicksafe.de/eltern/kinder-von-3-bis-10-jahren/ vernetztes-spielzeug/*

rinnen angezeigt. Dafür gab es bei anderen Berufen ausschließlich Bilder von Frauen. Gerade bei Kinderspielzeug
wird häufig mit Klischees gearbeitet, daher sollten Sie sich
auch bewusst sein, dass interaktives, vernetztes Spielzeug
meistens auch ein bestimmtes Weltbild transportiert, das Sie
nicht kontrollieren können.

Und noch einen Aspekt möchte ich Ihnen mitgeben, ohne
jetzt wie eine Oberlehrerin klingen zu wollen. Ich nehme Sie
als Eltern sehr ernst und weiß, dass Sie das Beste für Ihr Kind
wollen. Doch es ist mir ein Anliegen, dass Sie auch Ihr eigenes Verhalten kritisch hinterfragen, wenn es um die Anschaffung von neuem Spielzeug geht. Wollen Sie, dass Ihr Kind
damit etwas lernt, oder wollen Sie es etwa nur ruhigstellen
und beschäftigen? »Interaktives Spielzeug ist kein Ersatz für
persönliche Gespräche und elterliche Nähe«, warnt die Initiative SaferInternet.at. Im Februar jeden Jahres gibt es weltweit
einen sogenannten »Safer Internet Day«, bei dem Kinder und
Jugendliche einen bewussten Umgang mit digitalen Medien
erleben sollen. Die österreichische Initiative hatte im Januar
2020 eine Studie veröffentlicht, die untersucht hat, wie Klein-
kinder zwischen 0 und 6 Jahren digitale Medien nutzen.
Dabei ist auch ein erstaunliches Detail herausgekommen:
Manchmal sind es nämlich die Kinder, die von der digitalen
Mediennutzung ihrer Eltern genervt sind. So sagte etwa ein
fünfjähriges Kind: »In der U-Bahn sollte man die Handys ver-
bieten, damit sich Erwachsene wieder mehr mit uns beschäftigen.« 17 Prozent von 400 befragten Kindern stört das Verhalten der Eltern. Schenken Sie Ihrem Kind daher kein
vernetztes Spielzeug, wenn Sie es damit nur ruhigstellen wollen. Gerade diese Art von Spielzeug erfordert, wie Sie bereits
gelernt haben, viel mehr Achtsamkeit als so manch analoges
und ist keinesfalls ein Babysitter-Ersatz. Stattdessen sollten
Sie Ihr Kind beim Umgang mit dem interaktiven Spielzeug
wirklich genau beobachten.

Exkurs: Baby-Überwachungskameras

Das wäre eigentlich ein schöner Schlusssatz für dieses Kapitel gewesen. Sie wissen nun alles über vernetztes Spielzeug, was es derzeit zu wissen gibt. Aber jetzt, wo ich Sie, liebe Eltern, schon mal an der Angel habe, möchte ich mit Ihnen noch weitere Erkenntnisse aus anderen, themennahen Produktkategorien teilen.

Erinnern Sie sich noch an das Beispiel der Frau, deren Welpen-Kamera plötzlich mit ihr zu sprechen begann? Ähnliches geschah auch einer stillenden Mutter mit einem sogenannten Baby-Monitor. Dabei wird eine Kamera dazu verwendet, sein eigenes Kind im anderen Zimmer zu beobachten. Und diese Baby-Überwachungskameras sind, wie könnte es anders sein, heutzutage ebenfalls vernetzt und äußerst beliebt. Sie können ja auch nützlich sein und das Wohlergehen des eigenen Nachwuches liegt wohl jedem Elternteil am Herzen.

In den USA bemerkte eine Frau plötzlich, wie sich ihre Baby-Cam während des Stillens vom Gitterbett von selbst zu ihr hindrehte und sie beobachtete. Zuerst dachte sich die Frau nichts dabei und drehte die Kamera wieder zurück Richtung Gitterbett. Doch dann erinnerte sie sich, dass die Kamera bereits über Nacht selbstständig Richtung Bett geschwenkt war. Die Kamera zeigte genau zu ihr. Genau dorthin, wo sie geschlafen hatte. Das Gitterbett des Babys stand in einer anderen Ecke des Zimmers. Da wurde die Frau stutzig und begann, sich Gedanken zu machen. Sie fragte sich: Wer hat alles Zugriff auf die Kamera, die man per App steuern kann? Außer ihr war das eigentlich nur eine weitere Person. Dachte sie. Denn jemand ihr Unbekannter hatte sich in die App reingehackt, um die Kamera von außen zu steuern und sie beim Stillen und beim Schlafen zu beobachten. Wer das war, weiß die Frau bis heute nicht – denn derjenige gab sich zu keinem Zeitpunkt zu erkennen. Als der Frau klar wurde, dass jemand sie und ihr Kind in ihrem eigenen Schlafzimmer beobachtete, teilte sie ihr Erlebnis auf Facebook: »Irgendwer hat mich über die Kamera tagelang bei meinen intimsten und persönlichsten Momenten zwischen mir und meinem Sohn beobachtet. Ich fühle mich so verletzt. Ich will eigentlich nie wieder in mein eigenes Schlafzimmer zurück«, schrieb die Mutter in dem Facebook-Posting. Und: »Ich hatte keine Ahnung, dass so etwas überhaupt möglich ist.«[15]

Die Mutter kontaktierte daraufhin den Online-Händler Amazon, bei dem sie die betroffene Überwachungskamera FREDI, die optisch wie ein Hund aussieht, erworben hatte. Der Online-Händler verwies die Frau an den Hersteller und gab ihr eine E-Mail-Adresse und Telefonnummer eines chinesischen Unternehmens. Aus China meldete sich jedoch niemand, unter der Nummer war niemand erreichbar. Die einzige Option, die der Frau am Ende übrig blieb, war, die Kamera offline zu nehmen und wegzugeben. Auf Facebook warnte sie andere Eltern: »Wenn ihr einen Baby-Monitor verwendet, tut euch einen Gefallen und zieht den Stecker und werft sie jetzt sofort weg.« Die Frau versuchte außerdem, das Produkt auf Amazon zu bewerten und auch dort ihre Erlebnisse zu hinterlassen, um andere potenzielle Kunden davor zu warnen. Doch Amazon hatte bei dem Produkt die Bewertungsfunktion deaktiviert. Für die junge Frau war das Erlebnis ein »kompletter Alptraum.«

Der Vorfall geschah bereits im Mai 2018, doch die betroffene Baby-Überwachungskamera FREDI wurde Anfang 2020 nach wie vor online verkauft. Der Online-Händler Amazon verkaufte FREDI 1,5 Jahre später für 48,99 Euro. Beworben wird die Kamera dort übrigens mit folgendem Text: »Mit der 360° 1080P Innenkamera von FREDI können Sie sich auch aus der Ferne vergewissern, dass zu Hause alles in Ordnung

---

15 vgl. *https://www.facebook.com/jamie.l.turman/posts/ 10156309381564593*

ist. Lassen Sie sich via Benachrichtigung über die App informieren, wenn ungebetene Gäste Ihre Wohnung betreten.« Und: »Alarmsituationen werden per Push-Nachricht gemeldet und können sofort und live geprüft werden.« Das ist, im Anbetracht der Tatsache, dass ungebetene Gäste damit per Kamera einen Blick in die Wohnung und in das Leben der Kunden bekommen, etwas absurd. Die Überwachungskamera will eigentlich das Gefühl der Sicherheit vermitteln, schafft aber in der Praxis nur mehr Unsicherheit für die Betroffenen. Denn wenn sich Unbekannte einloggen und Menschen beobachten, können sie auf diesem Wege feststellen, wenn jemand nicht zu Hause ist – und dies für ihre kriminellen Machenschaften nutzen. Oder sie können intime Bilder aufzeichnen und die Bewohner im Anschluss damit erpressen. Cyberkriminelle sind heutzutage kreativ, wenn es um die Beschaffung von Geld geht. Diese Beispiele habe ich mir nicht aus den Fingern gezogen.

Dass die Überwachungskamera FREDI aus China kommt, ist aus der Produktbeschreibung des Online-Händlers Amazon übrigens nicht ersichtlich. Auch hier wird wieder einmal klar: Kunden können nicht nachprüfen, wer Zugriff auf die Daten bekommt, über welche Server die Dienste laufen oder wer das Produkt herstellt. Sie können von außen nicht feststellen, wer oder was hinter FREDI steckt. Und die Taktik von Amazon, dass bei Problemen keine Bewertungen hinterlassen werden können, spricht Bände. Bei amazon.de hat das Produkt übrigens durchgehend sehr gute Bewertungen erhalten. »Super einfach zu installieren und kinderleicht in der Bedienung«, heißt es da. Oder aber: »In fünf Minuten vom Auspacken bis zum Betrieb.« Es bleibt nur zu hoffen, dass diesen Amazon-Kunden nicht Ähnliches passiert wie der jungen Mutter aus den USA.

Dieses Beispiel zeigt noch einmal sehr deutlich, warum es wichtig ist, dass Organisationen wie Mozilla Druck auf Online-Händler ausüben, wenn vermeintlich unsichere Produkte, die Konsumenten großen Schaden zufügen können, weiterhin im Sortiment zugelassen sind und verkauft werden. Selbst wenn Mozilla für FREDI ein Sicherheitsgutachten erstellen lassen würde und Amazon dazu zwingen könnte, das Produkt vom Markt verschwinden zu lassen, wäre das eigentliche Problem damit allerdings nicht gelöst: Es würden an anderer Stelle wieder neue FREDI-Kopien auftauchen und Sie als potenzieller Kunde wären wieder der Dumme. Auch nicht in Ordnung ist, dass SIE am Ende auch dann der Dumme sind, wenn Schäden auf die laxen Sicherheitsmaßnahmen von Herstellern zurückzuführen sind. Leider können Sie sich derzeit nie sicher sein, dass Ihr Baby-Monitor sich nicht gegen Sie wendet, wenn Sie sich einen anschaffen. Daher lautet mein Tipp an dieser Stelle ebenfalls: Lassen Sie bis auf Weiteres die Finger davon.

Sicherheitslabels für vernetzte Produkte

Es gibt seit Längerem Forderungen nach »Sicherheitslabels« und einer klaren Kennzeichnung von vernetzten Produkten sowie erste Versuche, derartige Dinge umzusetzen. Tech-Experten haben Politiker außerdem bereits über diese Art von Problemen informiert. Doch bis sich hier tatsächlich von gesetzgeberischer Seite herauskristallisiert, wie mit dem Problem umgegangen werden soll, wird es noch dauern. Bei der EU-Datenschutzgrundverordnung (DSGVO) vergingen etwa mehrere Jahre zwischen dem ersten Entwurf und dem tatsächlichen Beschluss seitens des EU-Parlaments, des Rats und der Kommission.

Die EU-Kommission präsentierte am 19. Februar 2020 einen Bericht, in dem die Sicherheits- und Haftungsfragen von digitalen Produkten thematisiert werden.[16] Darin heißt es gleich zu Beginn: »Das übergeordnete Ziel der rechtlichen

---

16 vgl. *https://ec.europa.eu/info/sites/info/files/report-safety-liability-artificial-intelligence-feb2020_de.pdf*

Sicherheits- und Haftungsrahmen besteht darin, sicherzustellen, dass alle Produkte und Dienstleistungen, auch solche, die neue digitale Technologien nutzen, sicher, zuverlässig und beständig funktionieren und eingetretene Schäden wirksam behoben werden.« Das würde im Falle der Baby-Überwachungskamera oder aber auch im Falle von unsicherem, vernetztem Spielzeug bedeuten, dass der Hersteller die Sicherheitslücke beheben müsste, um diese Produkte in Europa auf den Markt zu bringen. Gleichzeitig heißt es in dem Papier der EU-Kommission: »Bei der Entstehung neuer Technologien wie künstlicher Intelligenz, Internet der Dinge und Robotik ist ein klarer Sicherheits- und Haftungsrahmen besonders wichtig, um sowohl Verbraucherschutz als auch Rechtssicherheit für Unternehmen zu gewährleisten.« Das klingt vielversprechend für die Zukunft, doch die große Frage ist: Kommt diese Regulierung zu spät? Gibt es bis dahin nicht zu viele vernetzte Spielzeuge und Baby-Cams in den Kinderzimmern dieser Welt, als dass dieser »Wilde Westen« an vernetztem Krimskrams, wie es Peter Bihr nennt, noch zu stoppen sein wird?

Zusammenfassend möchte ich Sie nun noch einmal daran erinnern, was Sie in diesem Kapitel erfahren haben: Derzeit gibt es kein vernetztes Spielzeug auf dem Markt, das aus Sicht des Datenschutzes und der IT-Sicherheit empfehlenswert ist. Interaktives Spielzeug ist aber nicht nur eine Gefahr für die Sicherheit Ihres Kindes, sondern bedeutet auch viel Aufwand für Sie als Elternteil, weil Sie Ihr Kind damit keinesfalls alleine lassen dürfen, sondern Sie sich selbst ausführlich mit dem Spielzeug beschäftigen müssen. Daher noch einmal der Rat: Solange es keine gesetzliche Regulierung für die Hersteller gibt, sollten Sie auf smartes Spielzeug besser ganz verzichten.

5

WARUM DAS INTERNET DER DINGE SO UNSICHER IST

IT-Security, das ist etwas für Spezialisten. Ich bin schon froh, wenn ich es schaffe, mein WLAN zu Hause einzurichten und die Set-Top-Box meines TV-Anbieters zum Laufen zu bringen. Ich bin auch kein Hacker, also was soll ich mit diesem Kapitel?

Diese Gedanken verwerfen Sie jetzt bitte ganz rasch wieder. Denn früher oder später wird es irgendein vernetztes Gerät in Ihrem Haushalt geben – und dafür müssen Sie gerüstet sein. Ich will Ihnen in diesem Kapitel nämlich vor allem zeigen und erklären, was Sie tun können, um sich zu schützen, und auch, warum es nicht nur für Sie wichtig ist, dass Sie Ihre Geräte absichern, sondern auch für alle anderen Menschen. Denn ja: Ein vernetztes Gerät ist im Grunde so etwas wie ein Computer. Und bei Ihrem Computer sind Sie es mittlerweile bereits gewöhnt, Ihr Gerät zu schützen. Dasselbe gilt also auch für Ihr Spielzeug, Ihre Waschmaschine, Ihre Kaffeemaschine, Ihre Lampe, Ihren Haustürschlüssel oder Ihr Auto, wenn diese Gegenstände über eine Internet-Verbindung verfügen.

Unsichere Datenverbindungen

Erinnern Sie sich noch an die stillende Mutter aus dem letzten Kapitel, deren süße Überwachungskamera, die wie ein Hund aussieht, sie ausspioniert hat? Österreichische Sicherheitsforscher des Beratungsunternehmens SEC Consult haben sich die Überwachungskamera FREDI genauer angesehen. Sie wollten wissen, wie es technisch möglich war, dass Fremde die Mutter beim Stillen ihres Sohnes sowie beim Schlafen heimlich beobachten konnten, indem sie die Kamera steuerten. Dabei fand das Team rund um Stefan Viehböck heraus, dass sich die Überwachungskamera zur Kommunikation mit der App mit einem Cloud-Server verbunden hatte, über den aus der Ferne eine Verbindung in private Netzwerke ermöglicht wurde. So weit, so gut. Nun kommt der wichtige Teil: »Wenn die Datenverbindung nicht ordnungsgemäß verschlüsselt wird, kann jeder, der die Verbindung abfangen kann, alle ausgetauschten Daten überwachen«, schreiben die Forscher in einem Blogeintrag.[1]

Doch natürlich ist der Zugriff der Kamera standardmäßig mit einem ID-Code und Passwort geschützt. Puh, denken Sie sich jetzt. Glück gehabt. Doch ganz so einfach ist es nicht. Der ID-Code und das Passwort befinden sich auf der Unterseite des Geräts. Wenn Sie als Nutzer zum ersten Mal die App aufrufen, müssen Sie das »Online-Gerät hinzufügen« und sich dann mit ID-Code und Passwort einloggen. Doch das Standard-Passwort von FREDI, der Baby-Überwachungskamera, lautete beim Test der Sicherheitsforscher: 123. Aus ihrer Sicht ist damit weder der ID-Code noch das Passwort spezifisch genug, um Unbekannte vom Eindringen in das System abzuhalten. »Wenn der Benutzer das Passwort nicht von sich aus durch ein sicheres Passwort ersetzt, kann sich jeder einloggen und mit der Kamera interagieren, indem er einfach verschie-

---

1   vgl. *https://sec-consult.com/blog/2018/06/wie-sie-eine-babycam-erfolgreich-hacken/*

dene Cloud-IDs ausprobiert«, sagte mir ein Sicherheitsforscher. Es würde wahrscheinlich nicht einmal allzu lange dauern, bis da jemand von außen reinkommt. Das Passwort kann man in der App allerdings jederzeit selbst ändern – und das wird an dieser Stelle nicht nur von meiner Seite, sondern auch von den Sicherheitsforschern von SEC Consult dringend empfohlen.

Tipps für gute Passwörter

An dieser Stelle denken Sie jetzt bestimmt: »Schon wieder ein Passwort ändern und ein neues ausdenken. Ich kann nicht mehr! Ich will nicht mehr! Lassen Sie mich in Ruhe!« Ich kann Sie bei dieser Reaktion durchaus verstehen. Vor allem deshalb, weil der allerwichtigste Passwort-Tipp lautet: Nehmen Sie niemals nur ein einziges Passwort, sondern kreieren Sie für jeden Dienst ein eigenes Passwort. Das haben Sie schon häufiger gehört, und wahrscheinlich auch, dass Sie kein Passwort nehmen sollen, das Ihren eigenen Geburtstag beinhaltet oder den Namen Ihres Haustiers, Ehepartners oder Kindes. Das finden Angreifer mit Leichtigkeit heraus. Nun möchte ich Ihnen aber in aller Kürze und Würze noch einige andere wichtige Passwort-Tipps mitgeben, mit denen Sie nicht nur Ihren Computer, sondern auch Ihre vernetzten Geräte schützen können.

Das Wichtigste beim Passwort ist die Länge. Ein Passwort, das nur fünf Buchstaben lang ist, kann innerhalb von 26 Minuten geknackt werden. Für ein achtstelliges Passwort benötigen Kriminelle, je nach Komplexität, bereits bis zu 29 Jahre.

Und hier sind wir schon bei dem zweiten Schritt angelangt: Die Länge alleine macht es nicht aus, sondern die Komplexität. Zahlen- und Buchstabenreihen wie »123« sind auf jeden Fall zu vermeiden – auch dann, wenn sie rückwärts verwendet werden. Schritt drei: Benutzen Sie keine Wörter, die im Wörterbuch stehen. Kreieren Sie stattdessen einen Satz, der Ihnen wichtig ist, und nehmen Sie davon die Anfangsbuchstaben: »Heute vor 10 Jahren wurde mein Sohn Tobias geboren« würde als Passwort »Hv1JwmSTg« ergeben. Das Passwort hat für Sie einen Wiedererkennungswert und Sie können es sich deshalb leichter merken, ein Angreifer oder Computerprogramm kann es jedoch nicht so leicht knacken. Man bezeichnet das auch als Passphrase.[2]

Einmal im Jahr können Sie dann darüber hinaus auf der Website »Have I Been Pwned«[3] nachsehen und kontrollieren, ob Ihr Passwort geknackt wurde. Sollte dies der Fall sein, suchen Sie sich schleunigst ein neues Passwort aus. Wie oft Sie das Passwort Ihrer vernetzten Geräte ändern, bleibt Ihnen überlassen. Generell gilt auch hier die Regel: Einmal pro Jahr wäre der Idealfall.

Sie sind noch immer nicht überzeugt, dass Sie für Ihre vernetzten Geräte ein eigenes Passwort brauchen? Tja, dann gehören Sie zu den Unbelehrbaren und der Hersteller müsste Sie wahrscheinlich dazu zwingen. Dann wären Sie bereits deutlich besser geschützt und sicherer.

In Kalifornien gibt es seit Anfang 2020 ein neues Cybersicherheitsgesetz, das genau dies vorsieht. Hersteller von internetfähigen Geräten werden damit in die Verpflichtung genommen, für die Sicherheit Ihrer Kunden zu sorgen. Entweder sie statten ihre Geräte mit einem einmaligen Passwort aus, sodass keiner mehr unerlaubt auf das Gerät zugreifen kann, oder sie müssen ihre Nutzer vor der Verwendung des Geräts dazu auffordern und zwingen, das ausgelieferte Standard-Passwort zu ändern. Bevor sie das Passwort geändert haben, dürfen Kunden das Gerät nicht nutzen.[4] Ich gebe zu, dass ich ein gro-

---

2 vgl. *https://www.gdata.at/tipps-tricks/sichere-passwoerter*
3 vgl. *https://haveibeenpwned.com/Passwords*
4 vgl. *https://futurezone.at/netzpolitik/internet-der-dinge-kalifornien-verbietet-schlechte-passwoerter/400139516*

ßer Fan von diesem Gesetz bin und ich würde es mir auch für Europa wünschen. Viele IT-Sicherheitsforscher wie der IT-Spezialist Bruce Schneier oder der Cybersicherheitsexperte Robert Graham und zahlreiche andere Branchenexperten sehen darin einen ersten, wichtigen Schritt, um Angriffe auf vernetzte Dinge zu erschweren.

Im Falle der vernetzen Baby-Überwachungskamera würde das bedeuten, dass Ihre Daten, die auf den Servern des Herstellers liegen, besser vor Zugriffen von Dritten geschützt sind. Doch es bedeutet nicht, dass es nicht mehr möglich wäre, die Kamera aus der Ferne zu steuern und Sie zu beobachten. Denn leider hat sich auch in der Firmware eine Lücke bei der Authentifizierung eingeschlichen, durch die ein Zugriff auf FREDI aus der Ferne möglich wird. »Obwohl der Hersteller auf diese Probleme hingewiesen wurde, sind die Schwachstellen offensichtlich nie behoben worden«, schreiben die Sicherheitsforscher von SEC Consult dazu. Diese Lücke wurde voraussichtlich im Fall der stillenden Mutter, die aus der Ferne beobachtet wurde, ausgenutzt, denn diese gab an, das Standard-Passwort gleich nach der Installation der Kamera geändert zu haben.

Herstellerhaftung

Wenn die Software eines vernetzten Geräts Sicherheitslücken enthält, können Sie als Benutzer dieses Geräts nichts dagegen tun, um zu verhindern, dass Unbekannte es fernsteuern. Genau dazu bräuchte es eine Art Hersteller-Haftung, also dass der Hersteller die Verantwortung für die IT-Sicherheit übernimmt. Doch das Unternehmen, das die Kamera herstellt, sitzt in China. Es war selbst für die IT-Sicherheitsforscher nur sehr schwer möglich, festzustellen, wie das Unternehmen heißt, das hinter dem Produkt steht: Shenzhen Gwelltimes Technology Co., Ltd. lautet der Firmenname. Die Firma bietet eine OEM-Lösung an, die wiederum von weiteren

Firmen herangezogen werden kann, um das Produkt unter verschiedenen Namen in den Handel zu bringen. Auf die Anfragen der Sicherheitsforscher hatte das Unternehmen nicht reagiert. Diese kommen zu dem Schluss, dass »weder das Gerät noch der Cloud-Dienst für die Datenschutzgrundverordnung gerüstet« sind. »Es bleibt ein chinesisches Unternehmen, das nicht wirklich bekannt ist, unsichere Produkte entwickelt und unsere privatesten Informationen zu Servern nach China schickt. Obwohl sie vor Monaten mit den Sicherheitsproblemen konfrontiert wurden, ist seither nichts passiert«, heißt es in dem Blogeintrag von SEC Consult.

Die Überwachungskamera FREDI ist nicht die einzige, die von einem chinesischen OEM-Hersteller produziert wird. SEC Consult hat sich auch noch die »Mi-Cam HD«, eine WIFI-Überwachungskamera, näher angesehen und auch dabei zahlreiche Sicherheitslücken entdeckt.[5] Die Hersteller haben ihre Arbeit in puncto IT-Security ebenfalls nicht richtig gemacht. Durch die »Passwort vergessen«-Funktion können etwa alle persönlichen Informationen gekapert werden, weil die Funktion nicht richtig implementiert wurde. Außerdem würden beim Zurücksetzen des Passworts Details über Nutzer verraten, die vorher nicht bekannt gewesen seien, so die Sicherheitsforscher. Das waren allerdings nur zwei von insgesamt noch viel mehr Problemen. Auch hier haben die Hersteller auf die Hinweise der Sicherheitsforscher nicht reagiert und die Lücken blieben ungeschlossen. Der Rat an die Kunden lautete daher auch in diesem Fall: »Wir raten davon ab, das Produkt zu verwenden.«

All diese Beispiele lassen Sie jetzt wahrscheinlich verzweifeln. Sie fühlen sich wie gelähmt, machtlos. Warum sage ich Ihnen, dass Sie das Standard-Passwort ändern sollen, wenn

---

5   vgl. *https://futurezone.at/digital-life/mi-cam-hd-baby-ueberwachungskamera-als-spion-im-kinderzimmer/400004438*

die Systeme nachher noch immer angreifbar sind? Das ergibt doch gar keinen Sinn!

Und ich sage Ihnen jetzt erneut: Doch, das tut es. Ein selbst gewähltes, starkes Passwort ist der erste und wichtigste Schutz von vernetzten Geräten. Es haben nicht alle Überwachungskameras Sicherheitslücken, und es werden nicht alle Sicherheitslücken in Überwachungskameras gefunden. Den meisten Cyberkriminellen reicht es, sich mit dem Standard-Passwort einzuloggen und auf diesem Wege ihr Klientel auszuspionieren. Wozu sollen sie es sich schwer machen, wenn es doch einfach auch geht?

Ungesicherte Kameras streamen ins Netz

Auf der russischen Internetseite Insecam[6] sind weltweit rund 20.000 Kameras gelistet, die alle vor allem deshalb unsicher sind, weil User das Standard-Passwort nicht geändert haben. In Deutschland befanden sich im Jahr 2017 etwa 700 Kameras auf der Liste, in Österreich waren es 300. Anfang 2020 waren es in Deutschland rund 600 und in Österreich noch immer 300. Die Website wirbt damit, dass »größte Online-Überwachungsprojekt von Sicherheitskameras der Welt« zu sein. Tatsächlich lassen sich auf der Seite Straßen, Verkehr, Parkhäuser, Strände, Büros und noch diverse andere Orte beobachten. Auf der Website heißt es: »Alles, was Sie tun müssen, um von unserer Seite zu verschwinden, ist, Ihre Kamera mit einem Passwort zu versehen.« Damit will das Projekt auf das Problem der Standard-Passwörter aufmerksam machen, ohne die Privatsphäre der Nutzer zu verletzen. Denn Kameras, bei denen Privates zu sehen ist, sollen sich laut Angaben der Betreiber nicht unter den verfügbaren befinden. Tatsächlich sind aber alte Fälle bei dem Projekt bekannt, bei denen eine Kamera etwa direkt auf das EC-Gerät eines

---

6   vgl. *http://www.insecam.org/*

Geschäfts gezeigt hatte, auf der Menschen ihren PIN-Code eingetippt haben. Oder aber eine Kamera hatte etwa das Wartezimmer einer bestimmten Arztpraxis gezeigt.

Das hat Sie jetzt noch immer nicht überzeugt? Gut, ich möchte Ihnen noch ein weiteres Beispiel liefern. Ein US-Hersteller vertreibt smarte Kühlschränke, die vor allem in Krankenhäusern und Supermärkten eingesetzt werden, mit einer Software, bei der das voreingestellte Standard-Passwort »1234« lautete.[7] Sicherheitsforscher von Safety Detectives fanden heraus, dass dieses Passwort bei rund 7500 Geräten nicht geändert worden war. Das Problem betraf Kühlschränke in aller Welt: Deutschland, USA, Großbritannien, Niederlande oder Island. Alleine durch den Einstieg mittels Standard-Passwort konnten die Kühlschränke aus der Ferne gesteuert und damit etwa die Lieferkette unterbrochen werden. Der Hersteller fühlte sich in diesem Falle übrigens komplett unverantwortlich: »Wir haben keine Kontrolle darüber, wie unsere Systeme eingerichtet werden«, hieß es.

Diese Ansage habe ich persönlich übrigens schon von sehr vielen Firmen zu hören bekommen, die für ihre Systeme notgedrungen Standard-Passwörter vergeben. »Wir können nichts tun, und wir sind nicht schuld, wenn die Kunden die Passwörter nicht ändern.« Manchmal seien die Kunden auch resistent gegenüber Tipps seitens der Hersteller, hieß es in einem der Gespräche. Ein Unternehmens-CEO eines großen, vernetzten Smart-Home-Produkts, das in seinem Bereich Marktführer ist, erzählte mir, dass Mitarbeiter seiner Firma den Kunden sogar hinterhertelefoniert und angeboten hätten, die Passwort-Änderung Schritt für Schritt mit ihnen gemeinsam durchzugehen. Doch die meisten hatten dieses Angebot ausgeschlagen und gesagt: »Wer soll sich schon für mein Zuhause interessieren?« Dazu muss man wissen, dass es sich dabei um ein Smart-Home-Produkt gehandelt hat, mit dem

---

7 vgl. *https://www.safetydetectives.com/blog/rdm-report/*

man das gesamte Haus, inklusive Türschloss, steuern konnte. Die korrekte Gegenfrage wäre also gewesen: »Wollen Sie wirklich, dass jemand in Ihr Haus eindringt, ohne dass Sie etwas davon wissen?« Jedenfalls schüttelte der CEO milde den Kopf und zuckte mit den Schultern. Man habe alles versucht, so seine Reaktion. Spätestens jetzt wissen Sie, warum ich – und so viele IT-Sicherheitsforscher – große Fans dieses Gesetzes in Kalifornien sind, das die Hersteller dazu verpflichtet, Kunden dazu zu bringen, ihre Standard-Passwörter zu ändern.

Weitere Sicherheitstipps

Gerade im Bereich »Smart Home« gibt es noch einige weitere Sicherheitstipps, die Sie beachten sollten. Diese gelten vor allem dann, wenn Sie sich etwa in Ihrer Küche einen smarten Backofen anschaffen, den Sie aus der Ferne ein- und ausschalten können, oder einen smarten Geschirrspüler oder eine smarte Lampe oder Kaffeemaschine. Für all diese vernetzten Geräten, mit denen Sie nicht im Internet surfen, die aber im Internet hängen und internetfähig sind, sollten Sie ein separates WLAN-Netzwerk einrichten. Damit soll sichergestellt werden, dass diese Geräte von Ihrem Laptop, PC und Tablet getrennt sind. Dazu rät auch das Bundesamt für Sicherheit und Informationstechnik (BSI). »Durch diese sogenannte Segmentierung haben die intelligenten Hausgeräte keine Verbindung zu sensiblen Daten oder Geräten«, heißt es auf der BSI-Website zur Smart-Home-Sicherheit.[8] Denn rein theoretisch wäre es möglich, dass Cyberkriminelle über Ihren smarten Geschirrspüler an wichtige Daten herankommen, die auf Ihrem Computer gespeichert sind.

---

8   vgl. *https://www.bsi-fuer-buerger.de/BSIFB/DE/Service/Aktuell/ Informationen/Artikel/basisschutz_fuer_iot_smarthome.html*

Das ist etwa einem Casino in Nordamerika passiert, das in einem Aquarium Sensoren angebracht hatte, die mit dem Netzwerk des Casinos verbunden waren. Eigentlich hätten die Sensoren lediglich überwachen sollen, ob die darin schwimmenden Fische ausreichend Nahrung bekommen. Doch stattdessen drangen über die Internet-Verbindung Kriminelle ein, fragten Daten über die Casino-Cloud ab und transferierten diese an eine Adresse in Frankreich.[9] Sie sind zwar kein Casino, aber das kann auch Ihnen passieren. Vielleicht haben Sie in Ihrem Unternehmen auch den ein oder anderen Home-Office-Tag und somit wären auch Firmen-Daten gefährdet, wenn Sie von Ihrem Rechner aus darauf Zugriff haben.

Ein weiterer Sicherheitsaspekt, den Sie bereits aus Ihrem Alltagsverhalten bei der Nutzung von Computern und Smartphones kennen sollten, sind Updates. Denn ähnlich wie bei Ihrem Computer wird es auch für Ihre vernetzten Geräte regelmäßige Updates geben. Diese sind auf jeden Fall zu installieren. Wenn Sie die Möglichkeit haben, einzustellen, dass diese automatisch eingespielt werden, sollten Sie das tun. Damit halten Sie die Sicherheitsfunktionen Ihrer vernetzten Geräte aktuell, sofern die Hersteller sich darum kümmern. Das BSI warnt: »IoT-Geräte, für die keine Updates zur Verfügung gestellt werden, stellen ein Sicherheitsrisiko dar. Bei ihnen bleiben Schwachstellen offen und können ausgenutzt werden, Fehler in der Software können nicht korrigiert werden.« Dies haben Sie bereits ausreichend gelernt und erfahren und deshalb sollten Sie diesen Punkt auf jeden Fall ernst nehmen. Dasselbe gilt freilich auch für das WLAN-Netzwerk. Auch hier sollten alle Sicherheitsupdates eingespielt und die Firmware regelmäßig aktualisiert werden. Die Verbindung sollte verschlüsselt sein und die Firewall aktiviert. Wie Sie das

---

9   vgl. *https://futurezone.at/digital-life/iot-wenn-ein-casino-ueber-sein-aquarium-gehackt-wird/400021717*

mit Ihrem Router umsetzen, sollten Sie in der Bedienungsanleitung nachschlagen können.

Manche der smarten Heim- und Küchengeräte verlangen heutzutage zudem ein Login beim Google-, Apple- oder Amazon-Account. Dazu ist es ratsam, sich einen Zweit-Account zuzulegen, damit Sie die Accounts schützen, mit denen Sie Zahlungen tätigen, Produkte kaufen oder Ihre privaten Fotos in der Cloud sichern. Dazu rät etwa der RSA-Sicherheitsexperte Ed Skoudis.[10] Das funktioniert freilich nicht bei smarten Produkten, die die Accounts tatsächlich benötigen – wie etwa Smart-TVs, mit denen der Zugriff auf Amazon Prime erfolgen soll, oder Ähnlichem. Aber bei Dingen wie Geschirrspülern oder Waschmaschinen, mit denen man keine Mediendateien steuern will oder Daten ablegen, lässt sich dieser Tipp problemlos umsetzen.

Das ist vorläufig alles, was Sie von dieser Seite tun können, außer, sich zusätzlich regelmäßig zu informieren und hin und wieder im Internet nachzusehen, ob Ihre verwendeten IoT-Produkte von Sicherheitslücken betroffen sind. Doch warum ist all das nicht nur zum Schutz Ihrer eigenen Daten, Ihrer eigenen Geräte und Ihrem eigenen Wohlergehen unerlässlich, sondern könnte andernfalls auch die restliche Menschheit auf Erden gefährden?

Gefahr durch Botnets

Internetfähige Produkte, die nicht ausreichend gesichert sind, können zu einem generellen IT-Risiko für die öffentliche Sicherheit werden. Cyberkriminelle können zum Beispiel von Ihnen völlig unbemerkt Ihren smarten Geschirrspüler hacken, und zwar nicht, um Ihnen damit etwas Böses zu tun oder Ihre Daten abzugraben, sondern um damit Angriffe

---

10   vgl. *https://futurezone.at/science/erpressung-wenn-das-eigene-auto-mit-dem-tod-droht/246.805.147*

gegen Dritte durchzuführen. Das geschieht in einem sogenannten »Botnet«. Darunter versteht man den Zusammenschluss von Tausenden Computern, die von jemandem aus der Ferne gesteuert und für bestimmte Aktionen missbraucht werden. Und wenn ich an dieser Stelle »Computer« sage, kann das auch Ihre internetfähige Kaffeemaschine sein oder Ihre smarte Lampe oder ein Ding namens »Alexa«.

»Wir finden diese Geräte häufig in Botnets. Das typische Szenario ist, dass 6000 Router vollautomatisiert gehackt werden und dann in einem großen Botnet zusammengefasst bestimmte Aktionen durchführen wie das Angreifen von Websites oder das Begehen eines Kreditkartenbetrugs. Das ist nichts anderes als eine global verteilte Rechenkraft, die ich für ganz viel einsetzen kann. Das Botnet richtet sich dabei nie gegen die eigenen Geräte. Wenn mein Router oder mein Toaster Teil eines Botnets ist, kriege ich davon in der Regel nichts mit, auch dann nicht, wenn er um 3 Uhr in der Nacht eine Website angreift«, erklärt der Politikberater Jan-Peter Kleinhans, Leiter eines Projekts zum Thema »IT-Sicherheit im Internet der Dinge« im Podcast mit netzpolitik.org.[11] Besonders häufig werden sogenannte Botnets für Überlastungsangriffe (im Fachjargon: DDoS-Angriffe) eingesetzt, um große Websites lahmzulegen oder um Spam-E-Mails zu versenden. Und ja, Sie haben richtig gehört: IHR Router oder IHR Toaster oder IHR Geschirrspüler können Teil dieses Ganzen werden und damit zum Cybertäter. Die Geräte erhalten die Befehle aus der Ferne und führen diese aus, wenn Sie sie nicht ausreichend mit den bereits vorgestellten Maßnahmen sichern. Man nennt diese Art von Geräten auch häufig »Zombies«, weil sie wie willenlose Werkzeuge steuerbar sind, ohne jegliche Kontrolle.

---

11 vgl. *https://netzpolitik.org/2018/das-internet-der-ungesicherten-dinge-netzpolitik-podcast-156-mit-barbara-wimmer-und-jan-peter-klein-hans/*

Sie fragen sich jetzt wahrscheinlich, wie Sie herausfinden können, ob Ihr smartes Gerät Teil eines solchen Botnets ist. Das ist gar nicht so einfach. Wenn Sie sich unsicher sind, sollten Sie im Zweifelsfall einen IT-Spezialisten hinzuziehen. Ansonsten können Sie etwa das Tool »Wireshark« ausprobieren, mit dem sich der Netzwerkverkehr Ihres gesamten Heim-Netzwerks analysieren lässt. Wenn Sie jedoch die wichtigsten Sicherheitsmaßnahmen befolgen und vor allem den Tipp, sich für jedes einzelne Gerät ein starkes Passwort auszudenken, dann ist schon sehr viel gewonnen.

Diese ganze Botnet-Geschichte ist übrigens auch im IoT-Bereich nicht an den Haaren herbeigezogen. Es gab mit Mirai bereits ein sehr großes, wichtiges Botnet, das dafür gesorgt hat, dass zahlreiche bekannte Internet-Dienste nicht mehr erreichbar waren. Betroffen waren damals etwa Spotify, Reddit, Twitter oder PayPal. Das Botnet griff nämlich den Infrastrukturdienst DynDNS an. Die zu Mirai gehörige Malware hatte das Netz nach Geräten abgescannt, die mit Standardeinstellungen ohne Firewall betrieben worden waren. Vor allem Überwachungskameras befanden sich unter den Geräten, die dem Botnet hinzugefügt worden waren.

»Das Mirai-Botnet ist das beste Beispiel dafür, um die Durchschnittssicherheit von heutigen IoT-Geräten zu verdeutlichen«, sagt Jan-Peter Kleinhans. Und das Beispiel zeigt, dass es noch weitaus gravierendere Auswirkungen haben kann, als Sie gedacht haben – und zwar dann, wenn Sie Ihr Standard-Passwort nicht ändern. Hinter dem Angriff dürfte ein Server-Betreiber gesteckt haben, weil er sich von DynDNS angegriffen gefühlt hatte, wie der IT-Experte erzählt. »Wenn man sich den Code von Mirai ansieht, findet man heraus, dass der trivial ist und an einem Wochenende zusammengezimmert wurde. Doch weil der ganze Vorfall solche Dimensionen angenommen hat, hat der Betroffene den Code als Open Source veröffentlicht. Das hat dazu geführt, dass es jetzt viele verschiedene Varianten von Mirai gibt, die verbessert worden sind und neue Schwachstellen integriert haben. Das Problem wurde dadurch noch schlimmer und IoT-Geräte sind noch anfälliger für Botnets geworden«, erklärte Jan-Peter Kleinhans.

Tatsächlich ist die Zahl der Attacken durch Mirai-ähnliche Botnets bis zum Jahr 2020 gestiegen. Aus dem Netscout-Threat-Intelligence-Bericht von Februar 2020 geht etwa hervor, dass im Jahr 2019 insgesamt 23.000 Überlastungsangriffe pro Tag durchgeführt worden sind. Das sind 16 pro Minute und rund 87 Prozent mehr als ein Jahr zuvor. Mirai-ähnliche Botnets sind im selben Zeitraum um 57 Prozent gewachsen und sind damit die »dominierende Variante von Malware«, mit der diese Überlastungsangriffe durchgeführt werden. IoT hat bei Netscout deshalb eine ganz neue Umschreibung bekommen: »Intensification of Threads«. Übersetzt bedeutet das: »Verschärfung der Gefahren«.[12]

Ich wiederhole daher noch einmal: Durch Ihren Toaster oder Ihre vernetzte Kaffeemaschine steigt die Sicherheitsgefahr für alle, wenn Sie diese nicht ausreichend absichern und schützen. Je mehr IoT-Geräte sich in Botnets zusammenschließen, desto mächtiger werden diese und desto mehr Schaden können sie anrichten. Bei dem Angriff auf DynDNS fielen bereits Dienste wie PayPal aus, ein Zahlungsdienstleister, den viele Menschen auf der Welt nutzen, um Geld zu transferieren, Tickets zu bezahlen oder Geschäfte abzuwickeln. Wer sagt, dass der nächste Überlastungsangriff nicht auf die Software eines Krankenhauses abzielt, in dem gerade ein Verwandter oder Freund von Ihnen behandelt wird? Solche Attacken und Angriffe können praktisch jeden treffen und dürfen deshalb keinesfalls unterschätzt werden. Je mehr ungesicherte Geräte da draußen in freier Wildbahn sind, desto größer werden die Gefahren für alle. Und nachdem die

---

12 vgl. *https://www.netscout.com/threatreport?ls=PR-MKTG&lsd=pr-021820-5*

ganze IoT-Sache exponentiell wächst, wird das Thema Sicherheit für IoT noch entscheidend werden für das Wohlergehen aller Menschen.

Security by Design

Vielleicht verstehen Sie jetzt den anfangs im Buch erwähnten Scherz, dass das »S« in »IoT« für »Security« steht, schon ein wenig besser. Doch warum geht beim Thema IT-Sicherheit im Bereich IoT eigentlich so viel schief?

Das hat mehrere Gründe. Manche Firmen kommen schlichtweg aus einer ganz anderen Branche. Die Beleuchtungsindustrie hat sich beispielsweise seit Jahrzehnten ausschließlich darauf konzentriert, Lampen herzustellen, und hat das gut gemacht. Seit es hip geworden ist, Lampen auch zu vernetzen, machen viele Unternehmen das, weil es »der Markt verlangt«. Die IT-Security-Abteilung besteht dann aber nur aus einer Person, und zwar für den gesamten deutschsprachigen Raum, wie mir ein CEO eines großen Lampen-Herstellers erzählt hat. Auf Probleme mit Botnets oder Zugriffe von außen war man nicht vorbereitet, weil es das in der Branche, in der man bisher tätig war, nicht gegeben hat. Die Beleuchtungsbranche ist hier nur ein Beispiel. Dasselbe gilt etwa für Spielzeughersteller. Das Gute daran ist: Dies kann sich ändern. Haben die Hersteller das Problem erst einmal erkannt, stellen sie in ihrer Security-Abteilung ganz, ganz schnell mehr Leute ein. Man muss es nur kommunizieren und sie davon überzeugen, dass sie eine größere Security-Abteilung brauchen. Der eben erwähnte Lampenhersteller hat hier bereits deutlich nachgerüstet.

Doch damit nicht genug: Es gibt auch noch einen zweiten Grund, warum beim Thema Sicherheit gar so viel schief läuft. Avi Kravitz, Gründer der IT-Security-Firma Cybertrap, hat mir erzählt, dass er in den USA immer wieder versucht habe, Unternehmen, die vernetzte Dinge herstellen, von Sicherheitslösungen zu überzeugen. Die Reaktion wäre immer die gleiche gewesen: »Bringt es uns Umsatz? Können wir das womöglich sogar in Gewinn umwandeln? Ansonsten ist es unnötig und interessiert uns nicht.« Dabei geht es darum, dass Security in der Regel keine Umsätze generiert und Hersteller daher kein Geld dafür ausgeben möchten. Die Profitgier von Unternehmen steht nicht selten im Weg, wenn es um neue Produkte geht. Sicherheitstests und -maßnahmen kosten außerdem Zeit und das ist ebenfalls problematisch. Man muss schnell sein, damit man am Markt eine Chance hat, bevor einem ein anderer zuvorkommt. Es könnte sogar verhindern, dass sich ein bestimmtes Produkt am Markt durchsetzen kann. Deshalb bleibt Security häufig auf der Strecke.

»Security by Design« ist für viele Unternehmen daher kein interessanter Ansatz, weil wenig lukrativ. Das könnte sich nur ändern, wenn mehr Menschen IT-Sicherheit explizit einfordern. Wenn Firmen plötzlich die Rückmeldung bekommen, dass ein Bedarf an sicheren Geräten besteht, weil Kunden aktiv danach fragen, würde sich etwas ändern. Mein Tipp an Sie lautet daher: Nerven Sie tatsächlich die Verkäufer in den Stores mit Ihren Fragen: »Wurde das schon einmal gehackt? Ist das Produkt wirklich sicher? Wohin gehen die Daten? Wurde das bei der Entwicklung auf Schwachstellen getestet? Gibt es dazu Sicherheitsupdates?« Sie können auf dieser Ebene aktiv etwas dazu beitragen, dass sich die Situation ändert.

Es gibt allerdings noch einen dritten Grund, warum so viele IoT-Geräte anfällig für Angriffe von außen sind. Dieser ist ein wenig technisch. Er liegt darin, dass die Grundbausteine, die in verschiedenen Produkten verbaut sind und verwendet werden, einander sehr ähnlich sind. Es hat sich eine Art Monokultur entwickelt und deshalb können große Mengen von Geräten gleichzeitig attackiert werden. Dazu müssen wir nur an die OEM-Hersteller denken, die die Bausteine smarter Lampen an alle verkaufen, die damit ein Geschäft machen wollen. Oder aber die Überwachungskameras für die Kinderzimmer, die alle ähnlich arbeiten und mit einer Cloud verbunden sind. Gegen dieses Problem lässt sich nicht viel tun – und das ist der Grund, warum das Internet der Dinge immer unsicher bleiben wird.

Der deutsche Bestseller-Autor von Wissenschaftsthrillern wie »Ein König für Deutschland«, »Herr der Dinge« oder »NSA«, Andreas Eschbach, hat mir einmal in einem Interview erzählt: »Das Internet der Dinge ist eine gute Vorlage für jegliche Katastrophen-Plots.« Wir können nur hoffen, dass nicht jede von Autoren ausgemalte Katastrophe wirklich Realität werden wird.

6

HEY AUTO: WIR SIND DIE TESTPILOTEN

Sicherheitsforscher warnen seit Jahren davor, dass durch unsichere, vernetzte Geräte Menschenleben gefährdet werden und wir deshalb Sicherheitsstandards für die IoT-Welt benötigen. Seither gibt es zwar in manchen Bereichen ein leichtes Umdenken, aber zahlreiche fundamentale Probleme bleiben bestehen. Der IT-Sicherheitsberater Phil Kernick von CQR fürchtet, dass zuerst »sehr viele Menschen« sterben müssen, bevor es zu einer Regulierung im Bereich IoT-Sicherheit kommt.[1] Er vergleicht die Entwicklung rund um das Internet der Dinge mit der Autoindustrie in den 1970er-Jahren. Erst mit der Publikation des politischen Aktivisten Ralph Nader »Unsicher bei jeder Geschwindigkeit« sei es dazu gekommen, dass Sicherheitsgurte im Auto verpflichtend wurden, so Kernick. Davor hatte es zahlreiche Tote gegeben, die nur deshalb gestorben waren, weil es in den Autos keine Sicherheitsgurte gegeben hatte. Die Autoindustrie hatte

---

1   vgl. *https://www.zdnet.com/article/how-many-must-be-killed-in-the-internet-of-deadly-things-train-wrecks/*

damals erst reagiert, als diese per Gesetz vorgeschrieben worden waren. Ähnlich sei es zu Beginn der Eisenbahn gewesen. Die Liste von schweren Unglücken, bei denen mehr als 50 Menschen starben, war sehr, sehr lang – und erst danach wurden so etwas wie Signale eingeführt, damit sich Züge nicht gegenseitig behinderten und zusammenkrachen konnten.

Kernick denkt, dass sich ähnliche Katastrophen auch beim Internet der Dinge ereignen werden. Das könnte dann der Fall sein, wenn sich genügend Geräte zu einem Botnet zusammenschließen, damit wirklich etwas ganz Großes für eine ganz lange Zeit lahmgelegt werden kann, und davon wirklich viele Menschen betroffen sind. Das könnte etwa dazu führen, dass es zu länger andauernden Stromausfällen in ganz Europa kommt. Oder die gesamte Infrastruktur von Logistikketten lahmgelegt wird und Supermärkte nicht mehr beliefert werden können. Oder Flughäfen über Tage hinweg keine Computersysteme mehr verwenden können.

Es kann aber auch jeden Einzelnen von uns treffen. Und darüber möchte ich Ihnen jetzt ein paar Geschichten erzählen, die in diesem Kapitel ausschließlich mit Autos zu tun haben.

Es könnte Sie etwa treffen, wenn Sie sich ein brandneues, vernetztes Auto kaufen und in diesem unterwegs sind. Plötzlich versagen die Bremsen, weil Ihr Auto aus der Ferne von einem Unbekannten übernommen wird. Das ist nicht an den Haaren herbeigezogen. Solch ein Szenario wurde bereits von Sicherheitsforschern im Jahr 2015 live demonstriert.

Auto-Hacks

Ich erinnere mich noch sehr gut daran, wie ich im Sommer 2015 ein Video gesehen habe, in dem der Wired-Journalist Andy Greenberg in einem Auto saß, das auf der Autobahn unterwegs war. Zwei Hacker haben seinen Jeep aus der Ferne gesteuert und Greenberg hatte mächtig Angst. Der Sicherheitsforscher Charlie Miller hatte Greenberg nämlich komplett im Unklaren darüber gelassen, was er mit dem Auto anstellen würde. Tatsächlich hatte er anfangs mit der Klimaanlage im Fahrzeug herumgespielt und das Radio angemacht. Dieses hatte er bis zum Anschlag aufgedreht, sodass die Musik in voller Lautstärke durch den Wagen dröhnte. In weiterer Folge hatte er die Scheibenwischanlage aktiviert und anschließend die Motorsteuerung übernommen. Obwohl der Wired-Journalist das Gaspedal durchdrückte, verlor der Wagen an Geschwindigkeit. Jeder Autofahrer kann sich nur zu gut selbst vorstellen, wie furchterregend das sein muss, wenn man plötzlich überhaupt keine Kontrolle mehr über sein Fahrzeug hat, das einfach das macht, was es will.

Miller hatte all das anhand eines Jeep Cherokee von Chrysler demonstriert – und damit nicht nur den Journalisten schockiert, der in dem Wagen saß, sondern die ganze Welt. Das auf YouTube veröffentlichte Video erlangte fast 4 Millionen Aufrufe und zahlreiche Medien haben darüber berichtet.[2] Miller hatte es geschafft, über eine Sicherheitslücke im an Bord integrierten Unterhaltungssystem des Wagens, das mit dem Internet verbunden war, aus der Ferne die Steuerung des gesamten Fahrzeugs zu übernehmen. Chrysler musste daraufhin 1,4 Millionen Fahrzeuge des betroffenen Jeeps zurückrufen. »Das war ein riesiger Weckruf für die ganze Industrie«, meint dazu Ross Anderson, IT-Experte von der Cambridge University.[3] Und tatsächlich wurde infolge dieses spektakulären Hacks in Connected Cars einiges im Bereich Sicherheit verbessert. Die meisten Hersteller haben daraufhin begonnen, das System der Unterhaltungselektronik von dem der Bordelektronik, mit der das Gaspedal gesteuert werden kann, zu

2 vgl. *https://www.youtube.com/watch?v=MK0SrxBC1xs&feature =emb_title*

3 vgl. *https://media.ccc.de/v/36c3-10924-the_sustainability_of_safety_ security_and_privacy*

trennen und dieses besser abzusichern. Sie haben auch verstanden, dass man Autos nicht mehr nur physisch absichern muss, sondern auch die Seele, also die Software. Denn auch vernetzte Autos sind in Wahrheit nichts anders als fahrende Computer.

Aber war das wirklich alles? Könnte Ihnen so etwas deshalb jetzt nicht mehr passieren? Da muss ich Sie leider enttäuschen.

Der Jeep Cherokee war freilich nicht das einzige Fahrzeug, das von Hackern in aller Welt ins Visier genommen wurde. Chinesische Sicherheitsforscher des Keen Security Labs haben etwa ein Video veröffentlicht, in dem zu sehen ist, wie sie bei einem Tesla Model X die Steuerung der Lichter übernehmen, sodass diese im Takt der Musik der verbauten Stereoanlage blinken, und wie sie das Fahrzeug aus der Ferne bremsen lassen. Ergo: Auch die Fahrzeuge anderer Automobilhersteller können das Ziel von Hacker-Angriffen werden und haben ähnliche Schwachstellen wie der Jeep Cherokee. Die Auto-Hacks sind im Laufe der Jahre außerdem nicht weniger geworden, sondern immer mehr.

Im Februar 2020 tricksten Sicherheitsforscher von McAfee einen Tesla Model X und einen Tesla Model S aus. Sie ließen das Fahrzeug um 80 km/h beschleunigen, indem sie ein Tempolimit-Schild auf der Straße mit einem kaum wahrnehmbaren Klebeband manipulierten. Der Tesla erfasst Geschwindigkeitsbeschränkungen in der Regel mit seinem Kamerasystem und gibt diese automatisch an das Bordsystem weiter.[4] Doch dieses simple Klebeband reichte bereits aus, das ganze System auszuhebeln, und das könnte jederzeit, in freier Wildbahn angewandt, zu lebensbedrohlichen Situationen führen. Tesla versuchte, den Vorfall totzuschweigen, eine Stellungnahme gegenüber Journalisten gab es nämlich keine.

---

4   vgl. *https://www.technologyreview.com/s/615244/hackers-can-trick-a-tesla-into-accelerating-by-50-miles-per-hour/*

Unfälle durch Autopilot

Tesla ist außerdem das beste Beispiel dafür, wie Menschen von einem Konzern als Testpiloten benutzt werden. Früher hat man Produkte zuerst ausführlich getestet, bevor sie auf den Markt kamen. Heutzutage bringt man sie auf den Markt, um sie zu testen. Die US-Firma Tesla polarisiert ganz stark, weil sie genau auf dieses Konzept setzt. Auf der einen Seite gibt es die Tesla-Anhänger, die sagen, dass man, um Innovation zu erreichen, eben bestimmte Risiken eingehen müsse. Auf der anderen Seite gibt es diejenigen, die den Firmenchef Elon Musk für aufgeblasen und alles, was er sich ausdenkt, für leere Versprechungen halten. Ich möchte an dieser Stelle keine dieser Ansichten bewerten, aber Ihnen eine Frage stellen: Um welchen Preis dürfen Innovationen vorangetrieben werden? Dürfen dabei wirklich Menschen sterben?

Gerade mit Tesla-Fahrzeugen hat es in der Vergangenheit nämlich schon sehr viele schwerwiegende Unfälle mit Todesfolge gegeben. Am 1. Juli 2016 hatte Tesla offiziell bestätigt, dass erstmals ein Mensch in einem Tesla gestorben war, der im Autopilot-Modus unterwegs war. Unter dem Autopilot-Modus versteht man ein digitales Assistenzsystem, das Fahrer unterstützen soll. Sie kennen so etwas bereits von Einparkhilfen in Ihrem eigenen Fahrzeug. Damit werden Sie etwa gewarnt davor, wenn Sie nur noch Zentimeter bis zur nächsten Mauer Platz haben, bevor Sie anfahren. Tesla hat sich der Entwicklung von Autos verschrieben, die künftig vollkommen selbstständig fahren können sollen. Ganz ohne menschliche Hilfe. Der Autopilot ist ein erster Schritt in diese Richtung, allerdings befand er sich zum Zeitpunkt des Unfalls noch im Beta-Stadium und hatte jede Menge Fehler.

Der Unfall im Jahr 2016 hat sich in Florida (USA) ereignet. Das Auto hatte einen Sattelzug übersehen, der den Weg bei einer geteilten Autobahn gekreuzt hatte, und war unter einen Anhänger geraten. Der Fahrer kam dabei ums Leben.

Doch das ist nicht alles: Drei Jahre später – im Mai 2019 – musste erneut ein 50-jähriger Mann in einer sehr ähnlichen Situation in seinem Tesla sterben. Die Software des Fahrzeugs hatte erneut einen kreuzenden Lastwagen übersehen und der Tesla war unter den Anhänger geraten. Das bedeutet: Drei lange Jahre hat Tesla eine Schwäche in seiner Software nicht in den Griff bekommen oder nicht behoben – und es starb erneut ein Mensch durch dasselbe technische Problem. Tesla hatte sich nach dem ersten Unfall vom Entwickler des Autopiloten, der Firma Mobileye, getrennt und einen neuen engagiert, doch die Schwachstelle blieb.[5] Warum, lässt sich freilich schwer abschätzen. Man darf hier Tesla keine Fahrlässigkeit unterstellen, denn schließlich wird jeder Tesla-Unfall, bei dem Menschen ums Leben kommen, von diversen Behörden untersucht. Aber ganz ausschließen kann man diese Fahrlässigkeit nicht, wenn man im Anschluss an den Todesfall in einer Stellungnahme seitens Tesla zu hören bekommt, dass Tesla-Fahrer bereits 1,5 Milliarden Kilometer erfolgreich mit aktiviertem Autopiloten zurückgelegt hätten.[6] Ganz nach dem Motto: So ein Pech, der arme Mann, aber schauen Sie, so vielen Leuten ist nichts passiert, also kann es nicht an unserem System liegen. Entschuldigen Sie die Ironie, bitte.

Während Tesla das erste Todesopfer im Jahr 2016 noch als »großen Freund von Tesla und Teil der Community« eines Unternehmens, das sich ganz dem Fortschritt und der Innovation von Technologie verschrieben habe, gewürdigt hatte, wies man bei dem Todesfall im Jahr 2019, dem dieselbe Ursache zugrunde lag, lapidar darauf hin, dass man den Autopiloten korrekt nutzen müsse, dann würde so etwas nicht passie-

---

5   vgl. *https://www.theverge.com/2019/5/17/18629214/tesla-autopilot-crash-death-josh-brown-jeremy-banner*

6   vgl. *https://futurezone.at/produkte/tesla-behob-autopilot-fehler-drei-jahre-lang-nicht-mann-tot/400499050*

ren. Der Rat an alle Tesla-Fahrer seitens Tesla lautet nämlich seit dem Start des Autopiloten: Lassen Sie zu jeder Zeit die Hände am Lenkrad, damit Sie in einer Gefahrensituation sofort eingreifen können. Sie sind als Autofahrer selbst für Ihr Wohlergehen verantwortlich.

Gleichzeitig hält sich der Firmenchef Elon Musk selbst natürlich nicht daran. Bereits im Jahr 2018 war im US-TV eine Szene in »60 Minutes« zu sehen, bei der Elon Musk mit einem Model 3 auf der Autobahn fuhr und dabei die Hände auf seinem Bauch verschränkt hatte. Der Autopilot hatte das Steuer übernommen und Musk erzählte: »Ich tue nichts.« Die Moderatorin fragte ihn: »Fühlen Sie sich sicher?« Und Musk antwortete: »Ja.« Der Firmenchef hatte in der Sendung zudem angekündigt, dass der Autopilot bald in der Lage sein werde, Ampeln und Kreisverkehre richtig zu erkennen, und man dann schon sehr bald mit dem Tesla autonom zur Arbeit fahren könne. Ich frage Sie jetzt: Was sollen bei solch einer Szene die Angehörigen der Unfall-Todesopfer denken, denen Tesla gesagt hatte, dass die Hände während der Fahrt stets am Lenkrad liegen müssen? Und was sollen die Tesla-Fahrer denken, wenn sie den Firmen-Chef ohne Hände am Lenkrad sehen? Würden Sie das nicht ebenfalls ausprobieren wollen, wenn Sie sich dieses Fahrzeug angeschafft haben und es Ihnen auch noch die Werbung verspricht?

Irreführende Werbung

In Deutschland bekam es Tesla bereits mit der Zentrale zur Bekämpfung unlauteren Wettbewerbs zu tun. Diese hatte Tesla im Winter 2019 für seine Werbeaussagen zum autonomen Fahren beim Landgericht München verklagt. Die Wettbewerbszentrale hält die Werbung von Tesla rund um seinen Autopiloten nämlich für »irreführend«. »Es entsteht der Eindruck, dass die Wagen tatsächlich auf deutschen Straßen autonom fahren können, obwohl es sich nur um ein Fahrassis-

tenzsystem handelt«, heißt es in der Klage.[7] Auf der Website
von Tesla sei die Rede davon gewesen, dass Tesla-Fahrzeuge
»automatisch lenken, beschleunigen und bremsen« könnten.
Die Wettbewerbszentrale hält diese Formulierungen für gefährlich und das Landgericht München gab der Klage im Juli
2020 vollumfänglich Recht. Tesla darf jetzt in Deutschland
mit diesen Aussagen nicht mehr werben.

Tesla-CEO Elon Musk reagierte auf das Urteil des deutschen Gerichts übrigens mit Herablassung. Auf die Frage, was
er von dem Gerichtsurteil halte, sage er gegenüber einem US-
Journalisten: »Dann sollten sie wahrscheinlich auch die Autobahn umbenennen. Denn Menschen könnten glauben, dass
ihre Autos auf der Autobahn automatisch funktionieren.«[8]

Dabei sind es genau die Szenen, die den Tesla-CEO ohne
Hände am Lenkrad zeigen, und die Werbeslogans zum Autopiloten, mit denen das »automatische Lenken« beworben
wird, die für Verwirrung und Verunsicherung bei den Kunden
sorgen. Die Autopilot-Funktion bekommt laufend Updates. Woher sollen Tesla-Besitzer wirklich wissen, was das Auto jetzt
schon selbstständig kann und was nicht? Jeder Tesla-Besitzer
weiß, dass sich Tesla zum Ziel gesetzt hat, dass Autos bald
selbstständig fahren können. Natürlich will das jeder ausprobieren. Aber kaum einer weiß so genau, was jetzt schon möglich und was noch Zukunftsmusik ist. Den wenigsten Tesla-
Fahrern ist klar, dass in Wahrheit sie die Testpiloten sind, die
genau das herausfinden sollen.

Schlechte Testergebnisse

Bei einem europäischen Test schnitt der Tesla-Autopilot übrigens nicht so gut ab. Thomas Stottan, CEO von Audio Mobil

---

7   vgl. *https://t3n.de/news/klage-wettbewerbszentrale-geht-1213911/*
8   vgl. *https://futurezone.at/digital-life/elon-musk-deutsche-sollten-auto-
     bahn-umbenennen/400993475*

Elektronik, erzählte auf dem »IoT-Kongress« von Austrian Standards in Wien im Herbst 2019 davon, warum Tesla beim Test zur sogenannten »ÖNORM V5090« im Vergleich mit Fahrzeugen von Volvo oder Mercedes keine guten Ergebnisse lieferte.[9] »Tesla erkennt keine europäischen Randsteine. Nach Rücksprache mit den Verantwortlichen haben wir erfahren, dass es so etwas in Kalifornien nicht gibt. Das System muss daher erst aus den Daten der Fahrzeuge, die sich auf den Straßen befinden, lernen«, erklärte Stottan. Damit ist einmal mehr klar, was das für Tesla-Fahrer wirklich heißt: Sie zahlen viel Geld –Tesla-Autos sind nicht gerade billig –, um der Firma Tesla Trainingsdaten für ihre Modelle zu liefern, damit das System verbessert werden kann. Und sie riskieren dabei ihre eigene Sicherheit. Die ÖNORM V5090 sei gerade in Europa in Diskussion für einen Standard, mit dem Funktionalitäten in Fahrzeugen abgeprüft, validiert und miteinander verglichen werden können, so der Experte. »Damit lässt sich dann am Ende feststellen, ob ein Fahrzeug verkehrssicher ist oder nicht.«

Doch auch in den USA bekam Tesla beim Software-Paket mit der Full Self-Driving-Capability (»volle Selbstfahrfähigkeit«), zu der auch der Autopilot gehört, von Verbraucherschützern schlechte Noten. Statt vollautonomem Fahren würden die Kunden des 8000 Dollar teuren Extra-Pakets, das derzeit in den USA erworben werden kann, jede Menge Fehlfunktionen und kaum einen Nutzen erhalten. Probleme gibt es sowohl beim Einparken mit »Autopark« als auch beim Navigieren mit dem Autopiloten. So würde das Fahrzeug etwa ein und denselben Parkplatz an einem Tag erkennen, am nächsten verweigern. Der Autopilot verpasste beim Test Autobahn-Abfahrten oder schaltete sich plötzlich von alleine wieder aus. Die Verbraucherschützer warnen Tesla-Fahrer daher

---

9   vgl. *https://www.austrian-standards.at/infopedia-themencenter/
     specials/3-iot-fachkongress-2019/3-iot-fachkongress-nachlese/*

davor, sich auf die Funktionen zu verlassen. Man müsse stets »volle Aufmerksamkeit« auf die Straße legen, ansonsten sei die Sicherheit der Insassen gefährdet, heißt es.[10]

Das schlechte Abschneiden von Tesla passt gut ins Bild des US-Unternehmens, das seine Käufer bewusst mit seiner großen Vision anlockt und dann am Ende doch zu viel verspricht. Andere Autohersteller sind ganz bewusst weitaus vorsichtiger, wenn es darum geht, zu verkünden, dass ihr System einen weiteren wichtigen Schritt in Richtung Vollautomatisierung gemacht hat. Umso dramatischer ist es dann, wenn Tesla nicht einmal Softwarefehler behebt, die seit drei Jahren bekannt sind und die zu Todesfällen geführt haben. Unfälle gab es mit Tesla-Autos weitaus mehr als die beiden geschilderten.

Das Trilemma der Branche

»Ähnlich wie Smartphones oder Computer muss man auch Autos regelmäßig mit Over-the-Air-Updates versorgen. Ansonsten bleiben sie ungeschützt und jeder kann sie attackieren«, warnt der Cambridge-University-Spezialist Ross Anderson in seinem Vortrag beim Chaos Communication Congress im Dezember 2019. Es sei ein sogenanntes »Trilemma«, mit dem jetzt alle Branchen zu tun hätten, die ihre Produkte mit dem Internet vernetzten: Man brauche Sicherheit, Security und Nachhaltigkeit zur gleichen Zeit. Denn Autos haben beispielsweise eine ganz andere Lebensdauer als Smartphones, betonte Anderson. Deshalb müssen derartige System-Updates für Autos nicht nur wenige Jahre zur Verfügung gestellt werden, wie es bei Smartphones üblich ist, sondern weitaus länger. Im Schnitt seien Autos rund 15 Jahre in Gebrauch, sagt der IT-Security-Experte. So lange müsse es dann mindestens

---

10 vgl. *https://www.consumerreports.org/autonomous-driving/tesla-full-self-driving-capability-review-falls-short-of-its-name/*

sicherheitsrelevante Updates geben, um keine Menschenleben zu gefährden. Allerdings gebe es deshalb durchaus schon Bestrebungen von Firmen, die Lebensdauer von Connected Cars auf sechs Jahre zu beschränken, erklärte Anderson. Er habe das auf mehreren Branchen-Events von Autoherstellern gehört.

Das wäre allerdings alles andere als nachhaltig. Ich möchte gar nicht nachrechnen, was das für die Umweltbilanz bedeuten würde. Und es zeigt außerdem einmal mehr, wie sehr sich unsere Rechte als Konsumenten durch die zunehmende Vernetzung verschieben und wie abhängig wir von Herstellern werden. Ein vernetztes Auto gehört uns gar nicht mehr richtig. Eigentlich gehört es weiterhin dem Hersteller, wir dürfen es nur gnädigerweise nutzen.

Reparaturmöglichkeiten

Wenn die Produktion eines herkömmlichen Autos eingestellt wird, hat man immer noch die Möglichkeit, gleichwertige Ersatzteile einzubauen. Man ist bis zu einem gewissen Grad unabhängig vom Hersteller und muss das Auto nicht gleich verschrotten. Man kann es reparieren (lassen) und noch Jahrzehnte damit weiterfahren. Bei vernetzten Autos stellt sich die Sachlage ganz anders dar. Wenn es etwa keine sicherheitsrelevanten Software-Updates mehr für ein Auto gibt, ist auch irgendwann keine Zulassung des Fahrzeugs mehr möglich. Daher ist es sehr bedenklich, wenn Autohersteller die Lebensdauer ihrer Fahrzeuge auf nur sechs Jahre beschränken möchten. Stellen Sie sich vor, Sie wohnen im ländlichen Raum und sind verkehrsbedingt auf ein Fahrzeug angewiesen: Können oder wollen Sie es sich wirklich leisten, alle sechs Jahre ein neues Auto zu kaufen?

An dieser Stelle kann ich Ihnen erneut Tesla als Negativ-Beispiel präsentieren. In den USA sind bereits Fälle bekannt geworden, bei denen Tesla bestimmte Funktionen aus der

Ferne deaktiviert hat, nachdem ein Auto den Besitzer gewechselt hatte. Der Vor-Besitzer des Fahrzeugs hatte die Funktionen aber bereits in vollem Umfang bezahlt. Nach dem Verkauf soll das nun nicht mehr gültig sein. Für den Hacker Phil Sadow ist dies nicht akzeptabel. »Es ist, als würde ein Van mit ein paar Typen auftauchen, die die 20-Zoll-Felgen deines Autos klauen. Nur weil es in diesem Fall Software ist, ist es nicht anders«, wird er in Medienberichten zitiert. Sadow hilft deshalb Menschen, Teslas Software-Funktionen wiederherzustellen, für die bereits bezahlt worden war.

Tesla handhabt das nicht nur bei verkauften gebrauchten Autos so, sondern auch bei Unfallwagen. Diese können danach nicht mehr an Supercharger-Stationen aufgeladen werden, wenn die Fahrzeuge in einer Werkstatt repariert worden sind, die keine Vertragswerkstatt von Tesla ist.[11]

»Wir müssen daher mit dieser Komplexität umgehen lernen und Fahrzeuge wirklich langfristig mit Updates versorgen«, sagt Anderson, der in seinem Vortrag zuvor mahnende Worte an die EU gerichtet hatte. »Vieles liegt jetzt an uns, diese Dinge zu ändern«, so der Experte. Er adressiert dabei einerseits die IT-Experten, an die er sich beim Chaos Communication Congress gewandt hatte und die dafür sorgen, dass die Probleme an die Öffentlichkeit getragen werden und immer wieder und wieder genannt werden; aber auch diejenigen, die die physische Sicherheit und die IT-Sicherheit der vernetzten Systeme entwickeln, updaten und die Expertise mitbringen, über das komplexe Gesamtsystem nachzudenken. Er meint auch die Regulatoren, Nationalstaaten genauso wie die Europäische Union. Aber er meint auch Sie. Denn Sie wollen sicher nicht auf Dauer Testpilot für neue Innovationen sein, bei denen Sie ums Leben kommen können, oder? Deshalb ist es wichtig, dass auch Sie darüber Bescheid wissen, in

---

11 vgl. *https://www.vice.com/en_us/article/y3mb3w/people-are-jailbreaking-used-teslas-to-get-the-features-they-expect*

welche Situationen Firmen Sie bringen, und Sie gegebenenfalls handeln können, wenn Sie das nicht möchten.

Security by Design

Dass Autos gehackt werden können, wird man freilich nie
ganz verhindern können, denn das kann man bei anderen
Computern auch nicht – man kann allerdings dafür sorgen,
dass Schwachstellen identifiziert und behoben werden, und
zwar in einem akzeptablen Zeitrahmen. Die meisten IT-Sicherheitsforscher halten sich an »Responsible Disclosure«: Sie
informieren zuerst die Unternehmen und geben ihnen ausreichend Zeit, bevor sie ihre Berichte über Sicherheitslücken
veröffentlichen. Doch manchmal reagieren die Hersteller nicht,
antworten nicht und stopfen auch keine Sicherheitslücken.
Das ist verantwortungslos und sollte eigentlich Konsequenzen
haben.

Das fordert auch Jaro Krieger-Lamina vom österreichischen
Institut für Technikfolgenabschätzung (ITA) im Gespräch mit
der futurezone: »Es darf nicht sein, dass Sicherheit vernach-
lässigt wird und man am Schluss ein Auto hat, das jeder Halb-
begabte im Vorbeifahren übernehmen kann. Hier geht es
schließlich nicht um Spielzeugautos, sondern um Menschenleben.«[12] Der Wissenschaftler untersucht derartige Entwicklungen seit Längerem und sieht in der fehlenden Regulierung
eine große Gefahr. Er sieht aber auch die Hersteller in der
Verantwortung: »Sicherheit ist etwas, bei dem Hersteller ruhig
etwas mehr investieren sollten.«

Das gilt übrigens nicht nur für IT-Security, sondern auch
für andere relevante Entwicklungen, die bei selbstfahrenden
Autos eine Rolle spielen. Krieger-Lamina nennt in seiner
Studie, die er 2017 für das ÖIAT (Österreichisches Institut

---

12 vgl. *https://futurezone.at/digital-life/auto-hacks-es-geht-um-
    menschenleben/278.216.440*

für angewandte Telekommunikation) durchgeführt hat, etwa auch Sensoren, die den »Zustand der Welt« errechnen. Sensoren messen etwa, ob es Glatteis gibt, oder sie schätzen die Entfernung von Objekten zum Auto ein. »Schwierigkeiten in dem Prozess entstehen, wenn Sensoren gegensätzliche Informationen liefern und trotzdem eine konsistente Vorstellung von der Umgebung generiert werden muss«, heißt es in dem Forschungsbericht.[13]

Stellen Sie sich vor, dass die Sonne gerade so tief steht, dass Sie so geblendet werden, dass Sie die Farbe der Ampel nicht mehr richtig erkennen können. Das kann im Prinzip auch Sensoren passieren. Doch wie verhält sich das Fahrzeug danach? Es könnte – theoretisch – so programmiert worden sein, dass es im Zweifelsfall weiterfährt, wenn links und rechts keine Fahrzeuge zu erkennen sind. Was, wenn es dabei einen Fußgänger übersieht? Diese sind für Software nämlich sowieso sehr schwer einzuschätzen. Zu unklar sind oft die Absichten, ob jemand die Straße überqueren möchte oder nicht.

Natürlich können autonome Fahrzeuge am Ende auch Vorteile mit sich bringen und der Traum davon hat seine Berechtigung. Ich will Ihnen die Vorfreude darauf gar nicht nehmen. Selbstfahrende Autos werden niemals betrunken fahren, sie werden auch nicht müde, weil sie zu lange hinterm Steuer gesessen haben, und sie werden nicht vom Verkehr abgelenkt, weil sie am Radio einen neuen Sender suchen. Allerdings kommen damit eine Menge neuer Probleme auf uns zu. Lassen sich die Bordcomputer überhaupt so programmieren, dass sie fehlerfrei funktionieren? Wer haftet bei Unfällen, wenn die Maschine eine falsche Entscheidung getroffen hat? Wer hat die Herrschaft über die vom Fahrzeug gesammelten Daten?

---

13 vgl. *http://epub.oeaw.ac.at/ita/ita-projektberichte/2016-02.pdf*

Daten sammeln

Die letzte Frage ist auch bei vernetzten Fahrzeugen bereits ein großes Thema. Haben Sie etwa schon eines? Dann wissen Sie, dass man da heutzutage mehrseitige Verträge und Geschäftsbedingungen unterschreiben muss. Ähnlich wie die Allgemeinen Geschäftsbedingungen (AGB) von Internet-Diensten werden Sie diese aber wahrscheinlich nicht vor der Unterzeichnung bis zum Ende durchgelesen haben. Schließlich haben Sie sich schon so auf Ihr neues Auto gefreut und das zuvor sorgfältig ausgesucht. Sie wollten eine bestimmte Marke oder bestimmte Funktionen. Da sind AGB nebensächlich, denken Sie. Doch der Hersteller Ihres Autos sammelt oft viel mehr Daten über Sie und Ihr neues Auto, als Ihnen bewusst ist. Womit wir wieder beim Thema Internet der Dinge und Überwachung sind.

Schon der BMW i3 hat nicht nur die Positionsdaten der benutzten Ladestationen gespeichert, sondern die letzten 100 Abstellpositionen des Fahrzeugs. Das ist eine Art »Vorratsdatenspeicherung für Autos«, wie zahlreiche Autoklubs in Europa es nennen. Ebenfalls übermittelt werden die Daten über den gewählten Fahrmodus, wann das Auto in der Früh gestartet wurde, wie viel Strom es während der Fahrt verbraucht hat und wie schnell es im Durchschnitt unterwegs war. »Nebenbei« wird auch noch die Auslösung des Gurtstraffers bei starken Bremsvorgängen aufgezeichnet und auch wie häufig der Sitz im Fahrzeug verstellt wurde. Damit weiß BMW nicht nur viel über Ihr Fahrverhalten, sondern auch darüber Bescheid, wer wann hinterm Steuer saß – Sie oder Ihr Lebensgefährte. Denn all diese Daten werden automatisch an den Server von BMW übertragen – und Sie haben dem in den AGB zugestimmt. Das Ganze geschieht damit »datenschutzkonform«, denn Sie hätten die AGB ja vorher lesen müssen. »Wenn ich so etwas nicht will, dann möchte ich als Kunde die Möglichkeit haben, diese Funktion zu unterbinden,« kam etwa als Feedback eines BMW-i3-Kunden zurück, den ich auf diese Thematik angesprochen und befragt hatte.

Was man als Autofahrer eines vernetzten Fahrzeugs auch nicht vergessen darf: Sobald man sein Smartphone mit dem Auto koppelt, werden sämtliche Kontaktdaten übertragen. Auch die Verbindungsdaten von Anrufen werden über das Interface im Auto gespeichert und mitübertragen. »Das geht bei Weitem über das hinaus, was mit dem technischen Zustand des Fahrzeugs zu tun hat«, sagte ÖAMTC-Verbandsdirektor Oliver Schmerold im Interview mit mir.[14] Der ÖAMTC ist das österreichische Pendant des Autofahrerklubs ADAC in Deutschland. Schmerold weiter: »Wenn ich auf meinem Smartphone einen Kalender mit meinen Terminen habe, werden diese Daten beim Anstecken ebenso wie meine Kontaktdaten automatisch ans Auto übertragen und mit den anderen Daten des Fahrzeugs vermischt. Dann weiß der Autohersteller künftig, wann und wo sich Herr Maier mit Herrn Müller an Ort X getroffen hat und dass der Herr Maier fünf Minuten zu spät kam, weil er keinen Parkplatz gefunden hat. Da stellt sich dann natürlich die Frage: Wer darf mit diesen Daten Geschäfte machen?«

Diese Frage ist berechtigt, denn das datengetriebene Geschäftsmodell, das sich im Internet etabliert hat, schwappt auch auf viele andere Branchen über. Derartige Daten über Ihr Fahrverhalten könnten auch für Versicherungen interessant sein. Sie könnten aber auch dann zum Einsatz kommen, wenn es einen Unfall gegeben hat. Waren Sie zu schnell unterwegs? Wer saß hinterm Steuer? All dies lässt sich damit feststellen. Autofahrerklubs wie der ADAC und der ÖAMTC haben deshalb die Initiative »Mein Auto, meine Daten« gestartet, um bei Autofahrern für mehr Bewusstsein zu sorgen. Der ADAC hat genau untersucht, welche Fahrzeuge welche

---

14 vgl. *https://futurezone.at/netzpolitik/oeamtc-chef-auto-daten-gehoeren-dem-konsumenten/186.286.964*

Daten speichern, und dies auf einer Website übersichtlich zusammengestellt.[15] Wie der BMW-i3-Nutzer im Gespräch mit mir gefordert hat, wünscht sich auch der ADAC, dass Nutzer die Möglichkeit haben, der Datensammlung auch nach Abschluss des Vertrages und mit Zustimmung zu den AGB zu widerrufen. Gefordert wird, dass die Datenverarbeitung − sofern nicht gesetzlich vorgeschrieben − abschaltbar sein muss, sofern die Daten nicht zwingend für den Betrieb erforderlich sind. Zudem fordere man Transparenz und eine »Auto-Daten-Liste.«

Dem ADAC geht es aber zusätzlich auch um dasselbe wie dem Tesla-Hacker Phil Sadow, von dem Sie schon gehört haben. Fahrzeughersteller wollen, dass ihr Auto nur noch in einer bestimmten Werkstatt repariert werden kann. Das hat natürlich einerseits den Hintergrund, dass sich diese Werkstätten genau mit den Modellen und der vernetzten Elektronik auskennen, andererseits ist es aber eine Bevormundung der Käufer, die diese auch mit einem höheren Preis bezahlen. »Es geht uns um freien Wettbewerb«, sagte Schmerold. Jeder Autofahrer müsse frei entscheiden können, wo er sein Auto reparieren lässt oder ob er sich eine zweite Meinung einholt. »Jeder Konsument kann monatlich seinen Energielieferanten wechseln. Also muss es genauso möglich sein, dass jeder Konsument frei entscheiden kann, wo er seine Mobilitätsservices in Anspruch nimmt«, so Schmerold. Der ADAC fordert daher neben der Forderung, dass Daten in die Hände der Auto-Besitzer gehören, auch, dass Fahrzeugbesitzer ihre Werkstätten weiter frei auswählen können und diese Lesezugang zu allen Daten im Fahrzeug haben sollen.

Krieger-Lamina vom Institut für Technikfolgenabschätzung fürchtet, dass die Hersteller mit ihren Initiativen bereits

---

15 vgl. *https://www.adac.de/rund-ums-fahrzeug/ausstattung-technik-zubehoer/assistenzsysteme/daten-modernes-auto/?redirectId=quer.daten*

Fakten geschaffen haben. Ergo: Die Entwicklung, mit Daten Geschäfte zu machen und die Kunden zu bevormunden, lässt sich nicht mehr so leicht rückgängig machen. Mit der Datensammelwut der Automobilbranche sieht der Forscher etwa das »gesetzlich verankerte Recht auf Privatsphäre bedroht und bisweilen sogar missachtet.« Kommerziellen Interessen dürfe nicht der Vorzug von durch die Verfassung geschützten Grundrechten gewährt werden, heißt es in dem Bericht des Forschers.[16] Dem kann ich nur zustimmen.

Das Modell des Überwachungskapitalismus scheint sich damit in immer mehr Branchen durchzusetzen. Welche Wahl haben Sie als Konsument, fragen Sie sich? Derzeit können Sie noch auf Autos, die keine Daten sammeln, ausweichen. Aber wie lange noch? Manchen Fahrzeugen geht es bereits jetzt an den Kragen, weil sie zu viele Schadstoffe ausstoßen. In immer mehr Städten drohen Verbote für Diesel-Fahrzeuge oder wurde ein derartiges Verbot bereits umgesetzt. Derartige Fahrverbote sind grundsätzlich der Umwelt zuliebe zu begrüßen, aber nicht, wenn die Fahrzeuge dann ausschließlich durch Daten sammelnde Connected Cars ersetzt werden, deren Lebensdauer auf sechs Jahren festgelegt wird und die danach nicht mehr repariert werden können und tickende Zeitbomben sind, weil sie IT-Sicherheitsschwachstellen aufweisen. Das kann nicht die Zukunft sein, die wir wollen! Wir brauchen daher Sicherheitsupdates für Fahrzeuge für einen Zeitraum von mindestens 15 Jahren. Plus: Wir brauchen eine Opt-Out-Möglichkeit für die Sammlung von Daten, die nicht zwingend für den Betrieb notwendig sind.

---

16 vgl. *http://epub.oeaw.ac.at/ita/ita-projektberichte/2016-02.pdf*

7

HEY ALEXA: DIGITALE ASSISTENZWANZEN

92 Prozent der Deutschen wissen bereits, dass »Alexa« nicht nur ein Mädchenname ist, sondern auch die digitale Sprachassistentin von Amazon so genannt wird. 77 Prozent der Deutschen kennen auch Apples Siri und Googles Assistant – die Alexa-Pendants der beiden anderen großen IT-Konzerne.[1] Was viele allerdings nicht wissen: Die digitalen Sprachassistentinnen stecken nicht nur in smarten Lautsprechern, die Sie sich ins Wohn- oder Schlafzimmer stellen können, sondern auch in Handys, TV-Sticks, Autos, Staubsauger-Robotern, Satelliten-Receivern oder Waschmaschinen. Doch derzeit setzen die Hersteller noch immer die größte Hoffnung auf smarte Lautsprecher, die die Sprachassistenten erstmals im Haushalt etablieren sollen, bevor sie auch vermehrt in vielen anderen Geräten auftauchen werden. Amazon schloss 2019 und 2020 Verträge mit einzelnen Herstellern ab, um dies zu ermöglichen. Im Jahr 2018 wurden allerdings be-

---

1   vgl. *https://de.statista.com/themen/4271/digitale-sprachassistenten/*

reits rund 99,8 Millionen smarte Lautsprecher verkauft –
Amazon war dabei klarer Marktführer. Damit sind sie als Pro-
duktkategorie nicht nur ernst zu nehmen, sondern tragen mit
einer Summe von 11,8 Milliarden US-Dollar Umsatz auch er-
heblich zum Geschäft der Marktriesen bei.

Was die Geräte können

Was kann man mit so einem smarten Lautsprecher eigentlich
machen? Richtig! Es ist damit viel mehr möglich, als bloß die
eigene Lieblingsmusik abzuspielen.

Spielen wir mal einen ganz normalen Tag durch, an dem
Sie mit Alexa oder Google Assistant Ihr Leben gestalten: In
der Früh fragen Sie als Erstes den Wetterbericht ab. »Alexa,
wie wird das Wetter heute in Wien?« –20 Grad, wolkenlos.
Kein Niederschlag, wenig Wind. Als Nächstes können Sie
abfragen, welche Termine Sie heute haben, denn Alexa hat
selbstverständlich auch Zugriff auf Ihren Terminkalender.
Wenn Sie wollen, können Sie sich von ihr auch E-Mails laut
vorlesen lassen, wenn Sie ihr davor dafür die Erlaubnis erteilt
haben. Bevor Sie das Haus verlassen, fragen Sie noch: »Alexa,
wie wird der Verkehr auf dem Weg zur Arbeit?« Selbstverständlich kennt das Gerät mittlerweile den gewohnten Weg,
den Sie täglich zurücklegen, und sagt Ihnen, ob es zu Ver-
kehrsbehinderungen kommt und ob Sie gegebenenfalls eine
andere Strecke als sonst wählen sollten.

Wenn Sie abends nach Hause kommen, können Sie erst
mal Ihre Lieblingsmusik abspielen, indem Sie befehlen:
»Alexa, spiele Playlist X auf Spotify« – denn selbstverständlich
sind diese beiden Services bereits miteinander verknüpft.
Oder aber Sie befehlen Alexa via FireTV-Stick, Ihre Lieblings-
serie zu starten, damit Sie sich beim Abendessen direkt die
nächste Folge ansehen können. Wenn Sie eine smarte Licht-
steuerung wie eine Philips Hue im Haushalt haben, können
Sie diese auch per Befehl regeln. »Alexa, dreh das Licht an!«

Während des Essens geht ein Teller kaputt und Sie fragen Alexa gleich, ob sie einen für Sie nachbestellt. Sie haben eine Mail an Ihren Chef vergessen? Kein Problem – diese können Sie dem smarten Lautsprecher ganz einfach diktieren und schon schickt er sie für Sie ab. Als Nächstes kommt noch der Einkaufszettel für den morgigen Tag dran: Auch den können Sie ganz einfach diktieren und abspeichern. Als letzte Tat des Tages kommt aus Ihrem Mund freilich der Sprachbefehl: »Alexa, schalte das Licht aus!«

Das klingt für Sie jetzt alles zu weit hergeholt? Muss es aber nicht – denn alles, was ich hier beschrieben habe, ist mit smarten Lautsprechern und den verknüpften digitalen Sprachassistenten mittlerweile möglich und – auch wenn Sie sich das vielleicht gar nicht vorstellen können – wird von zahlreichen Menschen auf der Welt täglich so durchgeführt. Wahrscheinlich werden nicht alle alles genau in der Reihenfolge machen, aber viele Menschen, die sich Alexa in ihr Zuhause stellen, nutzen die digitale Sprachassistentin tatsächlich sehr intensiv – aus Gründen der Bequemlichkeit.

Die Geräte wissen dabei, mit wem Sie E-Mails schreiben, kennen den Inhalt der Mails, wissen, wann Sie in der Regel außer Haus gehen, welche Musik Sie hören, welche Serien Sie sich ansehen, was Sie einkaufen und wann Sie schlafen gehen. Das ist, wie Sie sehen können, eine ganze Menge. Und nicht alle Menschen finden das unbedenklich, viele sorgen sich um ihre Privatsphäre. Daher sollte eine Anschaffung eines smarten Lautsprechers immer mit einer persönlichen Risikoabwägung verbunden sein: Brauche ich das wirklich? Welchen Mehrwert bringt mir das Gerät? Reicht zum Musikhören nicht ein normaler Lautsprecher ohne Internet-Verbindung mit Bluetooth? Ist eine dieser Funktionen für mich so komfortabel, dass ich nicht darauf verzichten möchte?

Datenspeicherung

Die smarten Lautsprecher und die verknüpften digitalen Sprachassistentinnen werden von Datenschützern und Netzpolitik-
Aktivisten gerne »digitale Assistenzwanzen« genannt. Markus
Beckedahl, Chefredakteur von netzpolitik.org, bezeichnete die
smarten Lautsprecher beim 36. Chaos Communication Congress in Leipzig etwa als »nicht vertrauenswürdig«.[2] Doch auch
die deutsche Datenschutzbeauftragte Andrea Voßhoff warnte
bereits im Jahr 2016 vor den smarten Speakern: »Intelligente
Sprachassistenten, die ihre Umgebung ständig belauschen,
sind aus Sicht des Datenschutzes kritisch zu bewerten.«[3]

Laut Voßhoff sei nicht klar, was mit den Daten passiere
und wie lange diese gespeichert werden. Um dies rauszufinden, müssen Sie die seitenlangen »Allgemeinen Geschäftsbedingungen zu Alexa« lesen, die zuletzt am 29. Oktober 2019
aktualisiert worden sind.[4] Ich habe das für Sie gemacht – und
fand auf die Frage, wie lange persönliche Informationen und
Alexa-Abfragen gespeichert werden, keine Antwort. Unter
dem Punkt »Datenschutzbestimmungen«, der für alle Ama-
zon-Dienste gleichermaßen gilt, findet sich auf die konkrete
Frage: »Wie lange speichern wir Ihre persönlichen Informationen« nur eine äußerst vage Antwort: »Wir speichern Ihre
Informationen so lange, wie dies erforderlich ist, um die in
dieser Datenschutzerklärung beschriebenen Zwecke zu erfüllen, oder wie dies gesetzlich vorgeschrieben wird, z.B. für
Steuer- und Buchhaltungszwecke. Andere Speicherdauern
werden wir Ihnen mitteilen.«

---

2 vgl. *https://media.ccc.de/v/36c3-10963-der_netzpolitische_
   jahresruckblick*

3 vgl. *https://www.heise.de/newsticker/meldung/
   Datenschutzbeauftragte-Vosshoff-warnt-vor-Amazon-
   Echo-3380364.html*

4 vgl. *https://www.amazon.de/gp/help/customer/
   display.html?nodeId=201809740*

Damit ist die Aussage von Voßhoff, dass man nicht genau wisse, wie lange Amazon die Daten speichere, durchaus nachvollziehbar. Oder wissen Sie jetzt, wie lange Amazon Ihre Alexa-Daten aufbewahrt? Oder ob Amazon Ihre ersten Bestellungen, die Sie getätigt haben, oder Ihre ersten Suchanfragen nicht auch heute noch gespeichert hat?

Welche Anfragen an den eigenen Lautsprecher gestellt werden, lässt sich allerdings auch für Sie persönlich nachvollziehen – und zwar in der eigenen Suchhistorie. Die Suchanfragen sind in der »Alexa App« zu finden und können dort auch gelöscht werden. Das bedeutet aber nicht, dass Amazon auch die zuvor erstellten Verbindungen löscht oder dann nicht mehr weiß, wann Sie in der Früh aufstehen und was Sie dann in der Regel wissen wollen. Denn das »Profiling« hat zu diesem Zeitpunkt, in dem Sie die Suchhistorie in der App löschen, bereits stattgefunden. Sie haben bis dahin bereits viel mehr von sich preisgegeben als die bloßen Audio-Files und Ihre Stimme. Mit dieser lassen sich übrigens auch Stimmprofile erstellen – offiziell dazu, um Sie von anderen Mitgliedern Ihres Haushalts zu unterscheiden.

»Amazon Echo kann viel über seine Nutzer lernen. Über ihre Gewohnheiten, ihre Persönlichkeit«, sagte etwa Daniel Nesbitt von Big Brother Watch UK. Es ist zudem unbestritten, dass Amazon diese Daten auch nutzt, um ihre eigenen Systeme zu verbessern. Das verrät etwa der Punkt »Kontakte« in den AGB von Alexa: »Amazon wird regelmäßig Ihre Kontakte importieren und speichern, um die Nutzung des Dienstes Anrufe und Nachrichten mit Alexa für Sie zu optimieren. Amazon verwendet Informationen über Ihre Kontakte und Anrufe, einschließlich Informationen darüber, mit wem Sie am meisten kommunizieren, um unsere Dienste weiter zu verbessern.«

Auch beim Amazon-Pendant Google Assistant lassen sich getätigte Sprachaufnahmen löschen. Doch hier werden zuvor noch viel mehr Daten abgefragt als bei Amazon. Die Google-

App muss etwa verpflichtend mit einem Google-Konto verknüpft werden. Wenn man bei diesem Prozess ein Google-Konto wählt, das man immer verwendet, hat Google Assistant damit automatisch auch Zugriff auf sämtliche Such- und App-Aktivitäten. Außerdem ist es bei Google zwingend notwendig, den Zugriff auf den Standort zu erlauben, weil ohne diesen die Spracheingabe von Google Home gar nicht funktioniert. Wer sein Google-Konto nicht verknüpfen will, kann natürlich immer noch einen »Dummy«-Account anlegen, also einfach einen zweiten Account etwa mit einem erfundenen Namen (Nickname), unter dem noch gar keine Daten gespeichert worden sind. Allerdings helfen solche Dummy-Accounts in der Regel nur sehr bedingt, denn das Google-System ist aufgrund der Vielzahl an Informationen durchaus in der Lage, Verknüpfungen zu einzelnen Verhaltenszügen herzustellen.

Wann mitgelauscht wird

Eine Frage, die im Zusammenhang mit Alexa & Co immer wieder auftaucht, möchte ich Ihnen ebenfalls beantworten: Kann man die »digitalen Assistenzwanzen« eigentlich abdrehen oder lauschen sie permanent bei allem mit, was im Wohn- oder Schlafzimmer vor sich geht?

Sowohl die Amazon-Echo-Lautsprecher als auch Google Home haben mehr als ein Mikrofon in den Geräten verbaut, die dazu da sind, aktiv zu werden, wenn sie Signalwörter hören. Ansonsten laufen sie im »Standby«-Betrieb und hören nicht permanent mit. Mit den Signalwörtern »Alexa« oder »Ok Google« lässt sich die digitale Sprachassistentin aufwecken und ab dann wartet sie auf den ersten Befehl.

So weit in der Theorie. In der Praxis ist es Sicherheitsforschern bereits im Jahr des Erscheinens der ersten Lautsprecher gelungen, also 2016, Amazon Echo dazu zu bringen, permanent mitzulauschen. Barnes hatte dazu eine zuvor manipulierte SD-Karte in das Gerät eingesetzt und damit die

Software des Geräts umprogrammiert. Zugegeben, um das zu tun, müsste also zuerst jemand in Ihr Wohnzimmer eindringen. Aber nach dem Neustart des Speakers könnte das Gerät alles, was über die eingebauten Mikrofone aufgeschnappt wird, mithören: Ihre Gespräche mit dem Partner, Sex, Schimpftiraden über Ihren Arbeitgeber, heimliche Gespräche mit Ihrem Liebhaber oder wie Sie Ihren Kindern die Welt erklären – einfach alles. Auch das, was Sie nicht möchten, dass es jemand hört, für dessen Ohren es nicht bestimmt ist. Und die smarten Lautsprecher haben wirklich gute Ohren, darauf können Sie sich verlassen. Die Mikrofone sind in der Lage, Sie auch dann gut zu verstehen, wenn Sie sich gerade auf der anderen Seite des Zimmers befinden.

Bei Google-Home-Geräten gab es nicht nur ein physisches Sicherheitsproblem, sondern gleich eine Datenpanne zu Beginn der Einführung: Bei den Google-Home-Minis lauschten die Geräte auch dann mit, wenn der Standby-Knopf aktiviert war und die Geräte es eigentlich nicht hätten tun sollen.[5] Damit stellt sich die Frage: Wie viel Vertrauen haben Sie in Google oder Amazon und diesen Knopf?

Wenn Sie sich einen Amazon Echo mit Alexa oder ein Google-Home-Gerät mit dem Assistant ins Zimmer stellen, muss Ihnen eines von Anfang an bewusst sein: Das Gerät ist technisch in der Lage, permanent mitzuhören. Sie stellen sich damit tatsächlich wissentlich eine digitale Mitlausch-Wanze in Ihr privates Heim. Selbst wenn das Gerät einen Standby-Knopf hat, müssen Sie davon ausgehen, dass es manipuliert werden kann und andere – oder Amazon und Google – Ihre Gespräche mithören. Das Einzige, was dagegen helfen würde, wäre, das Gerät nach jeder Benutzung vom Strom zu trennen und ihm damit komplett den Stecker zu ziehen.

---

5   vgl. *https://futurezone.at/digital-life/echo-co-wie-im-wohnzimmer-spioniert-wird/278.398.714*

Manchmal ist es nicht einmal böse Absicht, dass Alexa beginnt mitzulauschen. Das kann etwa auch dann passieren, wenn Sie eine bestimmte Serie ansehen, in der besonders viel und schnell gesprochen wird. Wissenschaftler der Northeastern University Boston, Massachusetts und dem Imperial College in London haben untersucht, bei welchen Serien Alexa und andere smarte Speaker sich besonders oft selbstständig aktivieren. Dazu zählen etwa »Gilmore Girls«, »Greys Anatomy«, »Riverdale« und »Big Bang Theory«.[6] Die Forscher hatten den Geräten rund 125 Stunden lang Netflix-Serien vorgespielt und dabei herausgefunden, dass sich diese dadurch zwischen 1,5 und 19 Mal am Tag selbstständig aktivierten, weil sie bestimmte Phrasen falsch verstanden hatten und etwa auch bei »Hey, sorry« statt »Hey, Alexa« aufwachten, oder bei »Okay, and what.«

Doch Serien sind nicht die einzigen Übeltäter, die smarte Lautsprecher selbstständig zum Mitlauschen bringen können. Auch bestimmte Werbeclips haben das in der Vergangenheit bereits geschafft. Bei Google Home kam es zu ähnlichen Problemen, Auslöser waren hier SuperBowl-Werbespots.[7]

In Großbritannien lief eine Zeit lang ein Werbeclip im TV, bei dem Alexa-Nutzer bei Alltagssituationen zu sehen waren. In einer Szene sagte ein Mann: »Alexa, bestelle Purina-Katzenfutter nach.« Das hatte dazu geführt, dass sich der smarte Speaker nicht nur aktiviert hatte, sondern auch genau eben jenes Katzenfutter bestellt hatte. Der Betroffene hatte die Bestellung noch rechtzeitig stornieren können. Amazon hatte die Funktion daraufhin auch nachgebessert und Sie können jetzt einstellen, dass Sie alle Bestellungen vor dem tatsächlichen Abschicken noch einmal kontrollieren oder mit einem bestimmten Code bestätigen müssen. Damit sollen Szenen

6 vgl. *https://moniotrlab.ccis.neu.edu/smart-speakers-study/*

7 vgl. *https://futurezone.at/digital-life/super-bowl-werbung-schaltet-zahlreiche-google-homes-ein/245.183.597*

wie die Katzenfutter-Bestellung vermieden werden – denn vor der Katzenfutter-Werbung hatte es auch bereits ein ähnliches Problem mit Puppenhäusern gegeben.[8]

Der Mann hatte sich aber nach dem Vorfall bei der Advertising Standards Authority (ASA) über die Werbekampagne beschwert.[9] Diese und ähnliche Aktionen haben dazu geführt, dass Amazon nun mittels akustischer Signale verhindern kann, dass sich smarte Speaker einschalten, weil sie das Zauberwort in einer TV-Werbung gehört haben. Aber eigentlich könnte es auch genau andersrum auch funktionieren, wenn es denn gewollt wäre: Man könnte mit diesen Signalen die Geräte auch dazu bringen, sich selbstständig zu aktivieren. Damit sind wir wieder beim Thema Vertrauen angelangt. Wenn Sie sich smarte Speaker in Ihr Heim stellen und diese nicht vom Strom nehmen, können Sie niemals wissen, ob sie nicht doch heimlich mitlauschen oder plötzlich von selbst anspringen, wie das nächste Beispiel zeigt.

So musste etwa auch in einer Hamburger Wohnung eines Tages die Polizei anrücken, weil Nachbarn laute Musik gehört hatten, auf das Türklingeln aber niemand reagiert hatte. Der Wohnungsbesitzer war nämlich gar nicht zu Hause. Die Polizei musste die Tür aufbrechen und verursachte dabei einen Schaden von rund 3.500 Euro. Warum Alexa die Musikwiedergabe gestartet hatte, konnte nie eruiert werden. Laut dem Wohnungsbesitzer waren alle Fenster zu und kein Geräusch von außen hätte den smarten Lautsprecher dazu bringen können, die Musikwiedergabe in der Lautstärke zu starten. Die Haftung für derartige Vorfälle übernimmt Amazon freilich nicht, denn die Verantwortung dafür wird per AGB ausge-

---

8 vgl. *https://www.theverge.com/2017/1/7/14200210/amazon-alexa-tech-news-anchor-order-dollhouse*

9 vgl. *https://futurezone.at/digital-life/nach-tv-werbung-amazon-echo-bestellte-katzenfutter/400003631*

schlossen.[10] Weil völlig unklar ist, wie das Ganze passiert ist, hinterlässt das Beispiel natürlich ein mulmiges Gefühl. Auch hier hilft bloß eines: Stecken Sie Ihre smarten Speaker immer aus, bevor Sie außer Haus gehen.

Schutz und Alternativen

Natürlich könnte man jetzt sagen, dass derartige Probleme bei jeder neuen Technologie vorkommen können, die auf den Markt kommt. Schließlich weiß man vorher nicht genau, wie Menschen ein Produkt nutzen. Man weiß auch nicht, wie Marketing-Leute versuchen, daraus Profit zu schlagen. Aber es kann niemand voraussetzen, dass sich alle Nutzer so intensiv mit dem Produkt beschäftigen, dass es etwa von vornherein zu keinen Fehlbestellungen kommen kann, weil jeder Einzelne in den Einstellungen die entsprechenden Schutzmaßnahmen aktiviert hat.

Hier vertrete ich ganz klar die Linie, dass Sie als Kunde immer geschützt werden müssen. Sie dürfen nicht dazu gezwungen werden, erst noch Codes zu aktivieren, wenn Sie sich vor unbeabsichtigten Bestellungen schützen möchten. Privatsphäre- und sicherheitsfreundliche Voreinstellungen müssen die Regel und nicht die Ausnahme sein, weil Privatsphäre und Sicherheit schon beim Designprozess mitgedacht werden sollten – und nicht erst, nachdem ein Produkt ein paar Jahre auf dem Markt ist und es zu zahlreichen »Merkwürdigkeiten« gekommen ist, die ich Ihnen eben beschrieben habe.

Doch kann man solch einen Wunsch jemals bei Marktriesen durchsetzen? Das Problem ist, dass diese durch jede einzelne dieser »merkwürdigen Geschichten« durchaus profitieren – denn jede Meldung über Amazon Echo und Google

---

10 vgl. *https://futurezone.at/digital-life/nachbarn-treten-tuer-ein-weil-alexa-laut-musik-abgespielt-hat/400400387*

Home, egal wie negativ, nützt den Unternehmen und führt zu neuen Bestellungen. Negative PR ist auf jeden Fall besser als gar keine und damit sparen es sich die Unternehmen wiederum, selbst teure Werbeclips zu schalten – obwohl auch diese in den vergangenen Jahren im deutschsprachigen Markt massiv zu sehen waren. Die Absatzzahlen, die ich Ihnen gleich am Anfang des Kapitels präsentiert hatte, sprechen Bände. Sie sind den Konzernen aber nicht gänzlich hilflos ausgeliefert. Es gibt ein Projekt, mit dem Sie das permanente Mitlauschen von Alexa & Co technisch unterbinden können. Es heißt »Project Alias« und löst das Wanzenproblem. Allerdings ist dafür ein wenig technische Bastelei notwendig.

Wie funktioniert »Project Alias«? Es handelt sich dabei um eine Hülle oder einen Hut (je nachdem, wie Sie es nennen möchten), die man über seinen smarten Lautsprecher zieht. Diese Hülle verlagert die Hotword-Erkennung, also das Zauberwort »Alexa!« vom Amazon-Gerät auf die Hülle oder den Hut. Dieser sorgt dafür, dass die Mikrofone des Lautsprechers Ihre Stimme nicht mehr hören können, indem er Störgeräusche in Dauerschleife produziert. Nur wenn Project Alias selbst das Hotword hört, schaltet es das Störgeräusch ab und kontaktiert den smarten Speaker und der Nutzer kann, wie sonst auch üblich, seine Befehle erteilen. Es kann dadurch allerdings zu leichten Verzögerungen kommen, da der Verbindungsaufbau etwas länger dauert.

Klingt fantastisch für Sie? Leider gibt es »Project Alias« nicht zu kaufen, sondern Sie müssen es mit einem Raspberry Pi sowie einem 3D-Drucker selbst zusammenbasteln.[11] Oder Sie warten darauf, dass Sie die Hülle ganz einfach kaufen können. Ankündigungen in diese Richtung gab es bislang allerdings keine.

Die Idee für diesen Schutz der Privatsphäre bei smarten Speakern hatte Björn Karmann, ein kreativer Technologe aus

---

11 vgl. *https://www.instructables.com/id/Project-Alias/*

Dänemark, der in Amsterdam lebt. Bisher ist es die einzige Schutzmaßnahme, die Sie selbst treffen können, wenn Sie smarte Lautsprecher unbedingt in Ihrem Haushalt haben wollen, aber dennoch nicht ganz auf Ihre Privatsphäre verzichten möchten.

Profiling

Ob Sie sich wirklich einen smarten Speaker ins Wohnzimmer stellen, sollten Sie sich generell gut überlegen. Amazon und Google haben bereits sehr, sehr viele Daten über uns – und mit den smarten Speakern und unserem Nutzungsverhalten ebendieser bekommen die beiden Konzerne noch viel mehr Daten von uns. Und diese werden auch mit unterschiedlichen Diensten anderer Hersteller verknüpft und angereichert werden. Wie ich Ihnen anfangs beschrieben hatte, werden die Sprachassistenten nämlich gerade in immer mehr Geräte anderer Hersteller integriert.

Damit bekommen diese Daten einen unheimlich großen Wert, weil sie weit mehr sind als die Abfrage »Alexa, wie wird das Wetter heute?« Im Hintergrund werden Profile über den Nutzer erstellt und Amazon weiß dann nicht nur, dass Sie sich für das Wetter interessieren, weil Sie vorhaben, das Haus zu verlassen, sondern viel mehr. Amazon weiß auch, welche Geräte Sie zu Hause noch so stehen haben, wie viele Videos Sie schauen oder Musik hören oder was dabei die Interessensgebiete sind. Dadurch lassen sich etwa gezielte Schätzungen über die Einkommens- und Familiensituation tätigen. Amazon weiß dann auch, ob Sie viel Freizeit haben oder eher ein Arbeitstier sind, ob Sie eher Komödien lieben oder Horrorfilme, und auch die Musik verrät, in welcher Stimmung Sie gerade sind.

Somit können die Konzerne ein perfektes Persönlichkeitsprofil über Sie entwickeln – um damit die passenden Werbeanzeigen genau zum passenden Zeitpunkt anzubieten. Personalisierte Werbeanzeigen sind in der Digitalwelt nichts Neues und viele Menschen fürchten sie nicht. Manche finden sie sogar gut, weil sie so auf Produkte aufmerksam gemacht werden, die sie wirklich interessieren. Dagegen ist auch gar nichts zu sagen, aber Sie sollten wissen, dass Konzerne auch häufig gezielte, psychologische Tricks anwenden, um Sie zum Kaufen eines bestimmten Produkts zu bewegen. Die Bademoden werden Ihnen zum Beispiel nicht zufällig an einem heißen, sonnigen Tag im Frühjahr in Ihrer Region angezeigt. Das ist allerdings noch ein harmloses Beispiel. Aber wollen Sie etwa, dass Amazon oder Google wissen, wenn Sie um einen lieben Menschen trauern, der gerade verstorben ist? Oder wenn Sie eine gesundheitliche Diagnose erhalten haben, die Sie selbst erst einmal verarbeiten müssen? Oder dass der Anbieter plötzlich weiß, dass Sie schwanger sind?

Das letzte Beispiel ist etwa einer Schülerin in Minneapolis passiert. Als diese im Supermarkt Target plötzlich eine unparfümierte Körperlotion erwarb anstatt des Produkts, das sie davor benutzt hatte, schlug der Algorithmus des Supermarkts intern Alarm und verschickte per Post Coupons für Babykleidung und Kinderbetten. Der Vater des Teenagers fand diese Werbung in der Post und beschwerte sich bei Target. »Wollen Sie sie ermutigen, schwanger zu werden?«, so der erzürnte Vater. Doch es stellte sich am Ende heraus, dass seine Tochter tatsächlich schwanger war – diese hatte zu dem Zeitpunkt ihres Supermarktbesuchs allerdings selbst noch gar nichts davon gewusst. Der Algorithmus des Supermarkts hatte »Schwangerschaftspunkte« festgestellt.[12]

Auch Google oder Amazon können aufgrund der über Sie gesammelten Daten durch Algorithmen und wiederkehrende Muster rasch feststellen, ob und wie Sie sich verändern, ob Sie gerade zu Traurigkeit neigen oder zu Depressionen oder ob sich Ihr Körper verändert, wie dies bei einer Schwangerschaft

---

12 vgl. *https://www.zeit.de/2016/16/computer-algorithmen-macht-buerger-stadt*

der Fall ist. Wenn Sie Ihre Fragen mündlich an eine Sprach-assistentin stellen, dann wird etwa noch zusätzlich der Tonfall mittels Sprachanalyse berücksichtigt.

Noch ein Player, der dies selbstverständlich kann, derzeit aber noch keine Soft- und Hardware für digitale Sprachassistenz auf den Markt gebracht hat, ist Facebook. Forscher haben herausgefunden, dass sich anhand von Status-Meldungen Krankheiten vorhersagen lassen. Dazu haben Forscher die Sprache und Wortwahl von 999 Nutzern auf Facebook untersucht, von denen sie auch Zugriff auf ihre Krankenakten hatten. Dabei stellten sie fest, dass Alkoholabhängige häufiger Wörter wie »betrunken« oder »Flasche« verwendet hatten oder Depressive die Wörter »Magen«, »Kopf« oder »Tränen«. Insgesamt 21 Krankheitsbilder ließen sich durch die verwendete Sprache auf diesem Weg vorhersagen – am meisten Erfolg hatten die Forscher bei Schwangerschaften, Diabetes, Angststörungen, Psychosen und Depression.[13]

Die Algorithmen der großen Online-Marktriesen wie Facebook, Google oder Amazon könnten daher ähnlich wie der Algorithmus der US-Supermarktkette Target sehr viel mehr über Sie wissen als Sie selbst. Die Algorithmen können Zusammenhänge herstellen, wo Sie selbst keine sehen – und je mehr digitale Geräte Sie verwenden, desto größer und umfangreicher wird Ihr Online-Profil. Daher vergessen Sie nicht und niemals: Auch digitale Sprachassistenten sammeln all diese Daten, die Sie preisgeben, für die Marktriesen – und diese geben diese Daten auch weiter.

Verknüpfung mit anderen Geräten

Vorhin habe ich Ihnen bereits erklärt, dass Sie, um das Licht mit dem smarten Lautsprecher zu steuern, diesen mit der

---

13 vgl. *https://www.aerztezeitung.de/Medizin/Facebook-weiss-woran-Ihre-Patienten-leiden-256581.html*

Lampe oder dem Lichtschalter, die von einem anderen Hersteller stammen, verknüpfen müssen. Das wird früher oder später Standard sein. Der smarte Lautsprecher alleine wird Ihnen nicht viel nutzen – aber in Kombination mit Lichtschaltern, Rauchmeldern, Badezimmerspiegeln, Fernsehgeräten, Kühlschränken, Öfen und weiteren Lautsprechern anderer Hersteller sind den ganzen Steuerungen und Abfragen kaum mehr Grenzen gesetzt. Amazons Alexa ist etwa in der Lage, mit Microsofts Sprachassistentin Cortana zu sprechen – und umgekehrt. Mit einem sogenannten »Mobile Accessory Kit« können Entwickler Alexa auch auf Geräten zum Einsatz bringen, die gar nicht von Amazon hergestellt werden. Bei Google gibt es »Android Things«, ein eigenes Betriebssystem, um die digitale Sprachassistentin auf smarte Geräte anderer Hersteller zu bringen. Damit haben nicht nur die Marktriesen Zugriff auf Ihre Daten, sondern auch die Hersteller der anderen Produkte. Panasonic, Anker und Mobvoi, Bang & Olufsen, Sony und einige andere Hersteller haben in den vergangenen ein bis zwei Jahren etwa Lautsprecher mit Googles Assistant auf den Markt gebracht, während die Aldi-Hausmarke (in Österreich: Hofer) Medion etwa auf Alexa von Amazon setzt. Auch die bekannte Speaker-Marke Sonos setzt auf Amazons Alexa. Seit einem Software-Update Mitte 2017 können Sonos-Lautsprecher via Alexa gesteuert werden.

Als Betroffener kann man hier leicht den Überblick verlieren, wer eigentlich alles Daten über die eigene Person speichert und nutzt. Auch die deutsche Datenschützerin Voßhoff warnte: »Für Nutzer ist nicht ausreichend nachvollziehbar, wie, in welchem Umfang und wo die erfassten Informationen gespeichert werden.« Diese Problematik wird sich durch die steigende Anzahl der vernetzten und mit digitalen Sprachassistentinnen ausgestatteten Geräten noch weiter verschärfen. »Profiling« und die Frage, wer welche Daten von uns bekommt, ist auf jeden Fall ein ganz, ganz wichtiges Thema, das Sie im Gesamtblick haben sollten. Denn eines steht fest:

Die Entwicklung lässt sich nicht mehr stoppen. Mit knapp 100 Millionen verkauften smarten Speakern bis zum Jahr 2018 und der Tatsache, dass Alexa und Googles Assistant in immer mehr Produktkategorien eingesetzt werden, lässt schon erahnen, dass sich die beiden Monopolisten auch in diesem Bereich gegenüber der Konkurrenz durchgesetzt haben und zu Marktführern geworden sind.

Dann sollten Sie noch etwas wissen: Ihre Daten bleiben nicht etwa in Deutschland, Österreich oder der Schweiz, sondern sie werden an die Server des jeweiligen Unternehmens übertragen – und diese stehen nicht in diesen Ländern. Amazon und Google sind beides US-Unternehmen. Damit wandern Ihre persönlichen Daten auch in die USA. Hierzu gibt es zwar entsprechende Abkommen zwischen den Ländern, aber das bedeutet auch, dass Ihre Daten im schlimmsten Fall dem »Patriot Act« zum Opfer fallen könnten. Die Bestimmungen dieses US-Gesetzes erlauben US-Behörden wie dem FBI, der NSA oder CIA den Zugriff auf die Server von US-Unternehmen. Das ist jetzt auch nichts, was Sie persönlich ändern können, und das betrifft definitiv nicht nur das, was Sie per Sprachbefehl an Alexa schicken, aber Sie sollten zumindest darüber Bescheid wissen.

Negativpreise

Amazons Alexa wurde im Jahr 2016 vom Verein Quintessenz in Österreich mit dem »Big Brother Award« in der Kategorie »Weltweiter Datenhunger« ausgezeichnet. »Amazon verfolgt ein gruseliges Firmenziel: Sie möchten an jeder Transaktion, die weltweit gemacht wird, einen Anteil haben«, hieß es seitens der Organisatoren. Amazon Echo sei ein »Spion im Wohnzimmer, der das private Echo in die Cloud übertrage«, so die Jury, deren Teil ich war, bei ihrer Begründung für die Auszeichnung.[14] Damit hatte sich Amazon in diesem Jahr

---

14 vgl. *http://www.bigbrotherawards.at/2016/nominees.php*

gegen Facebook und die Dating-App Tinder durchsetzen können. Die Datenschutz-Negativpreise werden seit Jahren in
verschiedenen Kategorien vergeben, um auf Praktiken von
Unternehmen, Behörden, Politik und Wirtschaft aufmerksam
zu machen, die alles andere als datenschutzfreundlich sind.

2018 bekamen Alexa und Amazon Echo auch den »Big
Brother Award« in der Kategorie »Verbraucherschutz« in
Deutschland.[15] »Liebe Menschen. Seid vernünftig. Sabine
Leutheusser-Schnarrenberger ist 1996 als Justizministerin
zurückgetreten, weil ihre Partei den großen Lauschangriff
beschließen wollte. Heute stellen wir uns einen riesengroßen
Lauschangriff freiwillig in unsere intimsten Lebensbereiche.
Liefert Euch nicht aus, behaltet Eure Widerstrebsamkeit, ohne
die Zivilisation und Demokratie nicht lebendig existieren können. Ja, das bedeutet, dass wir den Wecker noch ein paar
Jahre von Hand stellen müssen«, heißt es seitens des Lau-
dators padeluun. Die Preise in Deutschland werden ebenfalls
einmal jährlich vom Verein Digitalcourage vergeben. padeluun kritisierte in seiner Rede vor allem die gruseligen Fähigkeiten, die Amazon sich per Patent gesichert hatte und die in
Zukunft zum Einsatz kommen könnten. »Wenn Mama vor-
mittags verzweifelt weint, wird gleich Klosterfrau Melissen-
geist geliefert. Der Ruf ›Alexa, Musik‹ spielt dann entsprechend des Psychogramms, das dem Konzern geläufig ist,
Punkrock oder gregorianische Choräle ein«, heißt es darin als
potenzielles Anwendungsszenario. Oder aber Kinder werden
davon abgehalten, Pornos anzusehen, weil Alexa anhand der
Stimme erkennt, wer im Haushalt unter 18 Jahre alt ist. »Auf
die Frage ›Schatz, wollen wir heute Essen gehen?‹ empfiehlt
Alexa dann vorlaut das Sonderangebot bei ›Little Italy‹ und
reserviert gleich einen Tisch auf der Terrasse«, so ein weiteres
skizziertes Szenario. Der Verein Digitalcourage will davor

---

15 vgl. *https://bigbrotherawards.de/2018/verbraucherschutz-amazon-
alexa*

warnen, dass angemeldete Patente in der Regel dazu gedacht sind, einmal eingesetzt zu werden, und derartige Features, die ich eben beschrieben habe, nach und nach freigeschaltet werden. »Es geht nicht um ›Missbrauch‹. Es geht um das Potenzial, das dieses Gerät hat. Und das Potenzial, das die Firma Amazon hat, um genau das erbarmungslos auszunutzen«, heißt es dazu in der Laudatio bei den »Big Brother Awards«.

Zugriffe von Behörden

Die Daten, die Alexa sammelt, könnten auch für Polizeibehörden und Gerichte interessant werden – oder sind es bereits geworden. Denn wo Daten anfallen, wecken diese auch Begehrlichkeiten. Im Juni 2019 wurde bekannt, dass die deutschen Innenminister von Union und SPD an einer Gesetzesvorlage arbeiten, wonach die von Amazon Echo gesammelten Daten als Beweismittel vor Gericht verwendet werden könnten. Das seien »wertvolle Daten, die für Sicherheitsbehörden von Bedeutung sein könnten«, heißt es.[16] In Deutschland und in Österreich dürfen die Polizeibehörden an Daten von Smart-Home-Geräten und digitalen Sprachassistenten bisher aus Datenschutzgründen nicht ran. Nach dem Einstieg in die politische Debatte folgten heftige Proteste von Datenschützern und den Oppositionsparteien, die von einem »Schnüffelstaat« sprachen. Derzeit liegt in Deutschland kein neuer Vorstoß vor, dass die Daten von digitalen Sprachassistenten von Behörden verwendet werden dürfen. Möglicherweise liegt das auch daran, dass es gar nicht so einfach ist, diese Daten von den einzelnen Herstellern zu bekommen.

In den USA wurde 2015 ein Fall bekannt, bei dem die Daten von Amazon Echo bei einem Mordprozess zum Einsatz gekommen waren. Ein Mann hatte zwei Freunde zu sich ein-

---

16 vgl. *https://netzpolitik.org/2019/alexa-co-innenminister-wollen-zugriff-auf-daten-aus-dem-smart-home/*

geladen, um mit ihnen Fußball zu schauen, und dabei floss der Alkohol in rauen Mengen. Der Angeklagte gab an, gegen 1 Uhr ins Bett gegangen zu sein, während seine Freunde noch den Whirlpool eingelassen hätten. Am nächsten Morgen sei die Leiche einer der Männer im Whirlpool getrieben. Es hatte monatelang gedauert, bis Amazon Daten zu dem Vorfall rausgerückt hatte. Die Staatsanwaltschaft im US-Bundesstaat Georgia hatte einen Durchsuchungsbeschluss gestellt, Amazon hatte einen Antrag auf Aufhebung des Beschlusses eingereicht. Die Ermittler mussten erst nachweisen, die Daten nicht auf anderem Wege erhalten zu können. Erst als der Angeklagte, der auch der Besitzer des Amazon-Echo-Geräts war, seine Erlaubnis erteilte, hatte Amazon den Behörden die Daten zur Verfügung gestellt. Der Angeklagte plädierte auf »nicht schuldig« und hoffte auf eine Entlastung durch die Sprachaufzeichnungen von Alexa. Tatsächlich wurde der Mann am Ende des Mordprozesses freigesprochen.[17]

Ende 2019 kam es in Florida zu einem erneuten Einsatz von Alexa-Sprachdateien in einem Mordfall vor Gericht. Bei diesem Fall handelte es sich um häusliche Streitigkeiten. Auch dieses Mal erhoffte sich der Beschuldigte, dass anhand der Daten von Amazon Echo seine Unschuld bewiesen werden konnte. Da der Mann zustimmte, dass diese Daten eingesetzt werden dürfen, kam es auch in diesem Fall zu einem Einsatz der Aufzeichnungen vor Gericht. Ein Urteil ist noch nicht ergangen.[18]

Anhand dieser beiden Fälle ist klar, dass Amazon Echo bereits von Behörden in den USA eingesetzt wird, um Menschen, die das Gesetz gebrochen haben, zu be- oder entlasten. Diese Begehrlichkeiten sind auch in Europa gewachsen und Deutschland hatte im Juni 2019 versucht, erste Schritte in

---

17 vgl. *https://edition.cnn.com/2017/11/30/us/amazon-echo-arkansas-murder-case-dismissed/index.html*

18 vgl. *https://www.bbc.com/news/world-us-canada-50269667*

diese Richtung zu setzen. Damit zeigt sich deutlich: Ist die Büchse der Pandora einmal geöffnet, geht sie nicht mehr so schnell wieder zu.

8

PRIVATSPHÄRE BEI SIRI & CO? FEHLANZEIGE!

>> Amazon-Mitarbeiter hören und schreiben mit, was ihr bei Alexa sagt«, »Siri: Fremde hören bei Arztgesprächen und Sex mit«, »Sprachassistent: Auch bei Google lauschen Mitarbeiter mit« und »Skype-Mitarbeiter können private Gespräche anhören«. Diese Schlagzeilen[1] dominierten das Jahr 2019, als ein großflächiger Skandal bekannt wurde, der praktisch alle Unternehmen, die digitale Sprachassistenten herstellen und entwickeln, gleichermaßen betraf.

Amazon Alexa

Im vergangenen Kapitel haben Sie bereits viel darüber gelernt, warum Ihre Privatsphäre mit Amazon-Echo-Geräten in Ihrem Haus nicht mehr sicher ist und inwiefern Sie sich damit eine »digitale Assistenzwanze« ins Haus gestellt haben. Doch es kommt noch schlimmer. Denn Ihre Gespräche mit Amazon liegen nicht etwa nur auf den Servern des Unterneh-

---

1   erschienen auf der Tech-Website futurezone.at

mens herum, sondern werden auch von Menschen gehört. Alles, was Sie Alexa erzählen, kann dazu verwendet werden, das System noch schlauer und intelligenter zu machen. Ihre Daten werden dazu verwendet, um die Amazon-Systeme zur Spracherkennung und zum Verstehen natürlicher Sprache zu trainieren. Die Nachrichtenagentur Bloomberg fand im April 2019 heraus, dass an mehreren Standorten rund um die Welt Mitarbeiter die Gespräche mit Alexa anhören und analysieren. [2] So sollte damit etwa das System dahingehend trainiert werden, dass Taylor Swift von Alexa als Sängerin erkannt wird. Laut Bloomberg schaffen zwei Mitarbeiter pro Schicht, etwa 1000 Sprachbeiträge durchzuhören. Den Mitarbeitern, die Ihre Daten auswerten, wird von Amazon Ihr Vorname angezeigt sowie die Account-Nummer und die Seriennummer Ihres Amazon-Echo-Geräts. Laut Amazon könnten damit keine Rückschlüsse auf Ihre Person gezogen werden und Beschäftigte hätten keinen direkten Zugang zu Informationen, die eine Person oder einen Account identifizieren könnten. Abgesehen davon, dass das mit der Seriennummer des Geräts wahrscheinlich ohne Probleme gelingen würde, weil diese garantiert in einer der Datenbanken zusammen mit den Kundendaten gespeichert ist: Wollen Sie, dass Mitarbeiter Ihre Gespräche mit der digitalen Sprachassistentin auswerten? Oder das, was diese zu hören bekommt, wenn sich das Gerät »zufällig« einschaltet, ohne dass Sie das Zauberwort gesagt haben?

Bei Amazon können Sie in den Einstellungen der Verwendung der Aufnahmen zur Weiterentwicklung des Dienstes widersprechen. Doch das müssen Sie erst einmal wissen! Denn diese Einstellung ist standardmäßig aktiviert – und ohne Medienberichte hätte Amazon wahrscheinlich jahrelang heimlich weitergemacht, ohne dass Sie davon Kenntnis erlangt hät-

---

2   vgl. *https://www.bloomberg.com/news/articles/2019-04-10/is-anyone-listening-to-you-on-alexa-a-global-team-reviews-audio*

ten. Und genau das ist das eigentliche Problem. Amazon hat eine privatsphäreninvasive Einstellung aktiviert, die es Mitarbeitern erlaubt, Ihre Gespräche anzuhören, und Sie haben dem auch noch zugestimmt, ohne davon zu wissen. Warum macht ein Unternehmen so etwas heimlich? Ganz klar: Weil Sie nicht mitmachen würden, wenn Sie davon wüssten. Es reicht schon, dass der Konzern alle Daten unendlich lange auf seinen Servern gespeichert hat – aber dass diese auch noch dazu verwendet werden, um die Systeme zu trainieren?

Google Assistant

Mit Amazon hatte der ganze Skandal erst begonnen. Auch Google hatte Mitarbeiter damit beauftragt, Transkripte der Sprachdateien von Google Home zu erstellen, um das System zu verbessern. Das fand der belgische Rundfunk VRT heraus.[3] Dem Sender sind 1000 Mitschnitte von einem Informanten zugespielt worden. Und – Sie dachten, es könnte nicht schlimmer kommen? – Google hat Gespräche sogar mitgeschnitten, wenn Sie gar nicht mit Ihrem Google Home gesprochen hatten und das System offiziell im Ruhezustand war. 153 der insgesamt 1000 Mitschnitte waren aufgezeichnet worden, obwohl das System Sendepause hatte. Darin waren Streitereien zu hören, private Gespräche zwischen Eltern und Kindern oder berufliche Telefonate. Dabei fiel auch mal die ein oder andere Adresse, über die Personen ohne Weiteres persönlich identifizierbar werden. Name und Account-Daten seien zwar laut VRT entfernt worden, doch über Adressen oder Stimmen konnten Mitarbeiter Personen identifizieren. Ein Mitarbeiter erkannte etwa seinen Sohn und seinen Enkel. Laut Google wird nur eine »kleine Anzahl an Audiodateien« analysiert. Es soll sich um 0,2 Prozent aller Aufnahmen handen.

---

3 vgl. *https://www.vrt.be/vrtnws/en/2019/07/10/google-employees-are-eavesdropping-even-in-flemish-living-rooms/*

deln. Die Frage ist nur: 0,2 Prozent von wie vielen? Die absolute Zahl nannte der US-Konzern freilich nicht. Google bestritt außerdem, dass ein Personenbezug herstellbar sei. Aber fragen Sie sich jetzt einmal ernsthaft: Wenn es Ihr Job wäre, Audiodateien durchzuhören und zu transkribieren: Würden Sie Ihre Kinder oder Enkel nicht ebenfalls erkennen?

Der Hamburger Datenschutzbeauftragte Johannes Caspar brachte ein Verwaltungsverfahren gegen das Unternehmen ein, woraufhin Google die Praxis, also das Transkribieren und Analysieren von Sprachdateien durch Mitarbeiter, in ganz Europa für drei Monate stoppte. Für Caspar handelt es sich bei den aufgezeichneten Gesprächen ganz klar um »sensible personenbezogene Informationen aus der Privat- und Intimsphäre der Betroffenen«. Ungeklärt sei außerdem, warum Google Home auch Gespräche aufgezeichnet hatte, die gar nicht für die digitale Sprachassistentin bestimmt waren. Diese seien auf eine »fehlerhafte Aktivierung« zurückzuführen, so der Datenschutzbeauftragte.

Caspar ist zwar für Google in Deutschland zuständig, da das Unternehmen in Hamburg seine deutsche Niederlassung hat, für ganz Europa ist aber die irische Datenschutzbehörde in Europa zuständig. Als Caspar bei der Behörde nachfragte, wie es nach der dreimonatigen Aussetzung der Analyse bei Google weitergegangen sei, erklärte die Behörde: »Unser letzter Austausch mit Google in dieser Angelegenheit fand im Sommer letzten Jahres statt. Das Moratorium, das von dem Unternehmen angekündigt wurde, Sprach-Snippets ohne ordnungsgemäße Einwilligung nicht zu verarbeiten, gilt nach unseren Informationen noch immer«, so die Antwort von Martin Schemm, Pressereferent des Hamburgischen Beauftragten für Datenschutz und Informationsfreiheit. Von einer Behörde überprüft wurde diese Praxis von Google also seit Mitte 2019 nicht mehr.

Google rechtfertigte die Nutzung der Sprachdateien im Allgemeinen übrigens ähnlich wie Amazon: »Die Praxis trägt dazu bei, dass die Spracherkennung für Menschen mit verschiedenen Dialekten und Akzenten funktioniert.« Alle, die sich Google-Home-Geräte in ihr Wohnzimmer stellen, sind also gleichzeitig Testpersonen für die Weiterentwicklung des Produkts des US-Konzerns.

Stimmbiometriesystem

Markus Beckedahl, Chefredakteur von netzpolitik.org, fragte in seinem Vortrag beim Chaos Communication Congress: »Trainieren wir ein globales Stimmbiometriesystem? Was ist, wenn die Geräte überall stehen? Ist es eine Vorratsdatenspeicherung der Stimmbiometrie?« Laut Beckedahl sei es verlogen, wenn Unternehmen auf der einen Seite sagen, dass ihnen Privatsphäre wichtig sei, auf der anderen Seite aber Mitarbeiter Gespräche abhören lassen, die gar nicht für sie bestimmt sind. »Die Unternehmen haben ihre Kundschaft belogen und wir sollten ihnen nicht vertrauen«, so sein Resümee.

Stimmbiometrie ist allerdings freilich noch einmal etwas anderes als das Transkribieren und Auswerten der Sprachdateien durch Google oder Amazon. Allerdings könnten die Firmen natürlich auch die Sprachdateien selbst dazu verwenden, ihre Systeme zu verbessern. Google sagt beispielsweise, es gehe auch darum, bestimmte Dialekte zu erkennen. Dazu würde sich auch die Auswertung von Sprachdateien sehr gut eignen. Bei Stimmbiometrie geht es nämlich darum, dass die Stimme einer Person mit dem gespeicherten Stimmabdruck verglichen wird und so eine Person ganz klar identifiziert werden kann. So ein »Stimmabdruck« besteht aus rund 140 Einzelfaktoren und kann nicht gefälscht oder kopiert werden. Was er aber sehr wohl kann, ist, aus einer der Datenbanken geklaut und für falsche Zwecke missbraucht zu werden, wenn die Sprachdateien, die von den digitalen Assistenten aufgezeichnet werden, nicht gut genug geschützt sind.

Stimmbiometrie wird in Zukunft neben dem Fingerabdruck oder der Gesichtserkennung noch zu einer wichtigen Technologie werden, um Personen zu identifizieren. Die Unternehmen, die dann bereits zahlreiche Stimmdateien von Millionen Personen besitzen, sind bei der Entwicklung einer solchen Technologie ganz klar im Vorteil. Daher ist es umso wichtiger, dass sie sich diese Fähigkeiten auf einer gesetzlichen Grundlage basierend aneignen. Alles andere wäre ein grober Wettbewerbsvorteil gegenüber Firmen, die keine digitalen Sprachassistenten auf den Markt gebracht haben, deren Daten sie abhören und transkribieren können.

Cortana

Im Vergleich zu Amazon und Google sind auch Microsoft und Apple um keinen Deut besser, was das Abhören von Gesprächen angeht. Es ist also durchaus schwierig, dem Ganzen zu entkommen, und es zeigt auch die Marktmacht der Monopolisten auf. Man kann nicht einfach den Anbieter wechseln, weil es von den großen Tech-Unternehmen einfach keinen gibt, der das Abhören von Gesprächen nicht einsetzt, und das macht es umso gefährlicher. Es bedeutet, dass unsere Privatsphäre nicht respektiert wird. Keiner der Anbieter hat Kunden proaktiv darüber informiert, wie man es verhindern kann. Kein einziger Anbieter hat das Konzept »Privacy by Default« berücksichtigt, bei dem die Grundeinstellung standardmäßig so getroffen wird, dass sie privatsphärefreundlich ist und Sie als Kunde die Möglichkeit haben, bewusst zu entscheiden, ob Ihre Daten zur Verbesserung des Dienstes herangezogen werden dürfen.

Bei Microsofts Sprachassistentin Cortana und der Skype-Telefonie geriet der Skandal durch einen Whistleblower, also einen anonymen Informanten, ans Tageslicht. Dieser erzählte dem britischen »Guardian«, wie bei Microsoft mit den Auswertungen der Sprachdateien umgegangen wird. [4] Und eines kann ich Ihnen jetzt schon verraten: Das war nicht gerade vertrauenswürdig.

Anfangen hat das Ganze bereits bei den Mitarbeitern: Die Mitarbeiter, die derartige Daten analysieren und transkribieren müssen, seien zufällig ausgewählt worden und hätten sich keiner Sicherheitsüberprüfung unterziehen müssen, so der Informant. Schon nach einer kurzen Einführungszeit hätten diese im Homeoffice auf ihren Privat-Laptops die Inhalte von Skype-Calls und Sprachaufnahmen analysieren und transkribieren können.

Die zu analysierenden Daten seien den Mitarbeitern über eine Web-App zugespielt worden, so der Whistleblower. Diese Übertragung fand völlig unverschlüsselt statt. Das heißt in der Praxis, dass auch ein Fremder sie auf dem Weg zum Mitarbeiter hätte abfangen und abhören können. Cyberkriminelle hätten es aber sogar noch einfacher gehabt, an diese Daten heranzukommen, denn die Zugangsdaten für die Web-App wurden im Klartext per E-Mail versandt.

Doch wer denkt hier eigentlich ausschließlich an Cyberkriminelle? Auch Geheimdienste hätten ein großes Interesse an diesen Daten – und einfacher als so könnte man es denen kaum machen. Auch die Mitarbeiter selbst hätten privat jede Gelegenheit gehabt, die Daten auf ihren Privatgeräten abzuspeichern und weiterzureichen. Und die Möglichkeiten, diese Daten zu nutzen, sind – je nach Gesprächsinhalt – vielfältig.

Microsoft selbst gab an, dass das geschilderte Programm eingestellt worden sei und keine Tonaufnahmen, die länger als zehn Sekunden dauern, mehr ausgewertet werden. Snippets in dieser Länge, die keiner spezifischen Person zuordenbar und anonymisiert seien, würden von »speziell geschultem Personal« ausgewertet, die »strenge Vertraulichkeitsvorga-

---

4   vgl. *https://www.theguardian.com/technology/2020/jan/10/skype-audio-graded-by-workers-in-china-with-no-security-measures*

ben« erfüllen müssten. Laut Microsoft sei alles im Einklang mit der Europäischen Datenschutzgrundverordnung, heißt es. Microsoft bekam im Jahr 2019 dennoch den »Big Brother Award« in Österreich in der Kategorie »Weltweiter Datenhunger«. Denn der Konzern gab an – anders als Google –, mit der Praxis weitermachen zu wollen. Nutzern wurde vonseiten des Konzerns keine Möglichkeit eingeräumt, diese Datenauswertung gänzlich zu unterbinden.

Siri

Obwohl sich Apple gerne selbst als sehr »datenschutzfreundlich« präsentiert und auch aktiv damit wirbt, dass »Privatsphäre wichtig« sei, haben auch bei Apple externe Unternehmen und Mitarbeiter die Sprachnachrichten von Siri ausgewertet. Dies wurde im Juli 2019 bekannt. Auch bei Apple wurden die Informationen darüber, wie die Siri-Sprachdateien vom Unternehmen ausgewertet werden, Journalisten zugespielt. Externe Apple-Mitarbeiter haben ständig bei sensiblen Gesprächen von Apple- und Siri-Nutzern mitgehört. Ein externer Mitarbeiter hatte dem Guardian die Informationen zugespielt und diese sind großteils noch schockierender als jene, die von Amazon oder Google bekannt geworden waren. Es wurden nämlich Arztgespräche aufgezeichnet, Drogenhandel, aber auch Sex zwischen Paaren. Nichts davon geschah wissentlich. Keiner der Kunden hatte den Aktivierungsbefehl erteilt, damit Siri mitlauschen konnte, sondern die Software hatte das Gesprochene falsch verstanden und sich selbstständig aktiviert. Bei Siri reicht es laut Guardian-Bericht beispielsweise, dass sich jemand die Hose aufmacht und dabei den Reißverschluss betätigt, um sich selbstständig zu aktivieren. Dinge, die man entweder vor dem Schlafengehen oder vor dem Sex tut. Private Momente, bei denen es auf jeden Fall besonders unangenehm ist, wenn fremde Menschen mithören können.

Besonders anfällig für derartige Fehler ist etwa die Apple Watch, die direkt am Arm getragen wird. Die Uhr reagiert besonders sensibel und glaubt besonders häufig, dass jemand mit ihr kommunizieren möchte. Doch auch das neue Mac-Book ist vor diesem Problem nicht gefeit. Hier gibt es in der TouchBar rechts oben einen Knopf, um Siri zu aktivieren. Dieser befindet sich gleich neben der Delete-Taste. Dementsprechend oft komme ich als Autorin unabsichtlich daran und aktiviere Siri während des Tippens. Manchmal passiert dies so, dass ich es nicht gleich bemerke und das Tippen wird aufgezeichnet. Ob Apple wohl auch die einzelnen Tastenschläge auf den Tasten erkennen und analysieren kann?

»Gelegentlich haben wir einen sogenannten ›falschen Auslöser‹, bei dem Siri aktiviert wird, wenn Sie es nicht beabsichtigt haben. Wir arbeiten hart daran, falsche Auslöser zu minimieren, und haben den Überprüfungsprozess aktualisiert, damit die Personen, die die Auswertung durchführen, weniger häufig mit falschen Auslösern zu tun haben«, sagt Apple selbst dazu.

Der Mitarbeiter, der die Informationen dem »Guardian« zugespielt hatte, glaubt dennoch an ein hohes Missbrauchspotenzial der aufgezeichneten Daten. Durch die aufgezeichneten Gespräche könne sich ein Personenbezug auch dann herstellen lassen, wenn die Siri-Gespräche nicht mit einer Apple-ID verknüpft sind. Personen würden in Gesprächen etwa ihren Aufenthaltsort verraten, ihre Adressen oder bestimmte Kontaktdaten wie Telefonnummern oder andere IDs, so der Mitarbeiter.

Ähnlich wie Google stoppte auch Apple die Auswertung von Mitschnitten in einem ersten Schritt weltweit, [5] um dann ab Oktober wieder damit weiterzumachen. Der Konzern hat allerdings ein Update veröffentlicht, das es Nutzern ermög-

---

5 vgl. *https://futurezone.at/digital-life/wenn-siri-lauscht-apple-stoppt-die-auswertung-von-mitschnitten-weltweit/400567916*

licht, die Auswertung zur Verbesserung von Siri in den Einstellungen zu regulieren. Dazu ist es notwendig, sich bis in drei Untermenüs vorzuwagen: Einstellungen >> Datenschutz >> Analyse & Verbesserungen >> Siri und Diktierfunktion verbessern. Wären Sie, liebe Nutzerinnen und Nutzer von Apple-Geräten, von selbst darauf gekommen, diesen Menüpunkten zu folgen? Wahrscheinlich nicht. Datenschutz auf mobilen Geräten wird den Nutzern generell nicht gerade leicht gemacht.

Allerdings hat Apple eine Sache richtig gemacht: Die Funktion, dass Siri aus den Audiofiles der Nutzerinnen und Nutzer lernen kann, ist standardmäßig abgedreht[6] und Sie müssten diese bewusst aktivieren. Dies ist gelebte »Privacy by Default«-Praxis. Apple merkt freilich an: »Wir hoffen, dass viele Menschen sich dafür entscheiden werden, zur Verbesserung von Siri beizutragen, mit dem Wissen, dass Apple die Privatsphäre respektiert und über starke Datenschutzkontrollen verfügt«. Apple hatte zudem noch eine weitere Änderung angekündigt: Bis zum Herbst 2019 war die Arbeit, Siri-Dateien auszuwerten und zu transkribieren, an Drittfirmen ausgelagert gewesen. Seitdem dürfen nur noch Apple-Mitarbeiter diese Daten auswerten. Betont wurde seitens Apple zudem einmal mehr, dass »jede Aufnahme, die als unabsichtlicher Auslöser von Siri erkannt wurde, gelöscht wird.«

Damit sollte die Causa eigentlich erledigt sein, könnte man meinen. Und die ganze Aufregung rund um Ihre intimsten Gespräche und Details, die ich Ihnen mit diesem Kapitel zumute, war umsonst. Oder?

Wie es bei Apple weiterging

Am 20. Mai 2020, knapp ein Jahr, nachdem Apple erklärt hatte, unbeabsichtigt ausgelöste Aufnahmen von Siri zu

---

6 vgl. *https://www.apple.com/de/newsroom/2019/08/improving-siris-privacy-protections/*

löschen, wandte sich erneut ein Whistleblower an die Medien – und die europäischen Datenschutzbehörden. Dieser warf Apple weiterhin »massive Überwachung« vor. Thomas Le Bonniec, der selbst von Mai bis Juli 2019 als IT-Mitarbeiter in Cork (Irland) an der Auswertung der Siri-Dateien arbeitete, kritisierte in dem offenen Brief, dass dieselben Mitarbeiter, die früher als Externe beschäftigt waren, jetzt bei Apple angestellt worden seien und die Praxis der Auswertung wie bisher weiterlaufen würde und sich »nichts Wesentliches geändert« habe. Er selbst hatte damals für Globe Technical Services gearbeitet und war in »Bulk Data« involviert, so der Name des Projekts, das die Siri-Dateien transkribiert hatte. Le Bonniec warf dem Konzern nun vor, den tatsächlichen Umfang der Datenauswertung zu verschweigen.

Jedes Transkriptionsprojekt soll laut Le Bonniec zwischen 600.000 und 1,2 Millionen Aufnahmen pro Sprache beinhalten. Aus dem dritten Quartal 2019 gibt es Statistiken von über AirPods aufgenommenen Gesprächen, die zwischen 760.000 und 1,1 Millionen liegen und zwar für zehn verschiedene Sprachen. Der Whistleblower schätzt, dass Apple mittlerweile im Besitz von »über Hunderten Millionen Aufnahmen und deren Auswertungen« sei.

Die Siri-Audio-Dateien würden seit »mindestens fünf Jahren« ausgewertet, so der Ex-Mitarbeiter. Zudem würden die Dateien auch mit sogenannten Schlüsselwörtern versehen. Das könnten einerseits Namen von Sängerinnen wie »Taylor Swift« sein, andererseits aber auch Namen, Apps, Titel von Filmen oder Musikstücken. Zudem gebe es ein Projekt mit der Bezeichnung »Entwicklungsdaten«, von dem niemand wisse, was damit genau passieren würde.

Er als Mitarbeiter habe sich regelmäßig Gespräche über Sex, Politik, Streitereien, häusliche Gewalt, Krankheitsdiagnosen und weitere intime Details aus dem Privatleben zahlreicher Menschen anhören müssen, heißt es in dem offenen Brief. Er oder seinen Kollegen sei zudem zu keinem Zeitpunkt psychologische Hilfe angeboten worden, um verstörende Aufnahmen zu verarbeiten.

An der Praxis der Auswertung der Daten habe sich seit Oktober 2019 nicht viel verbessert – außer, dass die Menschen, die die Auswertungen vornehmen, jetzt direkt bei Apple angestellt seien, so der Whistleblower, der mit ehemaligen Kollegen, die jetzt für Apple arbeiteten, weiter in Kontakt war. Bei den transkribierten Aufnahmen würden zwar Namen oder bestimmte Informationen in den Protokollen zensiert, in den Audio-Files blieben diese aber weiterhin enthalten. Damit widerspricht der Whistleblower den offiziellen Angaben von Apple, dass unbeabsichtigte Audio-Aufnahmen gelöscht und nicht transkribiert würden. Hier stellt sich die Frage: Kann man Apple wirklich vertrauen? Oder kann und sollte man dem Whistleblower glauben?

Keine Konsequenzen für die Hersteller

Tatsächlich sind alle großen Tech-Player mit ihren Aktionen durchgekommen – und keine Behörde hat überprüft, ob die Versprechungen tatsächlich eingehalten worden sind oder ob im Hintergrund die Datenauswertung und Transkription der Audio-Dateien wie bisher weiterlief. Die Whistleblower haben durch die Bank ein und dasselbe gesagt: Sie hatten Zugriff auf intime Details aus der Privatsphäre von Hunderttausenden Menschen. Sie mussten ihre sexuellen Vorlieben genauso transkribieren wie Gespräche über schwere Krankheiten. Das sind massive Verstöße gegen das Menschenrecht auf Privatsphäre, eines unserer Grundrechte. Dennoch ist keine europaweite Untersuchung eingeleitet worden. Die Frage, warum das nicht geschehen ist, liegt hier wohl nicht nur Le Bonniec auf der Zunge. Liegt es daran, dass die großen Tech-Konzerne schon zu mächtig geworden sind? Steckt Resignation dahinter? Oder liegt es etwa an einer mangelnden finanziellen und ressourcenmäßigen Ausstattung der Behörden, wie der Whistleblower vermutet?

Der Grund ist eigentlich unwichtig. Fakt ist: Datenschutzbehörden sind dazu da, die Datenschutzgrundverordnung und damit das Gesetz und unsere Grundrechte durchzusetzen. Wir haben das als Kunden verdient. Außerdem kann es nur dann faire Marktbedingungen für alle geben, wenn sich alle Unternehmen gleichermaßen an die geltenden Gesetze halten. Datenschutzbehörden sind dazu da, zu kontrollieren, ob dies auch tatsächlich der Fall ist. Wenn gegen derartige Verstöße, die die Privatsphäre von so vielen Menschen in ganz Europa (und der Welt) verletzen, nichts unternommen wird, ist das auch ein eindeutiges Signal an sämtliche europäischen Firmen: Datenschutz? Nicht so wichtig! Oder auch: Datenschutz? Ihr müsst euch daran halten, aber gegen die US-Riesen können wir nichts tun! Oder: Datenschutz? Wir strafen nicht, sondern reden nur. Alles harmlos und keine Sorge. Das sind allesamt falsche Signale, die untätige Behörden hier aussenden.

Der Whistleblower gab an, dass es sein Ziel gewesen sei, eine Diskussion einzuleiten und die europäischen Datenschutzbehörden darauf aufmerksam zu machen. Er hatte sich gefragt, warum nach dem Skandal im Jahr 2019 keine Untersuchung eingeleitet worden sei.

Le Bonniec sagte, er wolle auch andere Whistleblower dazu ermutigen, die Praxis der großen Tech-Konzerne offenzulegen. Für ihn sind die Aktivitäten von Apple nämlich »vergleichbar mit denen des US-Geheimdienstes NSA, die Edward Snowden offengelegt hat«. Er verstehe nicht, wieso ein Privatunternehmen an anderen Standards gemessen werde, heißt es in einem Bericht der österreichischen Tageszeitung »Der Standard«, die mit dem Whistleblower selbst sprechen konnte.[7]

---

7   vgl. *https://www.derstandard.at/story/2000117584915/siri-sprachaufnahmen-whistleblower-wirft-apple-massive-ueberwachung-vor?ref=article*

Diese Frage ist berechtigt und bei meiner Recherche fiel mir auf, dass nach der großen Aufregung im Sommer 2019 kaum mehr Medienberichte zu dem Thema gefolgt waren. Kein Journalist, inklusive mir, hatte den Skandal noch auf dem Radar. Und bei den Datenschutzbehörden dürfte es ähnlich gelaufen sein, nachdem die Unternehmen allesamt Besserung gelobt hatten.

Die irische Datenschutzbehörde erklärte im Dezember 2019, dass man mit Tech-Unternehmen daran arbeite, den Einsatz von Sprachassistenz-Produkten mit den Erfordernissen des Datenschutzes in Einklang zu bringen.[8] Aus diesem Statement wird ersichtlich: Man versucht, mit den Unternehmen zusammenzuarbeiten, anstatt Strafen zu verhängen und Untersuchungen einzuleiten. Doch ist das wirklich der richtige Weg? Was für ein Signal ist das gegenüber kleineren, europäischen Firmen, bei denen die Behörde vielleicht nicht so reagiert? Wird eine Behörde durch solch ein Verhalten nicht gar zahnlos? Wieso arbeitet man mit Unternehmen zusammen, die klar gegen europäische Gesetze verstoßen haben?

Datenschutz-Beschwerden

Die Bürgerrechtsorganisation »None of Your Business« (NOYB), gegründet vom österreichischen Facebook-Kläger Max Schrems, kritisiert, dass Verfahren gegen Unternehmen oft Jahre dauern können und dann ohne Ergebnis enden. Nach Bekanntwerden der Vorwürfe durch Le Bonniec kündigte die Organisation an, eine Beschwerde einzuleiten. Dies sei unter dem Artikel 66 der DSGVO sogar als »Notfallprozedur« möglich. Die Organisation forderte zudem Whistleblower auf, sich zu melden, um entsprechende Beschwerden gegen die großen Tech-Player vorbereiten zu können.

---

8 vgl. *https://noyb.eu/en/former-apple-employee-blows-whistle-apple-again*

Max Schrems hatte bereits im Jahr 2011 Beschwerde gegen den großen Tech-Riesen Facebook wegen zahlreicher Privatsphäre-Verletzungen bei diversen Datenschutzbehörden eingebracht. Der Prozess setzte sich, mit mehreren Etappen und dem Inkrafttreten der DSGVO in der Zwischenzeit, bis zum Jahr 2020 fort. In Österreich kam es beispielsweise erst fünf Jahre nach dem Prozessstart überhaupt zu einer inhaltlichen Anhörung vor Gericht, bei der eine Verantwortliche von Facebook zu den inhaltlichen Vorwürfen Stellung beziehen musste. Die Privacy-Policy-Direktorin Cecilia Alvarez sagte dabei etwa aus, dass sie den »genauen Prozess« zur Auskunft über Nutzerdaten gar nicht kenne und es dafür »Tools« gebe. Die Frage etwa, ob Nutzer, die sich durch die Tools klicken würden, alle Daten sehen könnten, die Facebook über sie sammelt, konnte die Facebook-Managerin nicht beantworten.

Schrems erzielte allerdings große Teilerfolge vor dem Europäischen Gerichtshof (EuGH). Im Oktober 2015 urteilte der EuGH, dass die Übermittlung der Daten von EU-Bürgern in die USA nicht sicher sei. Das sogenannte »Safe Harbor«-Abkommen wurde gekippt. Dies war eine Zertifizierung für US-Unternehmen, die bestätigte, dass personenbezogene Daten aus Europa in den USA adäquat geschützt werden. An die Stelle von »Safe Harbor« trat »Privacy Shield«, das derzeit ebenfalls vor dem EuGH gelandet ist. Im Laufe der Zeit hatte der Jurist Schrems den Verein NOYB gegründet und sich ein Team aufgebaut, das ihn seither bei diversen Datenschutz-Verfahren unterstützt – denn die digitalen Sprachassistenten sind nur eines der zahlreichen Themen auf dem Radar des Datenschützers. Dieser sieht in allen Datenschutz-Prozessen rund um die Welt eines ganz klar: Die Verfahren gegen Tech-Riesen werden verschleppt und verzögert, teilweise kommt es stattdessen zu Absprachen mit den zuständigen Behörden.

Zwei Jahre nach Inkrafttreten der DSGVO, am 25. Mai 2020, bezeichnete Schrems die Verordnung als »dysfunktional«. Er wandte sich in einem offenen Brief an die EU-Kommission und die EU-Datenschutzstellen und forderte, dafür zu sorgen, dass es das Recht auf Privatsphäre nicht nur auf dem Papier gebe, wie es derzeit der Fall sei, sondern auch in der Realität. »Und in jedem Winkel der Union«, wie Schrems schreibt.

Ähnlich wie der Whistleblower Le Bonniec kritisiert Schrems, dass wir in Europa zwar Grundrechte im digitalen Raum haben, diese jedoch gegen die großen Konzerne aus den USA nicht durchgesetzt werden. Vor allem bei den US-Playern, die in Irland ihren Europasitz haben, würde alles besonders langsam vorangehen. Die irische Datenschutzbehörde hat seit Inkrafttreten der DSGVO noch keine einzige Strafe im Privatsektor verhängt. Beschwerden gab es dagegen einige. Alleine im Jahr 2019 waren es 7215. Gegen große Player wie Facebook geht alles nur in Babyschritten voran: Laut Schrems ist derzeit lediglich einer von sechs Verfahrensschritten gegen Facebook abgeschlossen. »Wenn es in dieser Geschwindigkeit weitergeht, werden die Fälle leicht mehr als zehn Jahre brauchen, bis über alle Einsprüche entschieden und eine endgültige Entscheidung getroffen wurde«, schrieb Schrems in seinem offenen Brief an die EU-Institutionen.[9]

Auch andere Organisationen sehen zwar, dass die EU-Verordnung das Bewusstsein für Datenschutz gestärkt habe, aber es an der Rechtsdurchsetzung noch mangelt. »Die Umsetzung der DSGVO ist immer noch mangelhaft. Unternehmen und Technologiehersteller, die unsere digitalen Infrastrukturen betreiben, verletzen weiterhin unsere Grundrechte und -freiheiten«, heißt es in einer Stellungnahme der Digitalen Gesellschaft und der Verbraucherzentrale Bundesverband in Deutschland.[10] Die Organisationen hatten auch einige wichtige Forderungen, die allerdings nicht direkt etwas mit Sprachassistenten

---

9   vgl. *https://www.derstandard.at/story/2000117675033/schrems-eu-datenschutzrecht-nach-zwei-jahren-nur-auf-dem-papier*

10 vgl. *https://digitalegesellschaft.de/2020/05/verbesserung-der-dsgvo-zum-schutz-unserer-grundrechte/*

zu tun haben. Ich wollte Ihnen an dieser Stelle nur einen kleinen Exkurs bieten, der aufzeigt, wie wenig von behördlicher Seite gegen die Datenschutzverstöße von Tech-Konzernen getan wird, obwohl es immer wieder zahlreiche Beschwerden gibt.

Sprachassistenten sind gekommen, um zu bleiben

Ich möchte Sie jetzt noch einmal zurückführen zu den digitalen Sprachassistenten, denn auch hier ist eines bereits sicher: Wir werden ihnen nicht mehr entkommen. Bis 2024 sollen rund 8,4 Milliarden Sprachassistenten weltweit im Einsatz sein.[11] Neben smarten Geräten werden wir die Dienste etwa vor allem über unsere Smartphones nutzen. Siri gab es zuerst fürs Smartphone und man darf auch nicht alles, was damit möglich ist, schlechtmachen. So ist es, wenn man sich gerade in den Finger geschnitten hat und damit nicht mehr tippen kann, durchaus praktisch, per Sprache zu befehlen: »Notruf wählen!«. Oder aber man liegt gerade krank mit einem Fieberschub zu Hause im Bett. Da kann es auch durchaus sinnvoll sein, mit Siri per Sprache Nachrichten zu verschicken, statt mit zittrigen Fingern etwas mit einer Vielzahl an Tippfehlern selbst einzugeben. Umso wichtiger ist es, dass die Gespräche, die wir mit Sprachassistenten führen, und die Hilfestellungen, für die wir diese verwenden, absolut vertraulich bleiben – und nicht per Standardeinstellung ausgewertet werden und damit unsere Privatsphäre verletzt wird.

Wir dürfen technische Neuerungen nicht verteufeln, nur weil die Firmen, die sie geschaffen haben, sich nicht an alle Gesetze halten. Nur das Schlechte hervorzukehren, ist definitiv nicht das, was ich Ihnen mitgeben möchte. Sprachassistenten können auch etwas Positives zum Gemeinwohl beitragen, etwa, indem ältere Menschen besser in die Gesellschaft inklu-

---

11 vgl. *https://www.com-magazin.de/news/software/8-4-milliarden-sprachassistenten-2024-2533362.html*

diert werden oder indem sie Menschen in der Pflege unterstützen. Es gibt Menschen, die lernen mit Audio am leichtes-
ten, und Sprachassistenten können auch hier extrem nützlich
sein. Und es gibt Tätigkeiten, bei denen sich Befehle einfacher per Sprache äußern lassen. Hierzu gibt es immer wieder
spannende Forschungsprojekte, zuletzt etwa an der Fach-
hochschule St. Pölten.[12] Dabei geht es darum, herauszufinden, wie Amazons Alexa zum Wohle der Menschheit eingesetzt werden kann. Mein erster Gedanke dabei war: Warum
Alexa und nicht eine Alternative? Dann fiel mir wieder ein:
Von den großen Herstellern ist keiner wirklich besser. Daher
empfiehlt es sich, dass solche Projekte gleichzeitig auch Pri-
vatsphäre-Fragen mitdenken und diese schlichtweg mitunter-
sucht werden.

Offene Alternativen

Tatsächlich gibt es zu Siri & Co eine datenschutzfreundliche
Alternative. Von Mozilla gibt es ein Projekt namens »Common
Voice«, bei dem es darum geht, einen vielfältigen Sprachdatensatz zu erstellen, der von allen Entwicklern, Forschern
und Interessierten gleichermaßen genutzt werden kann. »Wir
crowdsourcen einen Open-Source-Datensatz von Stimmen.
Spenden Sie Ihre Stimme, überprüfen Sie die Genauigkeit
der Clips anderer Personen und verbessern Sie den Datensatz
für alle«, heißt es auf der Projekt-Website.[13]

Mozilla hat sich zum Ziel gesetzt, Daten für alle Menschen
auf der Welt bereitzustellen, die Sprachtechnologien entwickeln und nutzen wollen, weil Wettbewerb und Offenheit auch
Innovationen fördern – und zwar genau solche Innovationen,
die zum Gemeinwohl der Menschheit beitragen können. Im
Gegensatz zu den Unternehmen Amazon, Google, Apple oder

---

12 vgl. *https://www.pressetext.com/news/der-sprachassistent-fuer-das-
    gemeinwohl.html*

13 vgl. *https://voice.mozilla.org/de/about*

Microsoft hat Mozilla ein Interesse daran, dass mit dem zur Verfügung gestellten Datensatz auch Projekte entwickelt werden, die ohne Geschäftsmodelle auskommen oder aber auf völlig neue Geschäftsmodelle setzen, die nicht auf dem Sammeln von Daten und dem Erstellen von Profilen basieren. Deshalb lohnt es sich auch, dieses Projekt mit seinem Sprachdatensatz zu unterstützen, den man selbst einschicken kann. Menschen, die einen Beitrag leisten möchten, können nicht nur einsehen, wie sich die Aufnahme und Validierung jeder einzelnen Sprache entwickelt, sie bekommen auch verbesserte Bedienhinweise angezeigt, wenn sie Common Voice selbst nutzen.

Bis Mai 2020 haben rund 10.000 deutsche Sprecher ihre Datensätze eingereicht und es gibt rund 816 Stunden Material. Der deutsche Datensatz, mit dem man als Entwickler arbeiten kann, umfasst 14 GB. Rund zwei Prozent der eingereichten Daten wurden in »österreichisches Deutsch« eingeteilt, 64 Prozent »Deutschland Deutsch«, 1 Prozent »schweizerisches Deutsch«. Dann gibt es noch regional unterschiedliche Dialekte. Derzeit gibt es beim Projekt Common Voice Aufnahmen in 40 unterschiedlichen Sprachen. Neben Englisch, Französisch, Deutsch und Mandarin (traditionell) gibt es auch Daten in Walisisch und Kabyle. Ebenfalls verfügbar sind etwa Datensätze in Niederländisch, Hakha-Chin, Esperanto, Farsi, Baskisch und Spanisch.

Mozilla hat mit »Deep Speech« noch ein weiteres, spannendes Projekt rund um Sprachdateien, das auf Common Voice aufsetzt und die damit gesammelten Sprachdateien aktiv nutzt. Deep Speech kann als sogenannte Sprache-zu-Text-Engine Gesprochenes in Echtzeit in Text konvertieren und ermöglicht beispielsweise die Transkription von Vorträgen, Telefonaten, Fernsehsendungen oder anderen Audio-Live-Streams, während diese stattfinden. Das Programm ist öffentlich verfügbar und wird mittlerweile auf Englisch bereits von digitalen Open-Source-Sprachassistenten wie Leon oder Mycroft eingesetzt. Seit Oktober 2019 gibt es davon ein deutschsprachiges Modell, das ähnliche Ergebnisse wie die Spracherkennung kommerzieller Anbieter liefern kann. Doch Deep Speech hat einen großen Vorteil: Es wurde so konzipiert, dass es auch offline funktioniert. Anders als bei Siri, Cortana, Alexa oder Assistant ist keine Internetverbindung zur Nutzung notwendig und die Sprachausschnitte werden nicht an die Server der Tech-Giganten gesendet.

Damit wird für Sie hoffentlich umso klarer, warum Sprachspenden von Audiodateien, die Sie an das Projekt senden, wichtig sind. Sie können damit aktiv dazu beitragen, alternative Entwicklungen abseits der großen vier Tech-Riesen zu fördern. Und wenn Sie jetzt sagen, dass auch Mozilla ein US-Unternehmen ist, liegen Sie zwar richtig, aber die Daten werden von Mozilla nicht exklusiv gehortet, sondern allen zur Verfügung gestellt, die sie nutzen möchten. Wenn Sie beispielsweise eine eigene Entwicklung eines Produkts mit Sprachassistenten anstreben, können Sie den Datensatz runterladen und für Ihr Projekt nutzen.

Solche Projekte wie das von Mozilla müssen allerdings noch größer werden, um wirklich einen nachhaltigen Einfluss auf den Markt rund um digitale Sprachassistenten zu haben. Es ist gut, dass Sie Common Voice und Deep Speech jetzt kennen – aber erzählen Sie es auch herum! Verbreiten Sie diese Nachricht – auch, wenn Sie selbst keine Sprachdatei hochladen möchten. Vielleicht mag Ihre Nachbarin mitmachen oder Ihr Gärtner oder Ihr Opa. Je unterschiedlicher die Menschen, desto vielfältiger ist das, was am Ende rauskommt. Eines Tages werden Sie dann neben den großen vier Tech-Unternehmen möglicherweise ganz selbstverständlich den Namen eines fünften oder sechsten Unternehmens nennen, das auf Common Voice aufbaut und deren Sprachassistent Sie nicht überwacht oder bei dem Sie keine Angst haben müssen, dass Ihre Gespräche heimlich mitgeschnitten und transkribiert werden, selbst wenn Sie diese Funktion wissentlich ausgeschaltet haben.

9

HEY APP: WAS WEIßT DU ALLES ÜBER MICH?

Sie haben den Tipp sicherlich schon oft gehört: Installieren Sie keine Apps, die nicht aus den offiziellen App-Stores der Betriebssystemanbieter kommen. Im Falle von Android ist das der Play Store, bei Apple der App Store. Wer sich nicht daran hält, läuft Gefahr, an Apps zu geraten, die Malware und andere Schadsoftware mitliefern, die Ihre Aktivitäten ausspionieren oder Ihrem Smartphone Schaden zufügen oder es gar unbenutzbar machen. So weit, so gut. Diesen Tipp sollten Sie auch unbedingt beherzigen – allerdings schützt er Sie nicht vor Apps, die Sie überwachen oder Daten über Sie sammeln, die Sie am liebsten geheim halten würden. Und davor, dass Sie an App-Hersteller geraten, die diese Daten auch großzügig mit Dritten – wie dem Marktriesen Facebook – teilen.

Vorinstallierte Apps

Wenn Sie jetzt sagen »Ich verwende nur vorinstallierte Apps, die sind sicher und das alles betrifft mich nicht«, muss ich Sie an dieser Stelle leider enttäuschen. Rund 23 Prozent aller Smartphone-Nutzer greifen laut einer Studie der österreichischen Regulierungsbehörde RTR lediglich auf vorinstallierte Apps zu. Doch auch diese können gefährlich sein, wie Forscher warnen. Sagt Ihnen der Begriff »Bloatware« etwas? Nein? Darunter versteht man Software, die auf einem Smartphone vorinstalliert ist. Das können Apps sein wie WhatsApp oder Microsoft Word, aber auch Services, die auf Ihrem Smartphone nur im Hintergrund laufen und von denen Sie gar nichts mitbekommen. Diese Apps sind bereits auf Ihrem Smartphone vorinstalliert, wenn Sie dieses erwerben. Der Grund dafür ist, dass Ihr Smartphone-Anbieter Partnerschaften mit Firmen abgeschlossen hat, die dies ermöglichen.

Wissenschaftler aus Madrid haben herausgefunden, dass 91 Prozent der vorinstallierten Android-Apps die Sicherheitstests, die Apps im Google-Play-Store erfüllen müssen, nicht absolviert haben. [1] Die vorinstallierten Apps unterliegen keinem Schutz und dürfen daher ganz andere Dinge als die, die im Play-Store gelistet sind – und das ist nicht immer zum Vorteil der Smartphone-Kunden bzw. zum Schutz ihrer Privatsphäre. Der sogenannte »Google Play Protect«-Schutz aus dem Play-Store greift hier nämlich nicht. Manche dieser Apps lassen sich zudem nicht vom Gerät entfernen und Updates gibt es dafür auch keine.

Das klingt dubios und Sie haben das noch nie zuvor gehört? Das glaube ich Ihnen! Keiner der Smartphone-Anbieter würde damit werben, dass er Partnerschaften mit Firmen eingeht, die Sie ausspionieren dürfen. Offiziell argumentiert Google außerdem damit, dass Bloatware sinnvoll sein kann, weil Nutzer sonst beim Einrichten ihres Smartphones von vielen einzelnen Diensten Berechtigungsanfragen bekommen würden und diese Flut dann eine Art »Berechtigungsertei-

---

1   vgl. *https://haystack.mobi/papers/preinstalledAndroidSW_ preprint.pdf*

lungsermüdung« auslösen könnte, sodass die Nutzer allem blind zustimmen würden.

Um Ihnen mal ein konkretes Beispiel einer kritischen Bloatware zu nennen: Samsung hat auf allen Smartphones ein Feature namens »Device Care« vorinstalliert. Das ist eine Art Speicherscanner, der im Hintergrund und mit einer chinesischen Firma kommuniziert, und zwar mit Qihoo 360. Diese Firma war bereits in mehrere Datenschutzskandale verwickelt und ist dafür bekannt, Daten von Nutzern zu sammeln. Der Speicherscanner hat auf den Samsung-Geräten vollen Zugriff auf alle persönlichen Daten. Wenn »Device Care« gestartet wird, werden Daten nach China übertragen. Deinstallieren lässt sich diese Bloatware auf den Samsung-Geräten nicht. Als vorübergehende Abhilfe dagegen können Nutzer die Server blacklisten, mit denen der Speicherscanner kommuniziert. Allerdings setzt das einerseits technisches Knowhow voraus, andererseits kann der Anbieter diese Server jederzeit ändern und dann müssten Sie das ganze Prozedere erneut durchmachen.

Daher forderten Anfang 2020 50 Bürgerrechtsorganisationen aus aller Welt – darunter auch die Electronic Frontier Foundation und Amnesty International –, dass Vorteile für Bloatware gegenüber anderen Apps aus dem offiziellen Play-Store abgeschafft werden sollen und diese dieselben Sicherheitsprüfungen durchlaufen muss wie alle anderen Apps. Das betrifft vor allem benutzerdefinierte Berechtigungen wie den Zugriff auf die Kamera, Kontaktdaten oder das Mikrofon. Schließlich wollen Sie nicht, dass Ihr persönlicher Video-Chat mit Ihrer Freundin auf chinesischen Servern landet. Wer eine Zertifizierung verweigert, soll keine Partnerschaft mit Mobilgeräteherstellern mehr abschließen können, fordern die Bürgerrechtsorganisationen. Auch der Umstand, dass 91 Prozent dieser vorinstallierten Apps keine Updates bereitstellen, stört die Nicht-Regierungs-Organisationen (NGOs), weil damit das Gerät zum Sicherheitsrisiko wird. Die Organisationen kritisieren Google dafür, dass es diese Praktiken der Firmen zulässt, obwohl deren Dubiosität teilweise bekannt ist. »Privatsphäre darf nicht zum Luxusgut werden«, hatte der Alphabet-Chef Sundar Pichai höchstpersönlich gesagt. Alphabet ist der Mutterkonzern von Google. Man könnte also durchaus erwarten, dass Google die Aussage seines eigenen Bosses durchaus ernst nehmen und bei seinen Smartphones damit anfangen sollte, danach zu handeln.

Doch natürlich ist Bloatware nicht das einzige Privatsphäre-Problem, was Apps betrifft – und ich meine jetzt nicht Apps, die explizit für den Zweck der Überwachung geschaffen worden sind. Davon gibt es nämlich ebenfalls ziemlich viele und wer »Mit dieser App kannst du deinen Partner online stalken« sucht, wird nicht nur fündig, sondern hat auch schon ganz eindeutige Absichten. Ich denke, ich brauche Ihnen an dieser Stelle nicht zu erklären, dass Stalking ein Straftatbestand ist und Sie besser tunlichst davon Abstand nehmen sollten, ohne Wunsch, Zustimmung und Wissen Ihres Partners von derartigen Apps Gebrauch zu machen.

Wenn Apps Daten an Dritte weitergeben

Es gibt auch zahlreiche Apps, die vieles über Sie abfragen und die diese Informationen dann an Dritte weitergeben. Dazu gehören beispielsweise Menstruations-Apps. Viele Frauen, die nicht mit der Pille verhüten, nutzen diese, um ihren natürlichen Zyklus zu verfolgen. Entweder wollen sie schwanger werden oder eine Schwangerschaft verhindern, indem sie ihren Zyklus und ihre sexuellen Aktivitäten genau mitprotokollieren, um einen Überblick zu bewahren. Eine App ist dafür an und für sich perfekt geeignet. Frauen tragen ein, wann sie ihre letzte Periode gehabt haben, wann Migräne, wann der letzte Sex stattgefunden hat und wie und ob sie dabei verhütet haben. Wenn die beste Freundin ebenfalls diese App verwendet, basiert die Installation oft auf einer persönlichen Empfehlung und kaum eine Frau denkt dabei daran, dass es der App-Anbieter vielleicht nicht nur gut mit ihnen meint, sondern vielmehr an den Daten interessiert ist. Bei den meisten dieser Menstruations-Apps tragen Nutzerinnen nämlich nicht nur ein, wann die Periode stattfindet, sondern viele weitere, sensible Daten. Manche der Apps wollen etwa wissen, wie man sich fühlt: Stimmung und Gesundheitszustand. Ob die Brüste spannen, ob Frauen gerade Migräne haben, ob der Blutdruck zu hoch ist, ob Pickel zunehmen, ob jemand gerade zickig ist oder »schlecht drauf«, ob die Stimmung »romantisch« ist oder doch eher »ruhig«. Auch Daten über das Sex-Leben werden den Frauen abverlangt.

Es hört sich zuerst einmal praktisch an, wenn Sie eintragen: »Sex am 17.7.2020, ungeschützt.« Aber würden Sie das so auch Ihren Eltern erzählen? Oder Ihrem Arbeitgeber? Viele dieser Daten, die Sie in diesen Apps eintragen können, sind so sensibel, dass Frauen sie in der Regel mit niemandem sonst teilen würden. Es sind intime Daten. Dinge, die maximal zwei Personen betreffen – die Person selbst und ihren Sexualpartner. Doch genau das ignorieren die Apps. Wenn Sie diese Daten in die App eintragen, müssen Sie davon ausgehen, dass am Ende viele, viele Menschen und Computer darüber Bescheid wissen. Das behaupte ich nicht nur, sondern das wurde großflächig untersucht.[2] Die britische Non-Profit-Organisation Privacy International hat Menstruations-Apps gezielt getestet und dokumentiert, welche Daten diese über ihre Nutzerinnen sammeln. Doch der Hauptzweck der Tests war, rauszufinden, mit wem die App-Anbieter die Daten teilen. Und das sind, wie Sie sich jetzt denken können, viele. Auch Facebook ist darunter. Richtig gelesen: der US-Dienst, dem auch WhatsApp und Instagram gehören.

---

2   vgl. *https://privacyinternational.org/long-read/3196/no-bodys-business-mine-how-menstruations-apps-are-sharing-your-data*

Manche der Apps teilen auch bereits dann Daten mit Facebook, wenn die App nur geöffnet worden ist. Frauen haben zu dem Zeitpunkt weder die AGB gelesen noch irgendwelchen Datenschutzbestimmungen zugestimmt, und sie werden auch gar nicht dazu aufgefordert. Obwohl dies ein klarer Verstoß gegen europäisches Datenschutzrecht und die DSGVO ist, dürfen derartige Apps in den App-Stores von Google und Apple bleiben und können somit von jeder Frau weiterhin runtergeladen und verwendet werden – und keiner informiert und warnt sie, welche Daten mit Dritten geteilt werden.

Welche Apps besonders schlimm sind, können Sie direkt bei Privacy International[3] nachsehen und sich dort auch selbst darüber informieren, welche App noch am datenschutzfreundlichsten ist und für Sie vielleicht infrage kommt. Generell haben aber alle untersuchten Apps die Daten, die Frauen eingetragen haben, mit Facebook geteilt und an Drittfirmen weitergegeben. Ergo: Es gibt derzeit wenige Ausreißer, die ich Ihnen mit reinem Gewissen empfehlen könnte. Dazu gehört die App »Drip« vom Bloody Health Collective. Dabei handelt es sich allerdings erst um eine Beta-Version. Das bedeutet, dass die App noch nicht das letzte Entwicklungsstadium erreicht hat und derzeit außerdem ausschließlich für Android-Geräte verfügbar ist. Drip wurde extra aus dem Grund entwickelt, Frauen eine Alternative zu den datenhungrigen Apps zu bieten. Drip ist privatsphärefreundlich und Open Source, also quelloffen. Das Projekt des Bloody Health Collective wurde in Deutschland auch von Mozilla und der Open Knowledge Foundation gefördert und jede Frau kann in der App selbst entscheiden, welche Daten sie teilt und welche rein privat bleiben sollen. Sobald die Entwicklung der App abgeschlossen ist, wird sie eine echte Alternative zu den restlichen Datenkraken sein.

---

3 vgl. *https://privacyinternational.org/*

Der Marktwert von Daten

Warum aber ist es eigentlich so problematisch, wenn Apps die Daten über Ihre Menstruation mit Dritten teilen? Weil die Daten in diesem Fall wirklich Gold wert sein können – besonders wenn Sie schwanger werden sollten. Doch auch sonst gibt es vielfache Vorteile, die von Werbetreibenden ausgenutzt werden: In der ersten Zyklushälfte wird Frauen etwa eher Werbung für Unterwäsche angezeigt, in der zweiten Zyklushälfte für Interior-Designs. Marketing-Firmen nutzen gezielt die jeweiligen Phasen im weiblichen Zyklus aus, um Produkte an die Frau zu bringen. Ist anhand der Einträge der Daten vorhersehbar, dass eine Frau schwanger geworden ist, freuen sich die Marketingfirmen, die die Daten vom App-Hersteller erhalten, allerdings noch mehr. Denn dafür zahlen Unternehmen bis zu 1,50 Dollar. Zum Vergleich: Daten von Nicht-Schwangeren sind etwa 10 Cent wert. Wenn die Periode also ausbleibt, könnte dies als Indiz dafür gewertet werden, dass eine Frau schwanger geworden ist. Damit haben die Drittfirmen dann auch gleich den ungefähren Geburtstermin eines Kindes – und dieser ist noch einmal so viel wert, weil die Werbung dann noch genauer zugeschnitten werden kann.[4] Schwangere Frauen sind für den Werbemarkt nämlich ein gefundenes Fressen.

Im Laufe einer Schwangerschaft und den ersten Lebensjahren des Nachwuchses benötigen Frauen jede Menge neuer Dinge, die sie garantiert noch nicht besitzen. Das Ganze kann allerdings auch rasch umschlagen oder einen psychisch gegenteiligen Effekt auf Frauen haben. Nicht immer ist das Ausbleiben der Periode mit einer Schwangerschaft verknüpft, manchmal stecken schwere Krankheiten dahinter, oder aber es haben sich (meist harmlose) Zysten gebildet, die den weiblichen Zyklus stören. Wünscht sich eine Frau in dieser Phase

---

4 vgl. *https://www.stern.de/digital/online/gezielte-werbung-im-internet-wie-eine-schwangere-sich-vor-der-industrie-versteckte-3719556.html*

tunlichst ein Kind, kann das Anzeigen von entsprechender Werbung eine große psychische Belastung werden.

Es gibt aber auch andere Fälle, wie der einer jungen Frau, die ihre Schwangerschaft eifrig im Netz verkündet und dann eine Stillgeburt erlitten hat. Die Werbealgorithmen haben dies nicht erkannt und zeigten der jungen Frau noch monatelang Werbung für ihr Neugeborenes an. Sie war von den Werbetreibenden in die Kategorie »junge Mutter« einsortiert worden und kam dort einfach nicht mehr raus – eine riesengroße emotionale Belastung für die junge Frau.[5] Diese forderte, dass Werbenetzwerke eine automatische Werbepause einlegen sollten, wenn jemand online den Begriff »Stillgeburt« eingebe. »Wenn ihr klug genug seid, um zu merken, dass ich schwanger bin, dann seid ihr auch klug genug, um zu merken, dass mein Baby gestorben ist, und mir entsprechende Anzeigen zu zeigen, oder vielleicht, ganz vielleicht, überhaupt keine«, wird die junge Frau in der »Süddeutschen Zeitung« zitiert.

Genau dasselbe kann auch bei den datenhungrigen Menstruations-Apps passieren. Sollte die Periode aus einem anderen Grund als einer Schwangerschaft ausgeblieben sein oder jemand hat einfach vergessen, die App regelmäßig zu verwenden, können Frauen ganz schnell in falschen Kategorien landen, aus denen sie nur schwer wieder rauskommen. Es ist nämlich nicht so, dass man sich dann einfach bei allen Werbenetzwerken melden kann, um diese darüber zu informieren, dass man doch gar nicht schwanger ist – oder Mutter, wie im Fall der jungen Frau mit der Stillgeburt. Diese hatte die Information zuhauf online eingetragen und darüber kommuniziert, doch die Algorithmen der Werbenetzwerke haben nicht darauf reagiert. Ich denke nicht, dass Sie wollen, dass

---

5   vgl. *https://www.sueddeutsche.de/wirtschaft/werbung-im-internet-facebook-erkennt-das-leben-aber-nicht-den-tod-1.4249968*

Ihnen das passiert. Und ja, derzeit läuft es darauf hinaus, dass es Ihnen passiert, wenn Sie Menstruations-Apps verwenden.

Forderungen an die Firmen

Ich verstehe, wenn Sie jetzt sauer geworden sind. Denn eigentlich müssten die Firmen sich an die geltenden Gesetze halten und nicht Sie sich darüber Sorgen machen, dass jemand Ihre Daten – auch noch komplett ungefragt – für Werbezwecke verwendet. Das sagt auch Privacy International, die NGO, die diese Untersuchung durchgeführt hat. Sie wollen nicht, dass Konsumentinnen dafür einstehen müssen, sondern die Unternehmen sollen zur Verantwortung gezogen werden. Doch diese sind oft nicht greifbar, weil sie beispielsweise in Indien sitzen. Das gilt übrigens für viele verschiedene Apps, die Menstruations-Apps sind nur ein Beispiel für die Datensammelwut der Entwickler.

So schön es auch ist, dass es in diesem Bereich eine Alternative wie Drip gibt: Eigentlich müsste es viele Alternativen geben, denn Alternativen sind immer nur dann wirkliche Alternativen, wenn Sie auch die Wahl haben – ansonsten sind Sie wieder von einem Produkt abhängig, das Sie aus diesen Gründen nicht wechseln können. Was ist, wenn Ihnen genau dort die Darstellung der Daten nicht gefällt und es keine Möglichkeit gibt, die Ansicht umzustellen? Oder Sie können die verwendete Schrift nicht gut lesen? Jedenfalls braucht es mehr datenschutzfreundliche Alternativen – und Nutzerinnen und Nutzer sollten den Apps, die sie verwenden, vertrauen können und nicht Angst haben müssen, dass die Daten mit Dritten geteilt werden. Außerdem sollte es eine Option geben, mit der die Produkte auch ohne Zustimmung zur Weitergabe an Dritte genutzt werden können. In der Regel ist es nämlich so, dass Sie, selbst wenn Sie gefragt werden, nur eine Möglichkeit haben: Entweder Sie stimmen zu und können die App nutzen, oder Sie stimmen nicht zu und müssen sich ein anderes Produkt suchen.

Tipps für Nutzer

In der Praxis bleibt derzeit auf jeden Fall alles an Ihnen hängen. Wenn Sie Menstruations-Apps verwenden, würde ich Ihnen im ersten Schritt raten, im Internet zusammen mit den Begriffen »Datenschutz« und »Privatsphäre« danach zu suchen, um festzustellen, was bisher bei Ihrer speziellen App darüber bekannt ist. Im Fall der Menstruations-Apps gibt es außerdem die Liste von Privacy International, die Sie hinzuziehen können. Im nächsten Schritt sollten Sie sich die Allgemeinen Geschäftsbedingungen (AGB) und Nutzungsbedingungen durchlesen und nachsehen, ob dort etwas zur Datenweitergabe an Dritte enthalten ist. Sollte dies der Fall sein, müssen Sie persönlich abwägen, ob Sie die App weiter nutzen wollen oder doch lieber aus den beschriebenen Gründen darauf verzichten. Wenn Sie tatsächlich nichts eintragen außer Ihrer Periode und diese sehr regelmäßig, und dieser Nutzen für Sie gegenüber einer herkömmlichen Strichliste auf Papier so groß ist, dass Sie die Weitergabe der Daten an Dritte in Kauf nehmen, dann können Sie ruhig bei der App bleiben. Ich wollte Ihnen vor allem die Gefahren aufzeigen. Wenn Sie diese kennen und damit leben können, haben Sie wenigstens eines: eine gut informierte Entscheidung getroffen. Das ist nämlich das Wichtigste. Informationelle Selbstbestimmung lautet das Zauberwort, wenn es um Privatsphäre-Schutz bei Apps geht. Sie sollen über alle Möglichkeiten und Gefahren aufgeklärt sein.

Immer wieder ist vom »Vertrauen in die Digitalisierung« die Rede. Doch wie sollen Sie eigentlich Vertrauen haben, wenn App-Firmen so agieren und ihr Geschäftsmodell auf Ihren Daten basiert? Wäre es da nicht besser, eine geringe

Gebühr zu verlangen, und Sie dürften Ihre Daten dafür wirklich behalten und die gehören nur Ihnen?

Positiv-Beispiel

Es gibt tatsächlich vereinzelt Apps, die auf solche Modelle setzen. Und es gibt Apps, die zumindest klare Regeln haben, wie sie mit personenbezogenen Daten umgehen und Sie umfassend darüber aufklären, wie diese Ihre Daten verwenden. Im Medizin-Bereich ist hier etwa die App M-Sense zu erwähnen.[6] Diese wurde eigens für Migräne-Patienten entwickelt und soll dabei helfen, die Trigger zu finden, die eine Migräne-Attacke auslösen. Damit lassen sich Migräne-Attacken deutlich reduzieren und die Lebensqualität wird verbessert. Doch für ein derartiges Unterfangen ist eine Analyse vieler verschiedener Faktoren notwendig. Angefangen von der Bekanntgabe des Wohnorts, weil manchmal auch Wetter und Luftdruck für Attacken verantwortlich sein können, bis hin zu gesundheitlichen Daten, wie viel Schlaf man hatte und wie viel Alkohol man getrunken hat, werden viele personenbezogene Daten erhoben. Auch M-Sense gibt in ihren Datenschutzbestimmungen an, Daten mit Dritten zu teilen – allerdings unter gänzlich anderen Voraussetzungen als die von Privacy International untersuchten Menstruations-Apps. »Zur Aufbereitung für deinen Arzt und/oder zur Weiterleitung von dir auserwählter Dritter«, heißt es darin. Zudem werden die Daten in anonymisierter Form auch zu medizinischen Forschungszwecken an Dritte weitergegeben.

Wenn Sie besonders sensibel sind, kann es sein, dass Ihnen das auch nicht recht ist. Das ist Ihr gutes Recht und »anonymisiert« bedeutet nicht gleich »anonymisiert«. Es kommt sehr auf das eingesetzte Verfahren an, ob wirklich keine Rückschlüsse auf die Person mehr gezogen werden

---

6   vgl. *https://www.m-sense.de/datenschutz-app*

können. Das lässt sich von außen allerdings nur schwer feststellen und Sie müssten das Unternehmen persönlich anschreiben, wenn Sie auf Nummer sicher gehen möchten.

M-Sense erstellt mit den anonymisierten Daten etwa auch eine aggregierte Gruppenanalyse, über die das Unternehmen statistische Informationen und Auswertungen erstellt, etwa über die Verteilung von Kopfschmerzursachen. Damit kommen die Daten etwa allen Migräne-Patienten, die die App nutzen, gleichermaßen zugute und es interessiert vielleicht auch Sie, was bei anderen die häufigsten Ursachen und Auslöser für eine Attacke sind. M-Sense hat die Datenschutzbestimmungen der App und was mit Ihren personenbezogenen, heiklen Gesundheitsdaten passiert, auf jeden Fall ganz genau aufgeschlüsselt und in einer verständlichen Sprache verfasst, sodass Sie als mündiger Bürger in der Lage sind, selbst zu entscheiden, ob Sie dem zustimmen und die App nutzen möchten oder nicht. Am Ende müssen Sie auch hier abwägen, ob Sie damit leben können, dass medizinische Forschungseinrichtungen mit Ihren Daten arbeiten können oder nicht. Das Unternehmen listet zudem auch ganz genau auf, wo die Daten gespeichert werden – und zwar in Europa. Das ist nämlich auch etwas, auf das Sie bei den Anbietern der Apps, die Sie auf Ihrem Smartphone installieren, abfragen sollten.

Mit diesem Beispiel wollte ich Ihnen vor allem zeigen, dass es sehr wohl auch vorbildliche App-Entwickler gibt, die alle Informationen offenlegen und sich nicht nur über ihr Produkt und das Geschäftsmodell Gedanken gemacht haben, sondern auch über Sie, liebe Nutzerinnen und Nutzer, und darüber, wie sie Ihr Vertrauen gewinnen können. Es gibt sie also doch, die Vorreiter der Digitalisierung, die nutzer- und privatsphärefreundlich agieren.

Noch mehr schwarze Schafe

Leider gibt es noch viel mehr schwarze Schafe als die bereits ausführlich beschriebenen Menstruations-Apps, wie die norwegische Verbraucherschutzorganisation NCC herausgefunden hat.[7] Diese hat in einer aktuellen Studie aus dem Januar 2020 zehn beliebte Apps aus verschiedenen Bereichen untersucht. Darunter befanden sich die Dating-Apps Grindr, OK Cupid und Tinder sowie die Make-up-App Perfect 365 und die Menstruations-App Mydays. Von den zehn untersuchten Apps wurden die Daten an mindestens 135 Drittfirmen aus unterschiedlichen Bereichen weitergegeben. Die gesammelten Daten werden zur Profilerstellung genutzt, ohne dass die Nutzer darüber informiert werden und je ihre Einwilligung dazu erteilt haben.

Jetzt sind Sie wahrscheinlich wieder genauso sauer wie zuvor bei den Menstruations-Apps – und wieder völlig zu Recht. Auch bei diesen Apps erhalten Drittfirmen Ihre sensiblen Daten, wie etwa den Aufenthaltsort oder Ihre sexuelle Orientierung. Bei den Drittfirmen, an die die Daten weitergegeben werden, handelt es sich um klassische Werbenetzwerke, aber auch um Ableger von Google oder Facebook. NCC hat unter Mitwirkung des österreichischen Datenschutzexperten Wolfie Christl und der Verbraucherschutzorganisation noyb von Max Schrems genau untersucht, an welche Firmen die Daten abgeflossen sind. Darunter stammen sehr viele aus der Adtech-Branche. Diese Firmen verkaufen Ihre Daten dann durchaus auch weiter – und am Ende wissen Sie überhaupt nicht mehr, wer zu welchem Zweck Ihre sensiblen Daten erhalten hat – und wie bereits erwähnt, völlig ohne Rechtsgrundlage.

Die sexuelle Orientierung zählt etwa zu den sogenannten »sensiblen Daten« und bei einer App wie »Grindr« ist diese

---

7 vgl. *https://www.forbrukerradet.no/out-of-control/*

von Anfang an offensichtlich, da es sich um eine App für Homosexuelle handelt. Aber auch bei Tinder oder OK Cupid geben zahlreiche Nutzerinnen und Nutzer ihre sexuellen Vorlieben ein. Da man sich bei Tinder via Facebook-Profil einloggt, können Sie sich denken, welches Unternehmen hier fix Daten erhält. »Sensible Daten« dürfen auf jeden Fall nicht einfach weitergegeben werden, sondern dafür braucht es eine ausdrückliche Einwilligung der Nutzer – und diese haben sie nie erteilt.

Die App-Entwickler bedienen sich hier allerdings eines juristischen Tricks, denn aus ihrer Sicht tun sie nichts Illegales. Sie begründen das Sammeln der Daten mit »legitimem Interesse«, das zur Vertragserfüllung notwendig sei, heißt es. Die Konsumentenschützer sind allerdings der Meinung, dass eine Weitergabe dieser Daten an Dritte mit dieser Begründung nicht zu rechtfertigen sei. Deshalb liegen seit Anfang 2020 mehrere Beschwerden bei den jeweiligen Datenschutzbehörden verschiedener Länder, die sich nun mit der Causa beschäftigen. Insgesamt beteiligten sich 21 Verbraucherschutzorganisationen aus ganz Europa an den Beschwerden. »Die massive kommerzielle Überwachung, die im gesamten Adtech-System stattfindet, steht systematisch im Widerspruch zu unseren Grundrechten und -freiheiten. Sie trägt zur Erosion des Vertrauens in die digitale Wirtschaft bei und wirkt sich negativ auf unsere demokratischen Prozesse aus«, schrieb etwa der österreichische Verein für Konsumentenschutzinformation (VKI) der österreichischen Datenschutzbehörde. Wie diese reagiert hat, war bis zuletzt nicht offiziell in Erfahrung zu bringen. Der VKI plädiert zudem dafür, dass Geschäftsmodelle gestärkt werden müssen, die nicht auf einer umfassenden Erhebung und Weitergabe von personenbezogenen Daten beruhen.[8]

---

8   vgl. *https://futurezone.at/netzpolitik/tinder-grindr-apps-geben-viel-mehr-daten-weiter-als-erlaubt/400724928*

Die norwegischen Verbraucherschützer von Forbrukerrådet haben bei der Datenschutzbehörde eine Beschwerde gegen die App Grindr eingebracht. Die Dating-App für Homosexuelle gibt nämlich auch weitere sensible Daten an Drittfirmen weiter, darunter etwa auch den HIV-Status, sofern Nutzer diesen eintragen. Die Verbraucherschützer haben zudem einen technischen Test durchgeführt, um zu sehen, wie die Datenübertragung bei der App funktioniert. Dabei mussten sie feststellen, dass die vom Nutzer eingegebenen Daten völlig unverschlüsselt übertragen werden. Rein theoretisch ist es daher auch möglich, die Daten – wie etwa den HIV-Status eines Nutzers – bei der Übertragung abzufangen und mitzuschneiden. »Das Unternehmen macht es für andere einfach, Zugang zu diesen Informationen über Nutzer zu erlangen, und damit bricht es nicht nur das europäische Datenschutzgesetz, sondern auch Erwartungen der Nutzer in Bezug auf IT-Sicherheit«, sagt Finn Myrstad, Verbraucherschützer bei Forbrukerrådet. Wenn Firmen derart sensible Daten sammeln, würde es nicht ausreichen, dass in den Datenschutzbestimmungen steht, dass Daten an Dritte weitergegeben werden können. »Nutzer müssen explizit zustimmen«, sagt Myrstad, und das sei bei der App Grindr sowie vielen der anderen untersuchten Apps nicht gegeben.

Wer Apps installiert und dort Daten über sich eingibt, muss nach aktuellem Stand der Dinge fast damit rechnen, dass diese an Dritte weitergegeben werden. Man müsste vor der Nutzung jeder einzelnen App alle AGB, Nutzungs- und Datenschutzbedingungen durchlesen, um darauf zu kommen, wer was alles speichert und an wen weitergibt. Das ist allerdings für Nutzer so sicherlich nicht praktikabel und – wie die Beschwerde gegen Grindr zeigt – wahrscheinlich nicht in jedem Fall zulässig. Das Verfahren läuft derzeit noch und daher kann hier noch kein abschließendes Urteil verkündet werden. Wenn es um sensible Daten geht, müssen die Firmen aber laut DSGVO eine zusätzliche explizite Zustimmung von Ihnen einholen. Ob das wirklich aus juristischer Sicht notwendig ist, werden am Ende wohl die obersten Gerichte entscheiden und solange das nicht passiert ist, sind Sie, liebe Leserin und lieber Leser, weiter im Ungewissen und müssen genau überlegen, welcher App Sie was über sich preisgeben. Die Reform der Datenschutzrechte und Anpassung dieser an das digitale Zeitalter war ein wichtiger Schritt, den die EU gemacht hat. Doch bis Sie am Ende davon profitieren, kann noch viel Zeit vergehen.

Die Macht am Smartphone

Das Problem mit den Apps sind nicht nur die Entwickler, die sich nicht immer um Datenschutz und IT-Sicherheit kümmern, sondern auch die Hersteller von Smartphones. Nur zwei Betriebssysteme teilen praktisch den gesamten Smartphone-Markt unter sich auf: Android und iOS dominieren. Laut einer Statistik von StatCounter lag der Marktanteil von Android in Deutschland im Mai 2020 bei 72,6 Prozent, der Marktanteil von iOS bei 26,7 Prozent. Da bleibt nicht mehr viel übrig für die Konkurrenz. Das Microsoft-Betriebssystem kommt etwa auf einen Anteil von 0,03 Prozent und ebenso wenige Symbian-Geräte sind noch im Netz unterwegs. Zahlen der österreichischen Regulierungsbehörde RTR zeigen, dass in Österreich 69 Prozent Android nutzen und 29 Prozent iOS. Dazu wurden 1.500 Smartphone-Nutzer befragt.[9] Das zeigt die Marktmacht der beiden Anbieter mehr als deutlich.

Auch hier gilt: Wer den Markt hat, hat die Macht. Apple und Google können Standards setzen und durch ihre Marktmacht können sie auch mitbestimmen, welche Apps sich durchsetzen und welche sie am besten gleich wieder rausschmeißen. Denn ja, auch das gibt es: Manche Apps werden entfernt – manchmal sogar auf Druck von Regierungen.

---

9   vgl. *https://futurezone.at/netzpolitik/apple-und-google-wer-am-smartphone-die-macht-hat/400528477*

Apple hat zum Beispiel im Juni 2020 die beliebten Podcast-Client-Apps Pocket Casts und Castro aus dem chinesischen App Store entfernt, weil die chinesischen Regulierungsbehörden den Konzern darauf hingewiesen habe, dass diese in China illegal seien. Einer der Entwickler der Apps erzählte, dass er keine Hinweise bekommen habe, welche Inhalte genau illegal gewesen sein sollen. In China sind etwa auch Anbieter von sogenannten VPN-Diensten oder Chiffrier-Tastaturen ins Visier der Behörden geraten und die Apps entfernt worden.[10] Das ist natürlich, wie Sie sich vorstellen können, richtig problematisch – und zwar nicht nur für die Anbieter dieser Apps, sondern auch für die Bürger, die diese nutzen möchten. Chiffrier-Tastaturen und VPN-Dienste dienen dazu, geheim bzw. anonym miteinander zu kommunizieren. Podcasts tragen zur freien Meinungsbildung bei und beleuchten Dinge oft aus einer anderen Perspektive, in China abseits von Staatsmedien. Natürlich wird das dort kritisch gesehen. Aber ein Technologieanbieter wie Apple oder Google sollte in dieser Rolle neutral sein. Er sollte nicht eingreifen und Handlanger der Regierungen sein, wenn es darum geht, deren Methoden zu rechtfertigen. Bürgerrechtsorganisationen fordern daher seit Längerem, dass Apple und Google ihre Richtlinien für den Umgang mit Meinungsfreiheit offenlegen sollten.

Es ist schwer, zu wechseln

Die Marktmacht der Smartphone-Betriebssystemanbieter ist auch noch aus einem Grund bedenklich. Nutzer können nicht so einfach den Smartphone-Anbieter wechseln, wenn es eine bestimmte App für ihr Smartphone nicht gibt. Laut einer Befragung der österreichischen Regulierungsbehörde RTR bleiben gar 60 Prozent wegen des sogenannten »Lock-In-Effekts«

---

10 vgl. *https://www.heise.de/news/Apple-wirft-Podcast-Apps-aus-App-Store-China-4781245.html*

bei ihrem Smartphone-Anbieter. Es gibt zwar Anleitungen und Werkzeuge, wie man von Android auf iOS umsteigen kann (und umgekehrt), doch so ein Wechsel ist am Ende immer mit Extra-Aufwand verbunden. Kunden fürchten, dass der Transfer der Daten, Bilder und Kontakte nicht reibungslos funktioniert und sie wichtige Kontakte, Nachrichten oder Informationen bei einem Umstieg verlieren könnten. Bei anderen Betriebssystemen abseits von Android und iOS ist die Auswahl zudem sehr mager. Mit LineageOS gibt es für Smartphone-Besitzer mit Android-Basis zwar eine Alternative, die besonders privatsphärefreundlich ist. Es handelt sich dabei um eine Modifizierung von Android, die dem Nutzer mehr Auswahlmöglichkeiten bietet, um seine eigenen Entscheidungen zu treffen. LineageOs ist ein Open-Source-Betriebssystem, das von einer Gemeinschaft Freiwilliger entwickelt wird. Das Betriebssystem kostet die Nutzer auch kein Geld. Doch die Android-Alternative funktioniert erstens nicht auf jedem Smartphone, und zweitens ist ein Umstieg oft noch komplizierter als der Wechsel von iOS auf Android (oder umgekehrt), deshalb wird das Betriebssystem von mir an dieser Stelle vor allem der Vollständigkeit halber erwähnt.

Volker Wittpahl vom Institut für Innovation und Technik aus Berlin hat zum Beispiel gemeinsam mit seiner Partnerin versucht, ein Jahr lang digital selbstbestimmt zu leben, und ist dafür auch auf LineageOS umgestiegen, wie er mir in einem Interview erzählt hat. »Bei der Installation von LineageOS habe ich ein Smartphone kaputtgemacht. Es hat sich aufgehängt und ich konnte es nicht mehr starten. Daraufhin habe ich es erst einmal ein paar Monate in eine Ecke geschmissen«, sagte Wittpahl dazu.[11] Für Technik-Laien, die keinen direkten Ansprechpartner haben, wenn sie einmal Probleme haben, mag dieses Betriebssystem daher eher suboptimal sein. Zwar

---

11 vgl. *https://futurezone.at/netzpolitik/ein-jahr-ohne-datenspuren-wie-man-von-whatsapp-loskommt/400661087*

ist der Code offen und jeder kann ihn einsehen, aber es gibt im Netz wenig Hilfestellungen, wenn einmal etwas schiefgeht und Sie direkt Hilfe brauchen.

Wittpahl hat auch versucht, ohne beliebte Apps wie Whats-App auszukommen. Der Messenger-Dienst gehört bekanntlich, ebenso wie Instagram, zum Facebook-Konzern. Die Trennung von WhatsApp fiel dem Berliner ebenfalls nicht gerade leicht. Anfangs hat er mit zwei Telefonen gearbeitet. »Allerdings habe ich immer nur das eine mitgenommen, das andere mit WhatsApp blieb zu Hause. Dieses Trennen von Personen und Gewohnheiten, das war ein richtiger Trauerprozess für mich«, erzählte Wittpahl. Seine Lebensgefährtin schaffte es jedenfalls, auch ihre über 70-jährige Mutter zum Wechsel der Kommunikations-App von WhatsApp zu Signal zu bewegen.

Richtig schwierig wird so ein Umstieg vor allem dann, wenn Personen, die einem besonders wichtig sind, den Verzicht auf WhatsApp nicht akzeptieren und die Kommunikationskanäle nicht mitwechseln wollen. So sind mir als Autorin bereits mehrere Erzählungen zu Ohren gekommen, wonach Menschen zuerst auf WhatsApp verzichtet haben, aber danach wieder zurückgekehrt sind, weil sie aus bestimmten Gruppen oder dem Familienkreis ausgeschlossen worden waren und somit auch bestimmte Feste, Feiern und Treffen verpasst hatten. Es darf also keinesfalls unterschätzt werden, dass es bei beliebten Apps auch eine Art Gruppendruck geben kann, der es schwierig macht, sich datensparsam am Smartphone zu bewegen. Gerade Kommunikationsapps sind hier ein gutes Beispiel.

Messenger-Apps

Als Alternative zu WhatsApp kann ich Ihnen an dieser Stelle vor allem die Messenger-App Signal empfehlen. Signal ist nicht nur für mich persönlich als Autorin die erste Wahl, weil ich so sicher mit meinen Informanten kommunizieren kann,

sondern wird auch von zahlreichen IT-Experten und Daten-
schutzorganisationen sowie dem NSA-Whistleblower Edward
Snowden empfohlen. Die freie Messenger-App hat eine permanente Ende-zu-Ende-Verschlüsselung, die sich nicht ab-
schalten lässt. Damit ist sämtliche Kommunikation immer
vor den Augen Dritter geschützt. Auch die Kontaktdaten sind
geschützt und werden nicht von einem Konzern wie Facebook
gesammelt oder gar weitergegeben. Signal ist somit der daten-
sparsamste Messenger unter allen Apps zum Kommunizieren. Entwickelt wurde die App von Open Whisper Systems,
einem Unternehmen, das als vertrauenswürdig gilt. Außerdem
ist es eine Open-Source-Lösung, bei der sich der Code einsehen lässt. Das macht Signal nicht nur datenschutzfreundlich,
sondern auch sicher.

Bei WhatsApp hingegen treten immer wieder neue Sicherheitslücken auf, durch die es möglich wird, Daten zu stehlen
oder Nachrichten auszulesen. Ende 2019 wurde WhatsApp-
Nutzern etwa eine manipulierte .mp4-Datei zugeschickt, durch
die es möglich wurde, die Sicherheitseinstellungen zu umgehen. Angreifer konnten diese Lücke ausnutzen, um Schadsoftware auf den Smartphones zu installieren und Daten –
auch außerhalb von WhatsApp – zu stehlen. Das ist freilich
nur eines der vielen Sicherheitsprobleme, mit denen Whats-
App in den vergangenen Monaten konfrontiert war. Problematisch ist auch, dass WhatsApp zu Facebook gehört und
Facebook angekündigt hat, die Daten der beiden Dienste zu-
sammenführen zu wollen. Dabei hatte der Konzern bei der
Übernahme gegenüber der EU-Wettbewerbsbehörde versprochen, dies nicht zu tun. Nun hat das deutsche Bundeskartell-
amt Facebook untersagt, bestimmte Daten von WhatsApp
mit Facebook ohne weitere Einwilligung der Nutzer zusam-
menzuführen.[12] Im Juni 2020 hat der Bundesgerichtshof den

---

12 vgl. *https://netzpolitik.org/2020/bundesgerichtshof-facebook-beutet-
nutzer-kartellrechtlich-relevant-aus/*

Vorwurf der missbräuchlichen Ausnutzung der marktbeherr-
schenden Stellung bestätigt. Laut Ansicht des Gerichts müssen Nutzer selbst bestimmen können, ob sie Facebook durch
eine Anreicherung ihrer Daten noch mehr personalisieren
wollen oder ob sie auf Facebook nur die Daten haben möchten, die sie auch direkt mit Facebook teilen. Ich denke, auch
Sie würden lieber gefragt werden, bevor einfach alle Dienste,
die Sie auf Ihrem Smartphone nutzen, miteinander ver-
schmolzen werden.

Noch ein paar Tipps für Sie

Am Ende des Kapitels möchte ich Ihnen zudem noch folgende Tipps zur sicheren App-Nutzung mitgeben: Suchen Sie
sich die Apps, die Sie nutzen wollen, genau aus und teilen Sie
nicht alle Daten mit allen. Erteilen Sie nur die Berechtigungen, die für eine App wirklich Sinn machen – bei einer
Ortungs-App müssen Sie etwa die Ortungsdienste freigeben,
bei einer Taschenlampen-App ist dies jedoch nicht zwingend
erforderlich. Wenn Sie mit einer App auf Ihre Kontaktdaten
zugreifen wollen, beispielsweise zum Chatten, dann müssen
Sie diese dafür freigeben. Eine App, die Ihnen lediglich die
besten Rezepte anzeigen möchte, braucht allerdings keinen
Zugriff auf Ihre Kontakte.

Kontrollieren Sie von Zeit zu Zeit, welcher App Sie welche
Berechtigung erteilt haben. Und schmeißen Sie regelmäßig
Apps wieder von Ihrem Smartphone runter, wenn Sie diese
nicht nutzen. Sollten Sie eine davon plötzlich doch wieder
brauchen, können Sie sie jederzeit erneut installieren. Lesen
Sie sich, wenn möglich, die Datenschutzbestimmungen durch,
um einen Überblick zu bekommen, was die Apps alles über
Sie speichern – und reagieren Sie, wenn Sie damit nicht einverstanden sind.

Natürlich sind diese Ratschläge viel Arbeit für Sie. Es kostet Zeit und Nerven und es wäre besser, man könnte sämtli-

chen App-Entwicklern über den Weg trauen, was Datenspar-
samkeit und IT-Sicherheitsmaßnahmen betrifft. Aber leider
reichen hier die Kontrollen von Apple und Google nicht aus
und es kommen immer wieder Produkte in die App-Stores,
die beim Datenschutz oder bei der IT-Sicherheit ungenügend
abschneiden. Solange dies der Fall ist, müssen Sie sich leider
wirklich auch selbst darum kümmern.

10

CORONA: APPS ZUR RÜCKVERFOLGUNG VON INFEKTIONSKETTEN

D ie Corona-Krise hat die ganze Welt Anfang des Jahres 2020 praktisch völlig unvermittelt getroffen. Weltweit wurden bis Mitte Juli 2020 insgesamt 13,8 Millionen bestätigte Fälle von Menschen, die an Covid-19 erkrankt waren, bekannt gegeben. Rund 7,7 Millionen davon haben sich von der Erkrankung wieder erholt. Diese Zahlen stützen sich auf öffentlich verfügbare Daten und werden in Österreich etwa vom Gesundheitsministerium regelmäßig veröffentlicht.[1]

In Deutschland ist das Robert-Koch-Institut die zentrale Einrichtung der Bundesregierung auf dem Gebiet der Krankheitsüberwachung und -prävention. Mitte Juli 2020 waren in Deutschland rund 200.000 bestätigte Fälle gemeldet worden. Rund 9.000 Personen waren zu diesem Zeitpunkt an COVID-19 gestorben und circa 186.000 Personen wieder genesen. Die

---

1 vgl. *https://www.sozialministerium.at/Informationen-zum-Coronavirus/Neuartiges-Coronavirus-(2019-nCov).html*

meisten Fälle gab es laut dem Robert-Koch-Institut in Bayern, Nordrhein-Westfalen und Baden-Württemberg.

Contact Tracing

Sowohl in Deutschland als auch in Österreich setzen die Behörden auf sogenanntes »Contact Tracing«, damit die Zahl der Neuinfektionen nicht unkontrolliert anwächst und die Ausbreitung des Virus möglichst frühzeitig gestoppt werden kann. Damit soll verhindert werden, dass es zu Engpässen in Krankenhäusern kommt und schwer Erkrankte nicht mehr ausreichend medizinisch behandelt werden können. Die Infektionsketten sollen rasch unterbrochen werden. Ziel ist es also, mittels Contact Tracing möglichst jede angesteckte Person zu finden, damit die Übertragung des Coronavirus auf weitere Personen verhindert werden kann.

Das kann auf verschiedene Art und Weise passieren. Man braucht auf jeden Fall ganz genaue Angaben, wann sich wer wo aufgehalten hat. Nicht alle Erkrankten geben diese Daten gerne von sich preis, denn es gibt so manchen Ort, von dem man nicht möchte, dass bekannt und gespeichert wird, dass man sich dort aufgehalten hat. Manchmal vergessen Erkrankte auch, wo sie überall waren – denn die Zeiten des »Lockdowns«, in denen sich viele nur zwischen dem eigenen Zuhause und dem Supermarkt bewegt haben, waren im Sommer vielerorts vorbei, bevor im Herbst 2020 die erwartete „zweite Welle" kam. Das Contact Tracing, so wie es ist, mag nicht perfekt sein. Es ist beispielsweise fraglich, ob von den Aufrufen, man möge sich melden oder in Selbstisolation begeben, da sich an bestimmten Orten ein Infizierter aufgehalten hat, wirklich alle Betroffenen erreicht werden. Hier kommt nun Technik ins Spiel, die ergänzend zu den behördlich festgelegten Maßnahmen unterstützen kann.

Überwachungsmethoden

Manche Länder auf der Welt setzen äußerst rigoros Überwachungstechnik ein, um die Ausbreitung von Covid-19 zu verhindern. Den Anfang machte etwa Südkorea. Dort spielte Technik seit dem Ausbruch der Krankheit eine große Rolle. Das Smartphone stand hier im Mittelpunkt. Damit wurden einerseits die Infizierten überwacht – es wurde etwa kontrolliert, ob jemand die Quarantäne einhielt oder unerlaubt das Haus oder seine Wohnung verließ. Andererseits wurde mittels GPS-Signal-Tracking auch analysiert, wo sich die Person davor aufgehalten hatte. Das Smartphone zeigte danach auch anderen Personen an, wenn sich im unmittelbaren Umkreis ein Infizierter aufgehalten hatte. Je nach Gegend, in der man lebte, gab es rote, grüne und gelbe Ampeln. Neben den GPS-Koordinaten wurden auch Kreditkartenzahlungen und bargeldlose Zahlungen ausgewertet, um Menschen und ihre Infektionen zurückzuverfolgen. Viele weitere Länder nahmen sich ein Beispiel an Südkorea, weil diese strikten digitalen Überwachungsmethoden dort offenbar erfolgreich zu sein schienen, und die Zahlen der Infizierten gingen rasch zurück.[2]

Russland setzte etwa auf einen elektronischen Passagierschein, den alle Personen vorzeigen mussten, die während des Lockdowns unterwegs waren. Dieser war mit den GPS-Daten des Smartphones verknüpft, sodass jederzeit nachverfolgt werden konnte, ob man sich nur an die »erlaubten« Orte begeben hatte. Die Bewohner von Moskau durften zu diesem Zeitpunkt ihre Wohnungen nur verlassen, um mit ihren Hunden Gassi zu gehen, den Müll hinauszubringen und das nächste Lebensmittelgeschäft oder die nächste Apotheke aufzusuchen. Zusätzlich wurde mittels Gesichtserkennungssystem überwacht, ob sich Infizierte, die eigentlich in Qua-

---

2   vgl. *https://www.infranken.de/lk/lichtenfels/suedkorea-tracking-app-gegen-corona-art-4995897*

rantäne sein sollten, im öffentlichen Raum aufhielten. So wurde etwa der Fall eines Mannes bekannt, der sich in Quarantäne befand und lediglich den Müll runtergebracht hatte. Das Gesichtserkennungssystem im Haus hatte ihn erkannt, identifiziert und er bekam binnen 30 Minuten Besuch von der Polizeistreife, die ihn auf sein Delikt hinwies und ihn aufforderte, eine Strafe zu zahlen.[3]

Auch in Tschechien gab es ein Projekt, bei dem mit Kreditkartendaten Kontakte zurückverfolgt werden konnten. Die Patienten hatten hier allerdings explizit die Erlaubnis dazu erteilt. Wenn die Software festgestellt hatte, dass sie Kontakt mit anderen Personen gehabt hatten, wurden diese unter Quarantäne gestellt, bis sie getestet wurden.

Länder wie Israel oder der Iran setzten auf verpflichtende Smartphone-Apps. Dort hatte der Staat die Bevölkerung dazu aufgefordert, sich eine bestimmte App herunterzuladen. Im Iran speicherte die App neben Namen, Adressen und Geburtsdaten auch noch die Standortdaten, die an die Regierung übermittelt wurden. Die Regierung konnte die Bevölkerung damit in Echtzeit tracken, bei älteren Smartphones wurde darauf verzichtet, eine Zustimmung der Nutzer einzuholen.

All diese Berichte versetzten Bürgerrechtsorganisationen und Datenschützer weltweit in Alarmbereitschaft und auch den US-Whistleblower Edward Snowden, der 2013 den NSA-Skandal aufgedeckt hatte. Für Snowden ist die technologische Aufrüstung in der Corona-Krise eine große Gefahr. »Notfallmaßnahmen, die speziell heute genehmigt werden, tendieren dazu, kleben zu bleiben. Der Notfall tendiert dazu, ausgedehnt zu werden. Die Behörden beginnen, sich damit anzufreunden, ein wenig mehr Macht zu erhalten. Sie beginnen, das zu mögen«, warnt der ehemalige Geheimdienstmitarbeiter, der die einzelnen Überwachungsprogramme, die in den

---

3   vgl. *https://futurezone.at/netzpolitik/russland-nutzt-gesichtserkennung-zur-corona-bekaempfung/400804994*

USA zum Einsatz kommen, aufgedeckt und einer breiten Bevölkerung bekannt gemacht hatte. Snowden weiß, wovon er spricht. Er hatte als Geheimdienstmitarbeiter selbst diverse Befugnisse, über die die Bevölkerung damals nicht Bescheid gewusst hatte.

Die neuen Technologien, die während der Corona-Krise zum Einsatz kommen, werden in manchen Ländern auch nach der Krise im Einsatz bleiben, so der Experte. Weil die Krise völlig unverhofft und unerwartet eingetroffen war, waren viele Politiker überfordert und segneten alle Gesetzesvorhaben ab, die die Regierungen so einreichten. Wenn diese kein Enddatum beinhalteten, könnten derartige Notfall-Regelungen weit über die Krise hinaus im Einsatz bleiben. Allerdings schützen selbst derartige Regeln nicht immer davor, dass gewisse Techniken weiter eingesetzt werden. Wenn die Krise vorbei ist, können Notfallregelungen auch verlängert werden. Laut Snowden können die Überwachungswerkzeuge danach dazu dienen, oppositionelle Stimmen mundtot zu machen und Widerstand zu unterdrücken.

Technologisch ist vieles möglich: Bewegungsdaten mittels GPS dauerhaft zu erfassen, Metadaten von Kommunikations-Apps auszuwerten oder auf Daten von Fitness-Trackern zuzugreifen. So könnten etwa auch Pulsraten von Menschen gemessen werden – nicht nur, wenn sie möglicherweise mit Covid-19 infiziert sind, sondern auch, wenn sie sich ein Propaganda-Video der Regierung ansehen müssen, um deren Zustimmung oder Ablehnung zu erkennen, meint Snowden. Die größte Gefahr sieht er in autoritären Regimes. Diese seien dafür prädestiniert, derartige Analysewerkzeuge auch noch nach der Corona-Krise einzusetzen.

Contact-Tracing-Apps

App-Lösungen zur Rückverfolgung von Infektionen wurden auch in westlichen Demokratien seit Beginn der Krise diskutiert. Den Vorreiter machte in Europa ausgerechnet Österreich. Dort gab es bereits von Anfang an mit der »Stopp Corona App« des Roten Kreuzes[4] eine Lösung, mit der der Zeitraum zwischen dem Auftreten der Symptome bei einer Person und dem Tracing seiner Kontakte verkürzt werden und die damit beim Contact Tracing mithelfen sollte. Personen sind, wenn sie sich infiziert haben, bereits mindestens zwei Tage lang infektiös und können zu dem Zeitpunkt schon andere Menschen mit dem Virus anstecken, wenn sie selbst noch gar keine Symptome haben. Mit der Contact-Tracing-App werden Menschen anonym darüber informiert, dass sie mit einer an Covid-19 erkrankten Person in Kontakt gestanden haben, und können sich daher vorzeitig selbst isolieren. So der Plan des Roten Kreuzes in Österreich. Man wolle mit der App, die auf Freiwilligkeit basiere und datenschutzfreundlich sei, die Vorreiter-Rolle in Europa einnehmen, hieß es im April seitens des Roten Kreuzes.

Doch der frühzeitige Launch der App war am Ende nicht unbedingt hilfreich. Die »digitalen Handshakes«, also das automatische Erkennen eines Kontakts, funktionierten auf iPhones nicht, weil die entsprechende Schnittstelle noch fehlte. Die App war nicht von Anfang an als Open-Source-Lösung konzipiert, sondern das mussten Datenschützer und IT-Security-Spezialisten, die die App danach überprüften, erst vehement und mehrere Wochen lang fordern. Auch politische Querschüsse seitens mancher Politiker, die die App verpflichtend machen wollten, waren nicht gerade hilfreich dabei, dass sich die App in Österreich unter der Bevölkerung verbreitete. Der österreichische Nationalratspräsident Wolfgang Sobotka (ÖVP) sprach sich im April öffentlich für eine Verpflichtung aus. Dadurch blieben weite Teile der österreichischen Bevölkerung skeptisch und die Ängste, durch die Regierung permanent überwacht zu werden, überwogen. »Die Debatte über

---

4   vgl. *https://www.stopp-corona.at/faq_stopp_corona_app/*

Freiwilligkeit und Datenschutz zu Beginn hat viele Menschen verunsichert«, sagte mir Gerry Foitik, Mitglied der Geschäftsleitung des Österreichischen Roten Kreuzes und Bundesrettungskommandant in einem Gespräch, das ich für futurezone.at geführt habe.[5] Das Rote Kreuz hatte von Anfang an betont, dass die App als zusätzliche Lösung zum behördlichen Contact Tracing gedacht sei und einen gesellschaftlichen Mehrwert liefern kann, der aber rein auf Freiwilligkeit basiere.

Auch in Gesprächen mit Nutzern wurde deutlich, dass sie durch die Aussage des ÖVP-Politikers, die App verpflichtend einzusetzen,»in Opposition« gegangen seien und sich geweigert hatten, sich mit der Sinnhaftigkeit der App auseinanderzusetzen. Datenschützer der Organisation epicenter.works und des Konsumentenschutzvereins noyb sowie IT-Securityforscher der Firma SEC Consult hatten die App für das Rote Kreuz analysiert und waren zu dem Schluss gekommen, dass sie großteils datenschutzfreundlich und mit guten Sicherheitsstandards ausgestattet ist.»Wir begrüßen sehr, dass das Rote Kreuz die Zivilgesellschaft miteingebunden hat. Eine Empfehlung dafür wollen wir trotzdem nicht aussprechen«, sagt Iwona Laub, Pressesprecherin bei epicenter.works. Der Grund dafür hat etwas mit dem Prinzip der Freiwilligkeit zu tun. Die App dürfe unter keinen Umständen Voraussetzung dafür werden, etwa einen Job zu bekommen oder an einen bestimmten Ort gehen zu dürfen.»Viele Menschen haben nach wie vor Angst davor, dass die App doch noch verpflichtend wird«, so Laub.

Bei vielen Menschen dürfte auch die Angst, dass die Regierung damit jede Bewegung mitverfolgen kann, wie es in Südkorea oder im Iran der Fall ist, tief sitzen. Spürbar war auch die Angst, dass die Regierung Personen aufgrund einer bloßen Warnmeldung per App unter zweiwöchige Quarantäne

---

5   vgl. *https://futurezone.at/apps/warum-die-stopp-corona-app-so-wenig-genutzt-wird/400964204*

stellen könnte. Die Angst vor einem totalen Überwachungsstaat wurde damit auch in westlichen Demokratien durchaus
real. Allerdings basiert in Österreich auch die Quarantäne auf
freiwilliger Basis, wenn die App diese empfiehlt. Menschen
haben mit einer Warnmeldung weder einen Anspruch oder
eine Verpflichtung, einen Coronavirus-Test zu absolvieren,
noch eine gesetzliche Verpflichtung oder einen Anspruch,
sich zwei Wochen zu isolieren. Die Warnung der App ist als
»Empfehlung« zu verstehen, und man möge sich bei der
zuständigen Gesundheitsstelle melden. Da die Warnungen
tatsächlich komplett anonym passieren – die Betreiber der
App sehen zwar, dass ein Schlüssel generiert worden ist, aber
sie sehen nicht, welche Schlüssel miteinander »gematcht«
haben –, kann der Staat tatsächlich nicht eingreifen. Die App
ist damit sicherer und datenschutzfreundlicher als fast jede
andere App auf dem Smartphone, die viel mehr Daten über
Sie speichert.

Die Sicherheitsstandards der Corona-Apps sind so hoch
angesetzt, dass von dieser Seite absolut keine Gefahr besteht,
zu irgendetwas, das man nicht mag, gezwungen zu werden.
Doch freilich ist der Nutzen dann auch nicht so groß, wenn
sich nicht alle Menschen freiwillig isolieren, wenn sie einem
Infizierten länger als 15 Minuten und näher als 1,5 Meter in
einem kritischen Zeitraum begegnet sind – denn nur dann
bekommen sie eine Warnungsmeldung per App zugesandt.
Die App setzt also so sehr auf Freiwilligkeit, und das, was sich
im Hintergrund tut, ist für die Benutzer so sehr schwer zu
verstehen, dass viele lieber darauf verzichten, als sich aktiv
damit auseinanderzusetzen. So wurde die App bis Mitte Juli
nur rund 775.000 Mal runtergeladen, so die Zahlen, die das
Rote Kreuz bekannt gab. Zur besseren Einordnung für Sie:
Österreich hat 8,8 Millionen Einwohner, während Deutschland rund 83 Millionen Einwohner verzeichnet.

Die österreichische App kam zudem im April 2020 etwas
zu früh auf den Markt. Damals gab es noch keine Schnitt-

stellen von Apple und Google und daher waren manche der Funktionen nur sehr eingeschränkt verfügbar. Das hat der österreichischen App am Ende auch bei der Akzeptanz enorm geschadet. Die deutsche Lösung war etwa erst viel später fertig – aber gleich von Anfang an vollständig funktional.

Marktmacht der Smartphone-Hersteller

Google und Apple haben Mitte Mai 2020 gemeinsam eine Schnittstelle geschaffen, die Contact-Tracing-Apps technisch betrachtet datenschutzrechtlich sauber überhaupt erst so richtig ermöglichte. Die Schnittstelle verhindert, dass Standortdaten gesammelt werden. Das System selbst funktioniert über Bluetooth. Auch alle Metadaten, die mit Bluetooth in Verbindung stehen, sollen verschlüsselt sein, sagen die beiden Unternehmen. Sie gaben an, damit Unternehmen, Regierungen und Behörden dabei unterstützen zu wollen, die Ausbreitung des Coronavirus einzudämmen.

Doch auch hier lohnt es sich, einen kurzen Abstecher zum großen Gesamtbild zu machen. Ist das wirklich der Grund, warum Apple und Google sich hier eingeschaltet haben? Oder sahen sie nicht vielmehr eine große Gefahr darin, dass Firmen und Behörden plötzlich selbst Schnittstellen basteln könnten, um Contact Tracing mit bestimmten Diensten zu verbinden? Davor warnt etwa Tom Loosemore, Co-Gründer des britischen Government Digital Service, in seiner Analyse für den »Business Insider«. Google und Apple hätten mit dieser Schnittstelle mit einem Schlag darüber entschieden, wie 197 Länder und 3,2 Milliarden Smartphones dabei mithelfen können, das Coronavirus zu bekämpfen. »Obwohl es positiv ist, dass Google und Apple mit den Limitierungen, die sie geschaffen haben, die Privatsphäre der Menschen im Blick hatten, ihre Entscheidung, eine derartige Schnittstelle zu basteln, wirft aber alarmierende Fragen auf, wie viel Macht Silicon-Valley-Firmen über öffentliche Gesundheitsentscheidungen haben«, sagt Loosemore. Aus seiner Sicht ist das eine massive politische Machtdemonstration und es sei gefährlich, dass Konzerne wie Google oder Apple sich herausnehmen, darüber zu entscheiden, wie viel Privatsphäre einzelne Menschen bekommen, wenn es um ihre Gesundheitsdaten gehe, so seine Argumentation. Und dieser Ansicht kann ich voll und ganz zustimmen: Es ist gut, dass die Schnittstelle privatsphärefreundlich umgesetzt wurde. Es ist gut, dass möglichst großer Wert auf Anonymität und Sicherheit gelegt wurde. Aber: Es ist schon mehr als ein bisschen unheimlich, dass Google und Apple diese Entscheidung getroffen haben und nicht Regierungen. Es führt einmal mehr zu der großen Frage: Haben Tech-Firmen aus dem Silicon Valley uns nicht längst in der Hand? »Die kommende Ära wird zu einem großen Teil durch einen Kampf zwischen Regierungen und der Big-Tech-Industrie bestimmt werden. Denkt lange darüber nach, welche Seite ihr auswählt. Macht korrumpiert und grenzenlose Macht korrumpiert grenzenlos«, schreibt Loosemore. Ich wollte Ihnen seine Gedanken nicht vorenthalten, denn es lohnt sich auch, darüber nachzudenken, wie viel Macht Google und Apple beim Thema Contact Tracing haben.

Loosemore ist nicht der Einzige, der Kritik an der mächtigen Position der beiden Konzerne angebracht hat. Auch Douglas Leith, Professor für Computersysteme am Trinity College in Dublin, zeigt sich ob der Macht beunruhigt. Ihn stört, dass es niemanden auf dieser Welt gibt, der die beiden Konzerne kontrolliert. Apple und Google könnten jederzeit nach eigenem Ermessen Änderungen an der Schnittstelle vornehmen und die ganze Welt müsste sich danach richten. »Beim Google- und Apple-Teil der Apps gibt es keine Überprüfung der Datensicherheit. Es gibt keine Dokumentation. Da gibt es eine echte Lücke an einem sehr wichtigen Teil der Apps«, warnt Leith.[6] Unangenehm stößt außerdem auf, dass weder Apple noch Google bisher technische Anfragen zu ihrer

---

6   vgl. *https://www.mdr.de/wissen/Corona-warn-app-einschaetzung-leopoldina100.html*

Contact-Tracing-Schnittstelle im Detail beantwortet haben. Wie kann man diesen Konzernen vertrauen, wenn sie sich so zugeknöpft geben?[7]

Wie viel Macht die beiden Konzerne wirklich haben, zeigt auch, dass die Schnittstelle jetzt praktisch von allen Ländern in Europa – bis auf Frankreich und Großbritannien – bei den Contact-Tracing-Apps eingesetzt wird.

Corona-Warn-App

Auch Deutschland setzt bei seiner »Corona-Warn-App« auf die Schnittstelle von Apple und Google. Die Corona-Warn-App ist Mitte Juni auf den Markt gekommen und einen Monat später rund 16 Millionen Mal runtergeladen worden. Damit ist sie, was die Download-Zahlen betrifft, wesentlich erfolgreicher als die österreichische App. Das Robert-Koch-Institut hat nach dem ersten Monat ein Zwischenfazit gezogen. Das Institut spricht von einem »erfolgreichen Start, der für eine große Akzeptanz in der Bevölkerung spricht«.

Auch die Corona-Warn-App erfasst Begegnungen zwischen Nutzern über Bluetooth. Wird ein Nutzer positiv auf Covid-19 getestet, kann er dies über die App melden und dann werden die Kontakte alarmiert. Damit das passiert, müssen Nutzer nach der Installation die Risiko-Ermittlung aktivieren. Genau wie bei der österreichischen Version passiert das alles ohne GPS-Signal und auch die persönlichen Daten der deutschen App-Nutzer werden nicht zentral gespeichert. Die Risiko-Ermittlung erfolgt völlig anonym aufgrund von Schlüsseln, die geteilt werden.

Die Corona-Warn-App wurde von SAP und der Deutschen Telekom entwickelt und da der Quellcode Open Source ist, kann er auch eingesehen werden. Doch, ähnlich wie in Öster-

---

7   vgl. *https://www.heise.de/news/Ein-Monat-Corona-Warn-App-Bisher-bleibt-der-Effekt-aus-4846827.html*

reich, war der Weg zu dieser Lösung ein langer. Im April kritisierten der Chaos Computer Club (CCC)[8], die Stiftung Datenschutz, die Gesellschaft Informatik und weitere Organisationen in einem offenen Brief an das Bundeskanzleramt das damals von der Regierung präferierte App-Konzept, das einen zentralen Ansatz vorsah. Dieser sei zum Scheitern verurteilt, hieß es darin. »Die Corona-Tracing-App bringt ein hohes Risiko mit sich, da die anfallenden Daten hochsensibel und besonders zu schützen sind. Je mehr Daten verarbeitet werden, desto größer ist das Risiko einer De-Anonymisierung.« Und die Bundesregierung hörte auf die Kritik und wählte den dezentralen Ansatz, der auf der Google-Apple-Schnittstelle basiert. Zwar hat der CCC nach Erscheinen der App keine Empfehlung abgegeben, aber diese auch nicht kritisiert. Aus grundsätzlichen Erwägungen werden vonseiten des CCC keine Produkte oder Dienstleistungen empfohlen, sagt Linus Neumann, IT-Experte und Sprecher des CCC. Aber gäbe es sicherheits- oder datenschutzrelevante Bedenken, würde der CCC davor warnen, so Neumann.

Nach Angaben des Robert-Koch-Instituts hat nach einer Woche die erste Person ihren positiven Covid-19-Bescheid via App geteilt. Im ersten Monat wuchs diese Zahl auf 500 Meldungen an. Wie viele Menschen dann in weiterer Folge gewarnt wurden, weiß man nicht – und wird man auch nie wissen. Das liegt nämlich in der sicheren Architektur der App. Niemand hat auf diese Daten Zugriff – weder die Entwickler der App noch irgendwelche Behörden. Es werden lediglich Schlüssel generiert und die werden miteinander verglichen. Damit soll festgestellt werden, ob jemand lang genug in der Nähe der anderen, infizierten Person war.

Anders als in Österreich ist die Corona-Warn-App allerdings an Labore angebunden, die Corona-Tests durchführen.

---

8   vgl. *https://www.ccc.de/de/updates/2020/corona-tracing-app-offener-brief-an-bundeskanzleramt-und-gesundheitsminister*

Mitte Juli waren etwas mehr als 60 Prozent der niedergelassenen Labore, die PCR-Tests anbieten, vernetzt. Für den Chaos Computer Club (CCC) sind das zu wenig. CCC-Sprecher Neumann ortet eine »antike IT-Landschaft in den Laboren und in den Gesundheitsämtern«. Der Plan der App ist nämlich, dass die Labore die Testergebnisse auch über die App an die Nutzer übermitteln können – und somit soll wertvolle Zeit gewonnen werden, um das Contact Tracing noch effizienter zu machen. Ein bis zwei Tage, in denen Menschen bereits gewarnt werden könnten, würden verloren gehen, weil das Ergebnis über den Postweg kommt statt per App. Dass ein Monat nach dem Start noch immer nicht alle Labore angeschlossen waren, würde den Zweck der App konterkarieren, sagt Neumann.[9]

Wie verlässlich ist die App?

Um so manche »Kinderkrankheit« der Corona-Apps zu beheben, müssen Google und Apple nachbessern. Denn die sind für einige Fehlermeldungen verantwortlich, die User noch im Juli ausgespuckt bekamen. Apple und Google hatten zu dem Zeitpunkt zwar bereits ein Update angekündigt, doch es dauerte noch eine ganze Weile, bis es im Herbst fertig war und veröffentlicht wurde. Weil das Problem ein paar Milliarden Geräte weltweit betrifft, zeigten sich die App-Entwickler verständnisvoll. Doch es wirft einmal mehr die Frage nach der Macht auf, die man Apple und Google gegeben hat.

»Kinderkrankheiten« gibt es allerdings noch mehr: Bei manchen Nutzern, die die Corona-Apps in Deutschland und in Österreich installiert hatten, hörten sie plötzlich von einem Tag auf den anderen auf zu funktionieren. Es wurden etwa gar keine Warnungen verschickt – was bei einer App, die extra dafür designt wurde, nicht wirklich eine »Kinderkrankheit«

9   vgl. *https://www.tagesschau.de/inland/corona-warn-app-111.html*

darstellt, sondern eine wesentliche Fehlfunktion. Für die Nutzer war es zudem nicht feststellbar, dass die App nicht funktioniert hat. Das ist besonders problematisch, wenn sich diese darauf verlassen, etwa wenn sie innerhalb ihres Landes reisen, länger als 15 Minuten in einem Zug sitzen, um von Ort A nach B zu gelangen, oder wenn sie gemeinsam mit anderen eine Kulturveranstaltung besucht haben, die länger als 15 Minuten gedauert hat. Wer die App installiert hat und weiß, dass auch seine Freunde sie auf dem Smartphone haben, fühlt sich sicher, weil er davon ausgeht, über Erkrankungen informiert zu werden. Doch wenn die App plötzlich aus heiterem Himmel die Kontaktinformationen nicht mehr automatisch mit dem Server im Hintergrund abgleicht, merken die Nutzer nichts davon. Bei iPhones wirkte sich das Problem so aus, dass die Nutzer nicht verständigt wurden, wenn sie mit positiv Getesteten in Kontakt gekommen waren. Bei Android-Telefonen gab es ähnliche Probleme, die mit dem Stromsparmodus zusammenhingen. War dieser aktiviert, gab es keinen Abgleich der Kontakte mehr. Das Erschreckende: Weder die Macher der Corona-Warn-App noch die Entwickler der Stopp-Corona-App haben die Bevölkerung über diese Probleme informiert. Sie haben sie im Dunkeln darüber gelassen, dass sie im Zweifelsfall nicht informiert werden, wenn sie mit jemandem in Kontakt gekommen sind, der coronapositiv getestet wurde. »Wir haben Probleme mit höherer Priorität«, hieß es laut einem Bericht der Tagesschau dazu.[10] Das ist insofern wirklich ein Skandal, weil es eines komplett zerstört: das Vertrauen in neue Technologien. Wieso sollten Menschen Apps installieren, wenn diese nicht das tun, was von ihnen verlangt wird? Würden Sie sich einen Kühlschrank ins Haus stellen, der nur alle paar Wochen kühlt, und dazwischen fällt er immer wieder ein paar Tage aus? Oder Sie kaufen sich

---

10 vgl. *https://www.tagesschau.de/investigativ/corona-warn-app-121.html*

einen Wecker, und dieser weckt Sie nur jeden 3. Tag und Sie verschlafen regelmäßig? Neue Technologien – und auch die Corona-Apps haben das zu tun, wofür sie gemacht worden sind. Sie müssen funktionieren, und nur so ist es möglich, das Vertrauen der Bevölkerung zu erlangen. Eine datenschutzfreundliche Umsetzung alleine reicht dafür nicht aus.

Ein weiteres Problem gibt es mit den Apps zudem auch noch: Wie viel die Contact-Tracing-Apps tatsächlich nützen, lässt sich nur schwer messen, weil viele Daten aufgrund der Struktur nicht verfügbar sind. Ursprünglich war kommuniziert worden, dass Contact-Tracing-Apps erst dann einen effektiven Nutzen haben, wenn sie rund 60 Prozent der Bevölkerung installiert haben. Doch die Forscher, die das untersucht hatten und deren Studie rund um den Globus verbreitet worden war, fühlten sich falsch zitiert. Denn der zweite Teil ihrer Ergebnisse war schlichtweg in der Berichterstattung unterschlagen worden. Die Apps haben laut Forschern auch bei geringerer Nutzung einen Nutzen. Krankheits- und Todesfälle würden sinken, heißt es in der Studie.[11] Die Corona-App fängt an zu wirken, sobald 15 Prozent mitmachen", erklärte Studienautorin Lucie Abeler-Dörner.[12] Laut dem Robert-Koch-Institut ist die Zahl der Nutzer der Corona-Warn-App bereits über dieser Grenze. Bis zum 12. Oktober 2020 ist die App 19,3 Millionen Mal runtergeladen worden. Davon entfielen 10,4 Millionen Downloads auf die Android-App und 8,9 Millionen Downloads auf die iOS-App. Bei der Stopp-Corona-App in Österreich waren es bis Anfang Oktober 1.038.431 Downloads, wie das Rote Kreuz mitgeteilt hat.

---

11 vgl. *https://futurezone.at/apps/corona-apps-helfen-auch-bei-geringer-nutzerzahl/400935626*

12 vgl. *https://www.sueddeutsche.de/digital/corona-app-oxford-studie-coronavirus-1.4937209*

Das Prinzip der Freiwilligkeit

Um einen positiven Effekt zu erzielen, ist es also nicht zwangsläufig notwendig, dass Contact-Tracing-Apps von einem Großteil der Bevölkerung genutzt werden. Damit kann das Prinzip der Freiwilligkeit gewahrt bleiben – und diese ist enorm wichtig, damit es zu keiner Diskriminierung kommt –, einerseits von Erkrankten, andererseits von Nicht-Erkrankten. Wie wir mittlerweile wissen, können selbst Personen, die Covid-19 einmal durchlebt haben, erneut erkranken. Daher bringt eine bereits durchgestandene Erkrankung keine wirklichen Vorteile mit sich.

»Sobald Konsequenzen folgen, wenn man die App nicht installiert, sehe ich das kritisch«, sagt Nikolaus Forgo, Vorstand des Instituts für Innovation und Digitalisierung im Recht an der Universität Wien. Man muss außerdem bereits jetzt an die Zeit nach der Krise denken, warnt der Uni-Professor ähnlich wie Edward Snowden. »Wenn solche Maßnahmen einmal aktiv sind, ist es schwer, sie wieder rückgängig zu machen.« In Deutschland haben im Mai 2020 Vertreter der Zivilgesellschaft einen Vorschlag für ein Begleitgesetz vorgelegt, wonach es für die Corona-App rechtliche Rahmenbedingungen geben und etwa die bedingungslose Freiwilligkeit festgeschrieben werden soll. »Jede auch nur mittelbare Einflussnahme auf die Nutzenden der App, etwa indem man die Teilhabe am öffentlichen Leben von der Nutzung der App abhängig macht oder die App-Verbreitung gar durch die Gewährung von Steuervorteilen fördern will, soll ausgeschlossen werden«, heißt es auf netzpolitik.org.[13]

Ähnlich wie in Österreich gab es eine ausführliche Debatte rund um dieses Thema. Auch Klaus Müller, Chef des Verbraucherzentrale Bundesverbands, äußerte sich dazu: »Es darf nicht sein, dass Arbeitgeber, Restaurants oder staatliche

---

13 vgl. *https://netzpolitik.org/2020/warum-wir-ein-corona-tracing-gesetz-brauchen/*

Behörden die App-Nutzung als Zutrittsvoraussetzung definieren und damit die Freiwilligkeit schleichend zum Zwang machen. Das Prinzip der Freiwilligkeit ist essenziell, muss nun in der Praxis aber angewendet und auch kontrolliert werden«, so Müller.[14]

Gekommen ist ein Gesetz, das die Freiwilligkeit der App festschreibt, weder in Deutschland noch in Österreich. Die deutsche Bundesregierung hat sich zwar gegen eine Pflicht zur Verwendung der Corona-Warn-App ausgesprochen und dafür, dass die Nichtnutzung der App keinerlei Nachteile mit sich bringt, aber ein Gesetz dazu gibt es nicht. Ein solches hatten die Grünen und die Linken im Bundestag gefordert.

Unterdessen gab es aus Angst vor einer zweiten Welle auch Arbeitgeber (sowohl in Deutschland als auch in Österreich), die ihre Mitarbeiter dazu aufgerufen haben, sich die jeweilige App auf ihrem Privathandy zu installieren, oder die die App auf dem Diensthandy installiert haben. Dazu ist zu sagen, dass es in Deutschland mit dem »Weisungsrecht« abgedeckt ist, dass eine solche App auf dem Diensthandy prinzipiell installiert wird. Es gibt allerdings ein großes »Aber«: Kein Arbeitgeber kann seine Mitarbeiter dazu verpflichten, das Diensthandy auch in ihrer Freizeit mit sich herumzutragen. Weisungen, die das Privatleben und die Freizeitgestaltung betreffen, sind grundsätzlich unzulässig.[15] »Der Arbeitgeber kann die Arbeitnehmer nur eindringlich bitten, die App zu aktivieren und für eine bessere Wirksamkeit das Diensthandy stets mit sich zu tragen. Eine rechtlich durchsetzbare Verpflichtung zur Nutzung außerhalb der Arbeitszeiten ist wahrscheinlich nicht möglich«, heißt es seitens der Rechtsexperten von CMS Law zur Corona-Warn-App in Deutschland.

---

14 vgl. *https://www.zeit.de/politik/deutschland/2020-06/corona-warn-app-bundesregierung-keine-nachteile-nichtnutzung*

15 vgl. *https://cms.law/de/deu/publication/faq-nutzung-von-corona-apps*

Bei privaten Handys kann eine gemeinsame Vereinbarung mit den einzelnen Arbeitnehmern getroffen oder eine Betriebsvereinbarung ausverhandelt werden, aber eine einseitige Anordnung seitens des Arbeitgebers, dass die App installiert werden muss, ist ausgeschlossen.

Wo Gefahren lauern

Die Contact-Tracing-Apps sind allerdings nur ein Teil der Debatte in der weltweiten Corona-Krise. Die große Gefahr liegt darin, dass weltweit Überwachungstechnologien unter dem Deckmantel der Gesundheit eingeführt werden. Nur weil die EU und Länder wie Deutschland, Österreich und die Schweiz da – vorerst – nicht mitmachen, ist das Problem nicht aus der Welt.

Durch neue Technologien ist es möglich, immer mehr Daten miteinander zu verknüpfen und Informationen abzufragen und für bestimmte Zwecke zu verwenden. Corona ist hier eine perfekte Gelegenheit für manche Staaten, Überwachungsmethoden einzuführen, die vor der Pandemie nicht von der Bevölkerung akzeptiert worden wären. Das betrifft uns dann auch indirekt in Europa. Denn Europa blickt gerne über den Tellerrand und nicht selten hört man bei neuen Technologien, wenn es um Fortschrittlichkeit geht, »aber im Land X wird das schon seit Jahren gemacht, wir hinken hinterher«.

Wenn es dabei nur um die Basis der Technologie geht – wie etwa einen neuen Mobilfunkstandard oder den Ausbau von Breitband –, ist das nicht weiter tragisch. Aber wenn es darum geht, was auf Basis dieser neuen Standards gemacht und eingeführt wird, beginnt es heikel zu werden. Wir brauchen daher auch weiterhin Organisationen, die Entwicklungen in Richtung zunehmender lückenloser Überwachung unter dem Deckmantel von Corona genau beobachten, kritisieren und aufschreien. Und wir brauchen weiterhin Debatten darüber, was Corona mit uns als demokratische Gesellschaft macht.

Am Ende haben wir es in der Hand, was wir aus dieser Pandemie machen, wem wir welche Rechte und Befugnisse erteilen und wer auf unsere Daten zugreifen darf.

11

HEY, SMART CITY: MACHST DU WIRKLICH ALLES BESSER?

S marte Technologien machen auch nicht vor Städten halt – im Gegenteil, sie erobern den urbanen Raum regelrecht und es gibt zahlreiche Einsatzgebiete, in denen »mehr smart« auch tatsächlich Sinn macht.

Positiv-Beispiel

Der Hightech-Sensor ANDI – der Name steht für automatisch, nachhaltig, digital und innovativ – ist in der Lage, Altglassammlungen zu überwachen. Ist ein Behälter voll oder befinden sich ausreichend viele Flaschen im Container, kommt das Entsorgungsunternehmen zeitnah und leert die Altglassammlung. Das ist insofern praktisch, als sich die Behälter nicht immer zum selben Zeitpunkt füllen. Hochzeiten, Partys und Feiertage können schon einmal dazu führen, dass sich Altglascontainer schneller füllen als üblich. Danach ist wieder wochenlang Flaute.

In Österreich wird ANDI gerade vom Recycling-Unternehmen Saubermacher erprobt. Der Sensor meldet sich via Funk, eine Datenbank speichert die Infos, die Datenbank ist mit den Kalenderdaten und dem Tourenplan des Unternehmens vernetzt und so kann ein Abholplan erstellt werden, damit der volle Container zeitnah geleert wird. Durch ANDI wird der Verkehr um rund 20 Prozent reduziert, weil der Container nur noch dann angefahren wird, wenn er voll ist. Damit kommt es auch zu weniger Lärmbelästigung bei den Anwohnern.

Mit Mülltonnen würde das auch gut funktionieren, ebenso mit Altkleider-Containern oder Elektroaltgeräten. Der Sensor könnte dann melden: »Ich bin voll, hol mich ab.« Die Sensoren sind so klein, dass sie kaum auffallen und zeichnen lediglich auf, was sich in den Containern befindet. Die Batterielaufzeit beträgt bis zu zehn Jahre und damit ist gesichert, dass nicht neuer Elektroschrott generiert wird. »Eines Tages werden alle Behälter solche Sensoren haben«, ist Ralf Mittermayr, Vorstandsvorsitzender bei Saubermacher, überzeugt.[1]

Das Projekt ANDI zeigt, dass die Vernetzung von Dingen nicht immer nur negativ sein muss, sondern sinnvoll sein kann und auch nachhaltig. Es zeigt auch, dass im urbanen Bereich ein großes Potenzial liegt, Prozesse smarter zu machen, als sie bisher sind. Doch natürlich gibt es auch Schattenseiten und nicht immer geht es darum, eine Stadt nachhaltig zu gestalten und Verbesserungen einzuführen, die Bewohnern zugutekommen. Für manche Menschen ist »Smart City« daher nur ein Modewort, um mehr Technologie zu etablieren, für andere ist es gar ein Wort für den urbanen Überwachungsstaat. Wieder andere sehen darin nur eine Ausrede von Unternehmen, um möglichst viel Technik zu verkaufen.

---

1   vgl. *https://futurezone.at/b2b/sensoren-und-smileys-sollen-bei-muelltrennung-und-recycling-helfen/400641494*

Kann man das wirklich so negativ sehen, nachdem ich Ihnen vorweg gleich so ein positives, sinnvolles Beispiel genannt habe? Man kann. Es kommt nämlich ganz darauf an, in welchem Teil der Welt man lebt, wie stark die Demokratie ausgeprägt ist und in welcher Phase der Technologisierung sich die Stadt und die beteiligten Unternehmen gerade befinden. Im Fall der vernetzten Altglascontainer haben sich ein etabliertes Unternehmen aus dem Recycling-Bereich, ein Start-up, das Sensoren herstellt, und ein Mobilfunkanbieter, der den gesamten Bereich abdeckt, zusammengetan und eine Lösung von Anfang bis zum Ende durchdacht. Sie haben sich Gedanken darüber gemacht, was mit den Sensoren passiert, wenn diese einmal nicht mehr funktionieren oder keinen Kontakt zum Mobilfunknetz herstellen können. Sie haben durchgerechnet, was es logistisch bedeutet, wenn Container nur noch angefahren werden, wenn diese voll sind. Und sie haben in einer Testphase ausprobiert, ob das neue Konzept für alle Seiten einen Mehrwert bringt – nicht nur für das Recycling-Unternehmen, den Mobilfunkbetreiber oder die Anwohner. Hier haben viele Seiten gemeinsam daran gearbeitet und sich etwas überlegt.

Konsequenzen mitdenken

Gerade am Anfang einer Smart-City-Entwicklung in Städten besteht die Gefahr, dass vieles falsch läuft, indem die Konsequenzen, die die Digitalisierung mit sich bringt, nicht von Anfang an mitbedacht werden. Werden etwa Sensoren gewählt, die nach zwei bis drei Monaten kaputtgehen? Wer wartet die ganze Technik und rechnet sich das dann auch noch für diejenigen, die das Projekt konzipieren? Oder: Sind die Ziele, die dadurch erreicht werden, den Aufwand wirklich wert? Und: Wer verfolgt eigentlich welche Ziele mit dem Projekt? Soll wirklich die Stadt besser und schöner für alle werden oder geht es nur darum, dass bestimmte Interessen durchgesetzt werden?

Am Anfang einer Smart-City-Entwicklung stehen manchmal Industriekonzerne, die Politikern schöne, bunte Konzepte präsentieren. Mobilfunkanbieter, die verzweifelt »Use Cases« entwickeln lassen, damit ihre Netze genutzt werden. Technologiefirmen, die bestimmte Produkte entwickeln, die sie verkaufen möchten. Gemacht wird, was technologisch möglich wird, und nicht, was die Bevölkerung in einer Stadt wirklich braucht. »Der Fokus bei Smart-City-Konzepten liegt auf den Möglichkeiten, die Technik mit sich bringt, und nicht auf den Problemen, die es zu lösen gilt«, kritisiert etwa Christoph Laimer, Obmann des Wiener Vereins für Stadtforschung derive. Hinter den schön klingenden Konzepten einer vernetzten Stadt, in der alles automatisiert abläuft, stecken aus Laimers Sicht tatsächlich vor allem Technologiekonzerne, die ihre Lösungen verkaufen wollen. Eine Auseinandersetzung mit gesellschaftlichen Problemen findet dabei seiner Ansicht nach nicht statt. »Wenn man sich mal ansieht, wer Smart Citys derzeit konzeptioniert, kommt man auf eine Liste von vielleicht zwölf großen Privatunternehmen«, erklärte auch Sybille Bauriedl, die sich seit den Neunzigern mit nachhaltiger Stadtentwicklung beschäftigt, auf der Bits & Bäume Konferenz 2018.[2]

Wer profitiert am Ende wirklich von dem Projekt? Brauchen wir tatsächlich Ampeln und Straßenlaternen, die jede Bewegung überwachen, oder Mülleimer, auf denen Sensoren platziert sind, die unsere Handydaten im Vorbeigehen auslesen, wie es etwa in London der Fall ist? Überwiegen hier der Nutzen oder die Gefahren?

Sie denken wahrscheinlich gerade: Die stellt aber viele Fragen! Wir wollen aber Antworten!

---

2   vgl. *https://netzpolitik.org/2018/so-holen-wir-uns-die-smarte-stadt-zurueck/*

Genauso wie bei vielen anderen vernetzten Geräten gibt es hier nicht nur Weiß und Schwarz, sondern auch oft Grau. Technologiekonzerne verstehen es freilich, die Vorteile ihrer Lösungen so gut zu verkaufen, dass keiner mehr nach den Nachteilen fragt. Auf Kosten-Nutzen-Analysen wird dann am Ende ebenso verzichtet wie auf die gesellschaftliche Diskussion rund um die Einführung. Nutzer wissen oft gar nicht, dass sie gerade an einem vernetzten Gegenstand vorbeigehen – wie etwa an den Mülleimern in London, die Handydaten für zielgerichtete Werbung sammeln.

Auswirkungen nicht vergessen

In Kalifornien in den USA haben sich im Jahr 2018 einige Städte massiv gegen eine Einführung neuer Überwachungstechnologien in Städten gewehrt. Bevor diese eingeführt werden, müssen dort die Auswirkungen analysiert und beleuchtet werden. Diese Studie muss dann auch den Bewohnern des jeweiligen Gebiets vorgelegt werden, bevor eine neue Technologie zum Einsatz kommt. Nur wenn sie der Kritik standhält, darf sie eingeführt werden.[3] Anlass für derartige Gesetze war die automatisierte Kennzeichenerfassung der Firma Vigilant Solutions. Diese Firma hat Städten ihre Lösung verkauft, hatte aber gleichzeitig Verträge mit der US-Einwanderungsbehörde. Das heißt, es stand die Befürchtung im Raum, dass alle automatisiert erfassten Kennzeichen in einer Smart City auch an die Behörde weitergegeben worden wären, um Personen ausfindig zu machen, die illegal in die USA eingereist waren.

Als Bürger hat man dann kaum eine Chance, solchen Entwicklungen auf den Grund zu gehen, wenn es kein Gesetz wie in Kalifornien gibt. Wer an einer vernetzten Straßenlaterne oder Ampel mit eingebauter Kamera vorbeigeht, muss der

---

3 vgl. *https://futurezone.at/netzpolitik/kalifornische-staedte-rebellieren-gegen-invasive-smart-city-ueberwachung/400033660*

Stadt vertrauen, dass die erfassten Daten wieder gelöscht werden; oder dass die Kamera wirklich nur Schatten aufzeichnet und keine Gesichter. Ansonsten könnte man theoretisch speichern, wer sich wann wo aufgehalten hat, wie oft jemand an einer bestimmten Straße vorbeikommt und um welche Uhrzeit man diese Straße immer überquert. So könnten sich Bewegungsmuster ableiten lassen – und wenn das nicht am eigenen Wohnort oder Arbeitsort ist, könnten daraus auch private Rückschlüsse gezogen werden. Ist jemand etwa immer um eine bestimmte Uhrzeit bei seiner heimlichen Geliebten?

Gesichtserkennung in China

In China werden die Gesichter von den Ampeln erfasst und durch Gesichtserkennungsanalyseprogramme gejagt. Wer bei Rot über die Straße geht, der bekommt dort in manchen Regionen Social-Credit-Points abgezogen – und darf danach als Strafe keine Züge mehr benutzen oder Ähnliches. In China setzt man allerdings in manchen Regionen auch auf sogenanntes »Public Shaming«. Die Kamera in der Ampel macht von dem Fußgänger, der bei Rot über die Straße geht, ein Foto und veröffentlicht es groß auf einem Bildschirm und stigmatisiert die Person als »Verbrecher«. Dazu veröffentlicht werden Name, Teile der Personalausweisnummer und dass die gezeigte Person das Gesetz gebrochen habe. Schlimm genug.

Die Polizei feiert das System freilich als Erfolg. Allein an einer Kreuzung seien in zehn Monaten 14.000 Verstöße festgestellt worden, heißt es. Doch manchmal trifft es auch komplett Unschuldige. Es landen Personen auf diesem öffentlichen Screen, die gar nicht über die Straße gegangen sind und fälschlicherweise als Verbrecher dargestellt werden. Das ist etwa einer Präsidentin einer großen chinesischen Klimaanlagen-Firma passiert.[4] Ihr Foto war auf einem Bus in einer Wer-

---

4   vgl. *https://www.scmp.com/abacus/culture/article/3028995/facial-recognition-camera-catches-top-businesswoman-jaywalking*

bung abgebildet und die Kamera der Ampel hat irrtümlich ihr Foto erfasst, als der Bus über die Kreuzung gefahren ist. Die Kamera hat dieses Foto für einen Fußgänger gehalten, der die Straße überquert, und als »Gesetzesbrecherin« stigmatisiert.

Angeblich wurde das System nach diesem Vorfall, der sich weltweit herumgesprochen hatten, nachgebessert. Aber dieses Beispiel zeigt, dass jedes System ausgetrickst werden kann und Schwachstellen hat. Gibt es in einer Smart City keinen Prozess, um solche Fehler zu korrigieren, bleiben Personen, die keine Promis sind und die Macht haben, mit ihren Beschwerden bis auf obere Ebenen zu gehen, vielleicht für ewig zu Unrecht als Gesetzesbrecher gespeichert. Die Schwachstelle des Systems liegt in dem Fall klar auf der Hand: Es reicht die Verwendung eines Fotos, um Personen irrtümlicherweise eines Verbrechens zu beschuldigen. Man druckt sich etwa den Kopf eines Gegners aus, hält ihn bei der Straßenüberquerung vor sein eigenes Gesicht, und schon wird dieser Gegner als »Gesetzesbrecher« abgespeichert, öffentlich bloßgestellt und bekommt Punkteabzüge im System und kann sich dann nicht mehr frei in der Stadt bewegen. Das ist freilich perfekt, wenn man jemanden ausschalten will. Aber wie einfach ist es für diese Person, sich zu wehren?

Gefahr für Europa

In China werden Technologien wie Gesichtserkennung und Videoüberwachung verwendet, um die Bevölkerung auf Schritt und Tritt zu überwachen und bei »gutem« Verhalten zu belohnen und bei »schlechtem« Verhalten zu bestrafen. Zumindest stellt sich der chinesische Staat das so vor. Verkauft wird den Bürgern das als notwendig. Es gehe nur um Effektivität und um Gerechtigkeit, wird ihnen erzählt, das berichtete die Forscherin Antonia Hmaidi beim 35. Chaos Communication Congress.[5] Die Argumente, die laut Hmaidi der chinesischen

---

5   vgl. *https://media.ccc.de/v/35c3-9904-the_social_credit_system*

Bevölkerung mitgeteilt werden, klingen teilweise denen sehr ähnlich, die wir in Europa bei der Einführung neuer Technologien zu hören bekommen. So sei es etwa aus Sicht der chinesischen Regierung gerecht, wenn Menschen bestraft werden, die sich nicht an Gesetze halten. Diesem Grundsatz würden auch in Europa viele Bürger erst einmal zustimmen.

Laut Hmaidi wurden in China in unterschiedlichen Regionen verschiedene Herangehensweisen beim Einsatz neuer Überwachungstechnologien ausprobiert und es gab lange Zeit nicht das »eine« Social-Credit-System, das im ganzen Land gleichermaßen galt, sondern mal da ein Experiment, dann auch wieder dort. Die Bevölkerung wusste nicht, was auf sie zukommt, und die einzelnen Projekte wurden als erfolgreiche Vorzeige-Programme gut vermarktet und der Bevölkerung entsprechend positiv verkauft.

Auch hier gibt es Parallelen, die sich in Europa widerspiegeln. Es wird vieles ausprobiert und es gibt noch nicht »die eine« Überwachungstechnologie, die sich bereits durchgesetzt hat. Von staatlicher Seite gibt es in Deutschland etwa den Staatstrojaner und das Experiment mit den Kameras zur Gesichtserkennung an Bahnhöfen; in Österreich gab es ein Überwachungspaket mit Kennzeichenerfassung, das vom Verfassungsgericht im Jahr 2019 wieder gekippt worden ist, weil dieses zu sehr ins Recht auf Privatleben eingegriffen hat.[6] Wir müssen also in Europa jedes einzelne Smart-City-Projekt, das von staatlicher Seite in Betracht gezogen wird, gut im Auge behalten, um zu verhindern, dass sich schleichend solch ein System wie in China etabliert.

---

6 vgl. *https://futurezone.at/netzpolitik/vfgh-bundestrojaner-und-kennzeichenerkennung-verfassungswidrig/400700466*

Smarte Ampeln in Wien

In der Stadt Wien gibt es seit Herbst 2019 ebenfalls sogenannte »smarte Ampeln«. Diese sollen dafür sorgen, dass der Verkehr besser fließt, und zugleich sollen damit Wetterdaten gesammelt werden. Angedacht ist, dass die Ampeln automatisch umschalten, wenn sich Fußgänger nähern, sodass die Wartezeit verkürzt wird. Algorithmen erkennen, wann jemand nur an einer Kreuzung vorbeigeht und wann jemand den Wunsch hat, die Straße zu überqueren. Zudem sind zahlreiche Umwelt- und Wettersensoren angebracht, die Daten für verschiedenste Anwendungen liefern sollen.

Die smarten Ampeln können, anders als die Pendants in China, lediglich Bewegungsmuster, aber keine Personen erkennen. Sämtliche Daten werden außerdem nur vor Ort verarbeitet und sofort wieder gelöscht. Das System wurde nicht gleich flächendeckend eingeführt, sondern zwei Jahre lang getestet. Selbst danach wurde es nicht überall eingesetzt, sondern erst einmal nur an einer bestimmten Kreuzung. Denn gerade anfangs hatten die Algorithmen durchaus Probleme zu erkennen, wann ein Fußgänger wirklich über die Straße gehen möchte und wann nicht.

Langfristig betrachtet sollen die Ampeln auch alle miteinander vernetzt werden und nicht nur Fußgänger sollen rasch Grün bekommen, sondern auch Autos sollen bei einer bestimmten Geschwindigkeit ohne Rotphasen durchfahren können – und zwar völlig flexibel eingerichtet, je nach aktueller Verkehrssituation. Dadurch werden Staus, die sich durch Unfälle oder Baustellen bilden, schneller aufgelöst. Insgesamt soll damit also das gesamte Verkehrsmanagement verbessert werden. Die Daten aus den Ampeln sollen auch in Navigationssysteme einfließen, damit die Routen genauer berechnet werden können. In einer weiteren Ausbaustufe sollen die Sensoren auch Schall messen können. »Hochleistungsrechner und Methoden aus der künstlichen Intelligenz und Machine

Learning analysieren und verarbeiten diese Daten und mittels Big Data Analytics werden bestimmte Muster und Zusammenhänge erkannt und können für praktische Anwendungen genutzt werden«, heißt es seitens der Stadt Wien zu dem Projekt.[7]

Vertrauen durch Transparenz

Was das Beispiel der smarten Ampeln in Wien zeigt: Es fallen wieder einmal sehr viele Daten an – allerdings in dem Fall Daten ohne Personenbezug. Aber Bürger müssen der Stadt vertrauen, dass die Ampeln tatsächlich nur über Kameras verfügen, die Bewegungen tracken und keine Gesichter. Nachprüfen können sie das nämlich nicht. Das Vertrauen ist vor allem dann da, wenn Städte offen kommunizieren und alle Fragen vorweg beantworten. Die Stadt Wien hat für das Projekt etwa eine eigene Website mit Kontaktmöglichkeit eingerichtet, über die Bürger auf Wunsch nähere Informationen erhalten können. An der Konzeption war außerdem eine Technische Universität beteiligt. Trotzdem besteht auch bei diesem Projekt prinzipiell die Gefahr, dass die Ampeln einmal zur Überwachung von Bürgern eingesetzt werden. Nur weil es derzeit nicht gemacht wird, heißt das nicht, dass es niemals kommen wird. Technisch möglich ist es und die Methoden, die jetzt zur Analyse von Wetterdaten eingesetzt werden, können ganz schnell auch zur Analyse von Gesichtern umkonzipiert werden.

Ich möchte damit kein Schreckensszenario an die Wand malen, aber gerade bei allen technologischen Entwicklungen sollten wir eines niemals vergessen: Diese können gleichermaßen zum Guten und zum Bösen verwendet werden. Haben die Menschen in einer Stadt die smarten Ampeln ein-

---

7 vgl. *https://smartcity.wien.gv.at/site/smarte-ampeln/*

mal akzeptiert, ist es vielleicht nur noch ein kleiner Schritt bis hin zu weiteren Maßnahmen.

Problematisch bei Smart-City-Projekten ist vor allem, dass Bürger keinen Einblick haben, welche Daten die Technologien in der Stadt über sie sammeln und wo diese gespeichert werden. Nicht jedes Projekt ist dabei so vorbildlich wie die smarten Ampeln in Wien. Mancherorts werden Technologien viel invasiver eingesetzt.

Das geschieht etwa in Songdo City in Südkorea. Dort werden Bewohner rund um die Uhr videoüberwacht, weil alles in der Stadt miteinander vernetzt ist und es überall Videokameras gibt. Rund um die Uhr wird zugehört und zugesehen. In einer Einsatzzentrale laufen alle gesammelten Informationen zusammen. Die dortigen Mitarbeiter stehen in Kontakt mit der Polizei und können im Fall eines Streits sofort Beamte vorbeischicken.[8]

Rebel City Barcelona

Auch in Barcelona, Spanien war der Einsatz von umfangreichen invasiven Technologien geplant. Dort hatte die ehemalige Stadtregierung zahlreiche Deals mit großen Tech-Firmen abgeschlossen, um die Stadt »smart« zu machen. Doch die nächste Regierung machte alles rückgängig und entwickelte die Stadt zur »Rebel City:«: Smart und digital ja, aber bitte alles mit Open Data – lautete das neue Konzept. Dieses stammte von Francesca Bria, Informatikerin und Beraterin für Technologie und Informationspolitik, die für die Digital-Strategie in Barcelona zuständig war. Statt großer Technik-Konzerne, die die Infrastruktur kontrollieren, wurden Bürger beteiligt. Die Entscheidung, was in einer Stadt passiert, erfolgte nicht mehr von oben herab, sondern stattdessen wurden Entwicklungen

---

8   vgl. *https://www.spiegel.de/politik/ausland/suedkorea-smart-city-songdo-gruen-und-allwissend-a-1287678.html*

gestärkt, die direkt von Bürgern ausgingen. Bürger hatten sich etwa via Social Media gemeldet, wenn sie Ideen für Projekte hatten. Plus: Öffentliche Daten wurden als Open Data zur Verfügung gestellt und konnten von Entwicklern für Apps genutzt werden. Diesen hatten bisher die Daten gefehlt, um entsprechende Angebote zu entwickeln. Die Bürger wiederum nutzten gerne Apps in der Stadt, etwa um dreckige Gehsteige zu melden oder die Abfahrt von öffentlichen Verkehrsmitteln abzurufen. Bei Verträgen mit Tech-Firmen wurde darauf geachtet, dass es eine Klausel gab, dass die Daten den Bürgern zur Verfügung gestellt werden mussten und dass diese nicht im alleinigen Besitz der Konzerne sein durften. Bei Projekten, die aus öffentlichen Geldern finanziert worden waren, ging man sogar einen Schritt weiter: Dabei wurden die Daten, die generiert worden waren, als öffentliches Gut deklariert. Personenbezogene Daten mussten hingegen durch Verschlüsselungsmethoden extra gut geschützt werden. »Wenn eine Stadt wie Moskau 160.000 Überwachungskameras installiert, ist das nicht smart. Man braucht nicht unbedingt neue Technologien von großen Konzernen, um eine Stadtentwicklung positiv zu verändern«, sagte Bria, als ich sie 2017 beim Elevate Festival in Graz zum Gespräch getroffen habe.[9] Für Bria sind viele Smart Citys nämlich der verlängerte Arm des Überwachungskapitalismus. Statt das einfach nur zu kritisieren, setzte sie in Barcelona ihre eigene Vision um. Bria hat aber nicht nur für Barcelona ein Digital-Konzept entwickelt, sondern auch das Decode-Projekt (Decentralised Citizens Owned Data Ecosystem)[10] gegründet. Das ist eine EU-weite Initiative zur Rückgewinnung der Datenhoheit der Bürger.

Was ich von dieser Strategie halte? Prädikat nachahmenswert. Städte sollten sich ein Vorbild daran nehmen. Sie kön-

---

9 vgl. *https://futurezone.at/netzpolitik/barcelona-beteiligt-buerger-statt-tech-unternehmen/251.102.858*

10 vgl. *https://www.decodeproject.eu/*

nen mit Tech-Firmen nicht nur Verträge abschließen, nein, sie können etwas fordern, wenn diese mit ihnen zusammenarbeiten wollen – und zwar etwas, das allen Bürgern zugutekommt.

Mitbestimmung der Bürger

In eine ähnliche Kerbe schlägt auch Christoph Frauenberger, wissenschaftlicher Mitarbeiter an der TU Wien. Dieser sagt, dass Technologie keinesfalls über Menschen »drübergestülpt« werden dürfe, sondern die Menschen stattdessen mitbestimmen sollen. Doch diese Mitbestimmung, um die es jetzt geht, ist nicht so einfach, wie Sie sich das gerade vorstellen. Es reicht nicht, einfach eine Online-Umfrage zu erstellen, bei der Bürger abstimmen können. Es reicht auch kein Online-Aufruf, bei dem Bürger ihre Ideen einbringen können. Es reicht auch keine Partizipations-Plattform, auf der Menschen die Ideen von anderen Menschen bewerten und nach Wichtigkeit ordnen. Warum nicht? Ganz einfach: Diese Methoden alleine sind nicht inklusiv. Es machen nur einige, wenige mit, aber niemals ist damit die Mehrheit der Stadt-Bevölkerung repräsentiert. Stattdessen muss man je nach Wohnbezirk und Zielgruppe eigene Veranstaltungen einberufen – und selbst damit ist nicht gewährleistet, dass niemand vergessen wird. Es gibt Menschen, die können aus Zeitgründen oder aus Verpflichtung gegenüber ihrer Familie oder aufgrund von Sprachbarrieren gar nicht daran teilnehmen – weder online noch offline. Doch auch diese leben in der Stadt. Deshalb besteht »echte« Bürgerbeteiligung immer aus einem Mix aus verschiedensten Maßnahmen, um inklusiv zu sein, und nicht nur aus einer der erwähnten Methoden. Setzt man etwa nur auf eine Online-Umfrage, kann man davon ausgehen, dass keine echte Bürgerbeteiligung gewollt ist – oder aber, dass sich eine Stadt nicht ausreichend mit dem Thema befasst hat. Bei jedem Smart-City-Konzept, das veröffentlicht wird, sollte man sich daher fragen, wie Bürger miteingebunden werden können.

Das ist übrigens nicht nur über Umfragen oder Treffen möglich. Man kann die Bürger auch an der Entwicklung beteiligen und im gesamten Prozess mitnehmen. So können etwa an Volkshochschulen, in Bibliotheken oder in Jugendzentren Ideen gemeinschaftlich entwickelt und mit Technologie experimentiert werden. In Maker-Spaces von Städten kann auch handwerklich etwas entwickelt werden. Wer sagt eigentlich, dass Ideen für smarte Städte immer von Tech-Konzernen vorangetrieben werden müssen? Es liegt an uns, an Ihnen, an mir, an Ihren Eltern, an Ihren Kids, an Ihren Nachbarn, an Ihren Lehrern – an uns allen, was mit unseren Städten passiert. Solche Prototyping-Workshops lassen sich jederzeit arrangieren – und wenn es in Ihrer Umgebung nichts dergleichen gibt, vielleicht können Sie das bei Ihrer Stadtverwaltung selbst anregen.

Entwicklung in Deutschland

In Deutschland sind derzeit etwa rund 50 Städte auf dem Weg zur »Smart City«, wie aus einer Analyse des Branchenverbands Bitkom in Kooperation mit dem Fraunhofer-Institut für Experimentelles Software-Engineering hervorgeht. 50 Städte haben bereits eine Digitalstrategie mit lokalen »Leuchtturmprojekten« erarbeitet. Darunter befinden sich Großstädte wie Hamburg, München oder Leipzig sowie mittelgroße Städte wie Coburg oder Lemgo. Zwar wird den deutschen Städten dabei im Prozess empfohlen, »alle relevanten Akteure vor Ort sowie die Bürger« miteinzubeziehen, aber die Prozesse sollen »schnell und agil« umgesetzt werden, und zwar mittels eines »schlanken Strategieprozesses«.[11] Das klingt nach: Keine Zeit für eine Analyse, ob wir diese Digitalisierung und diese Tech-

---

11 vgl. *https://www.bitkom.org/Presse/Presseinformation/50-deutsche-Staedte-sind-auf-dem-Weg-zur-Smart-City*

nologie in diesem Umfeld, in dieser Stadt wirklich so brauchen. Keine Zeit für Bürgerbeteiligung. Hauptsache, es wird etwas gemacht, das gut klingt und mit Digitalisierung zu tun hat. Oder?

Gut, das war jetzt etwas gemein. Denn auch in Deutschland ist im Bereich Smart City bereits wirklich viel passiert und einige Städte haben sich große Mühe gegeben – und sie haben im Smart-City-Prozess einiges dazugelernt. Laut dem Industrieverband Eco sollen bis 2024 44 Milliarden Euro in Smart Citys in Deutschland investiert werden. Das klingt nach wirklich viel Geld – und gerade deshalb ist es wichtig, dass die Entwicklung in die richtige Richtung läuft, und zwar in die, in der am Ende Bürger etwas davon haben, und nicht nur Tech-Konzerne. Nicht jedes Projekt funktioniert in jeder Stadt gleich gut, denn jede Stadt hat ihre eigenen Probleme, die sie lösen möchte. In der einen Stadt ist es im Sommer vielleicht zu heiß und Sensoren sollen messen, welche Orte besser gekühlt werden müssen. Die andere Stadt hat ein Verkehrsproblem und braucht Sensoren, die wie in Wien den Verkehr besser fließen lassen. Anderswo gibt es etwa an einem Ort ein hohes Maß an Armut – hier braucht es komplett neue Lösungen, um die Lebensqualität zu erhöhen, wie etwa Online-Portale für Nachbarschaftshilfe oder Apps, die anzeigen, wo sich der nächste Sozialmarkt befindet.

Gefahren für vernetzte Infrastruktur

Wichtig ist, dass die Daten, die in Smart Citys anfallen, in den Händen der Stadt und deren Bewohner bleiben. Ich habe in einigen Kapiteln darüber geschrieben, dass Geräte plötzlich von einem auf den anderen Tag aufgehört haben zu funktionieren oder dass Nutzer plötzlich nicht mehr auf alle Daten zugreifen konnten, ohne dass diese dafür zahlen mussten. Stellen Sie sich vor, das würde bei der vernetzten Infrastruktur in der Stadt passieren. Das Unternehmen, das die Daten der Ampelsteuerung besitzt, geht völlig unerwartet pleite und die gesamte KI, die mitgelernt hat, geht verloren, weil sie einfach »abgedreht« wird. Dann müssten alle Ampeln von Grund auf wieder alles neu lernen und bis dahin wäre die gesamte Steuerung nicht benutzbar und man müsste möglicherweise sogar wie bei einem Stromausfall Polizisten an die Kreuzungen stellen, die den Verkehr regeln. Genau deshalb ist es beispielsweise auch wichtig, dass Dinge, die zur Grundversorgung in einer Stadt gehören, nicht ersatzlos digitalisiert werden dürfen.

Dasselbe gilt auch für den Fall einer Cyberattacke auf die städtische Infrastruktur. Auf der Black Hat Konferenz in Las Vegas haben Sicherheitsforscher bereits im Jahr 2018 zahlreiche Lücken präsentiert,[12] die Systeme betroffen haben, die in Städten eingesetzt worden waren. Bei dem Hack ging es um die Übernahme von Systemen, die dazu da waren, Hochwasser zu erkennen, die Beleuchtung zu steuern und den Verkehr zu überwachen. Eingesetzt worden waren diese unter anderem in Frankreich, den USA und Argentinien. Wenn die Infrastruktur von Städten zunehmend vernetzt ist, bedeutet das, dass diese auch anfälliger für solche Attacken werden – und dass dadurch möglicherweise auch Menschenleben gefährdet werden. Wenn ein System etwa vor Hochwasser warnen soll, bevor Flüsse über die Ufer treten, und der Alarm versagt aufgrund einer Cyberattacke, ist das alles andere als lustig.

Auch Straßenlampen, die plötzlich dunkel bleiben, können bei so manchen Bewohnern ein mulmiges Gefühl auslösen oder tatsächlich die Sicherheit der Bürger gefährden, da dunkle Ecken zu mehr Kriminalität einladen. Ich traf einmal einen CEO eines bekannten Beleuchtungsunternehmens, der mir auf der Messe Light & Building stolz seine neuen, vernetzten Straßenlaternen präsentierte, die das Unternehmen an Städte

---

12 vgl. *https://www.cnet.com/news/smart-cities-around-the-world-were-exposed-to-simple-hacks/*

verkaufen wollte. Auf meine Frage, wie viele Cybersecurity-Experten sie in die Entwicklung des vernetzten Produkts eingebunden hatten, kam ein erstauntes Lächeln und die Antwort war: Eine Person hat sich das angesehen und ist dafür zuständig. Ich musste in dem Moment fast meinen Kaffee ausspucken ob der Naivität dieses CEOs. Angesprochen auf potenzielle Cyberattacken hieß es, dass man dies noch gar nicht bedacht habe, aber das System bestimmt sicher sei. Ergo: Nicht jede Firma, die plötzlich vernetzte Produkte herstellt, aber aus einem anderen Kerngeschäft kommt, kann den zwingend nötigen Schutz vor Angriffen und Attacken wirklich gewährleisten. Im Business-Umfeld existieren oftmals dieselben Probleme wie im Consumer-Bereich: Standard-Passwörter werden vergeben anstatt individuelle Passwörter für jedes Gerät und Netzwerk. Doch der Schaden, der hier angerichtet werden kann, ist weitaus größer als bei Consumer-Produkten. Wenn in einer ganzen Stadt gleichzeitig das Licht ausgeht und keiner weiß, woran es liegt, stelle ich mir das nicht lustig vor – und Sie wahrscheinlich auch nicht. Ich hoffe daher sehr stark, dass der CEO in den letzten fünf Jahren seit unserem Gespräch in Bezug auf Cybersecurity etwas dazugelernt hat und es inzwischen zumindest mehr als einen Spezialisten in der entsprechenden Firma, übrigens ein Großunternehmen, gibt.

Werden Städte mit mehr Vernetzung also wirklich smarter? Ja und nein. In diesem Bereich gibt es zumindest, wie Ihnen meine Beispiele und Lösungsvorschläge zeigen sollten, eine große Hoffnung, dass dem so sein könnte – wenn wir Menschen die Lösungen aktiv mitgestalten und uns für unsere Anliegen bei der Stadtentwicklung aktiv einsetzen. Doch natürlich lauern wie in allen Bereichen der Vernetzung auch Gefahren.

12

TECHNOLOGIE GESTALTEN UND REGULIEREN

>> Vernetzung wird überall dort entstehen, wo sie einen wirklichen Nutzen für die Kunden mit sich bringt. Das wird man auch nicht aufhalten können«, sagte ein CEO eines Mobilfunkunternehmens auf meine Frage, ob es wirklich gut ist, dass alles mit dem Internet und miteinander verbunden wird. Beim ersten Teil seiner Antwort wünschte ich mir, dass er recht behalten wird und die Dinge wieder vom Markt verschwinden werden, die die Menschheit nicht braucht. Dazu zähle ich etwa Baby-Windeln, die mit Sensoren ausgestattet sind, um festzustellen, ob eine Windel gewechselt werden muss. Für ältere Menschen, die etwa mit einer fortgeschrittenen Alzheimer-Erkrankung im Pflegeheim liegen, mag diese Erfindung allerdings durchaus nützlich sein. Der zweite Part der Aussage, dieses »Das wird man nicht aufhalten können«, stimmt mich nachdenklich. Natürlich will der Geschäftsführer eines Netzbetreibers, dass alles vernetzt wird. Aber was wollen wir eigentlich? Niemand will die Digitalisierung und die zunehmende Vernetzung von Dingen als Ganzes aufhalten. Aber wir müssen sie regulieren. Ohne Gesetze

wird es nicht gehen. Und wir müssen wegkommen von dem Gedanken, »alles muss vernetzt werden, einfach deshalb, weil es geht und technisch möglich ist«. Wir müssen uns dafür interessieren, was rund um uns geschieht, wir müssen Technologie gestalten, aktiv mitbestimmen und wir müssen sie, wie bereits erwähnt, regulieren. Das ist viel verlangt, aber keiner von Ihnen muss das alles allein tun. Ich möchte Ihnen in diesem Kapitel aufzeigen, was aktuell bereits alles getan wird und was Sie als Einzelperson dazu beitragen können, um die aktuelle Situation zu verbessern.

Trustable Technology Mark

Einer, der versucht hat, neue Technologien zu regulieren und transparenter zu machen, ist Peter Bihr. Der Berliner hat etwa vor fünf Jahren things.com gegründet und ein »IoT-Gütesiegel« entwickelt, eine Art Nachhaltigkeitssiegel für IoT-Produkte. Das »Trustable Technology Mark« sollte so eine Art Fairtrade-Marker für vernetzte Konsumprodukte werden. Die Mozilla Foundation hatte die Entwicklung finanziell und inhaltlich unterstützt. Dazu wurden fünf Indikatoren für faire IoT-Produkte entwickelt: Privatsphäre, Transparenz, Sicherheit, Offenheit und Stabilität. »Läuft das Produkt stabil, wie privatsphärefreundlich ist es, was passiert, wenn die Firma pleite geht, und wie viel Lebenserwartung kann man sich von dem Gerät erwarten, waren die Grundfragen«, sagte Bihr.

Das »IoT-Gütesiegel« basierte im Wesentlichen auf der Selbstauskunft der Firmen. Tests, ob die Angaben der Anbieter wirklich stimmen, wurden keine vorgenommen. »Das ist schwer und teuer, wenn man keine gesetzliche Verpflichtung hat. Warentests dieser Art klappen bei vernetzten Produkten nicht so gut, weil alles programmiert ist und wir das nicht nachprüfen können«, erklärt Bihr. Aber man habe auch bei den Angaben der Unternehmen rasch erkennen können, wenn jemand nur das Siegel mitnehmen wollte, ohne den Kriterien zu entsprechen. »Die Selbstauskunft der Firmen haben wir veröffentlicht. Damit war es im Prinzip möglich, diese zu verklagen, wenn sich später herausstellt, dass ihre Angaben so nicht stimmen. Das ist es, was wir als Non-Profit-Organisation zu der Sache beitragen können. Wir mussten uns aber auf die Firmen verlassen. So betrachtet war es ein Zuckerbrot-Siegel, dass alles gut gemacht ist, mit der Peitsche, die im Raum steht, wenn es nicht so ist. Natürlich haben wir aber Plausibilitätschecks gemacht«, erklärt Bihr mir im Gespräch.

Ich traf den Berliner im Videochat, denn das Projekt hat sich vielversprechend angehört. Ein Gütesiegel für Produkte wie vernetzte Einhörner: faires Spielzeug, bei dem man weiß, wo die Daten gespeichert werden, oder noch besser: dass sie nur lokal gespeichert und vom Besitzer jederzeit wieder gelöscht werden können. Oder: eine smarte Lampe, die auch dann noch funktioniert, wenn die Firma, die sie hergestellt hat, vielleicht schon in Konkurs gegangen ist.

Das Projekt hörte sich absolut vielversprechend an und es war aus meiner Sicht genau das, was die Welt brauchte. Doch in der Praxis hat es sich leider nicht durchgesetzt. Es gab ein paar wenige Vorzeige-Firmen, die ihre Projekte einreichten, doch die meisten davon sind jetzt, Jahre später, entweder pleite, am Markt gescheitert oder an große Firmen verkauft. In Berlin war das etwa die vernetzte Puppe Wayca, die das Siegel bekam. Snips, ein Start-up aus Frankreich, wurde beispielsweise an Sonos verkauft.[1] »Einige der Firmen haben es nie geschafft, eine kritische Masse zu erreichen. Von unserer Seite aus war es außerdem schwer, auf Dauer Zeit reinzustecken, um genügend Produkte anzulocken. Das Projekt bräuchte bessere Prozesse, mehr Reichweite und Governance-Strukturen«, sagt Bihr, der trotzdem erstaunt war über das fehlende Interesse bei Herstellern von Verbraucherprodukten. Auch andere Organisationen, die derartige Projekte in Angriff

---

1   vgl. *https://snips.ai/*

genommen hatten, hätten ähnliche Erfahrungen gemacht und viele seien deshalb umgeschwenkt. So gebe es nun etwa Design-Guidelines für offene IoT-Projekte anstatt Gütesiegel.

»IoT-Projekte sind nicht wie Bananen. Es ist zu kompliziert und offenbar können Hersteller mit Guidelines eher etwas anfangen«, meint Bihr. Aus seiner Sicht gibt es nämlich viele Firmen, die »etwas richtig machen und digitale Rechte unterstützen möchten«. »Auch wenn es härter ist und ein Produkt dadurch teurer wird. Das Problem ist, dass das Produkt dann im gleichen Regal steht wie die Mist-Produkte und Verbraucher das nicht unterscheiden können. Es ist dann schwer zu rechtfertigen, warum das eine Produkt teurer ist als das andere«, so Bihr.

Das ist für viele Experten aus der IoT-Security-Branche auch das größte Problem. Nicht alle teilen den Optimismus von Bihr, sondern sehen eher schwarz. Markus Robin, Geschäftsführer von SEC Consult, spricht sich zwar auch für Sicherheitssiegel, also ein Gütesiegel für die IT-Sicherheit von smarten Geräten, aus, aber er warnt auch davor, dass Konsumenten häufig nicht bereit seien, einen höheren Preis dafür zu zahlen. Hersteller würden die Produkte heutzutage möglichst günstig und rasch auf den Markt bringen. Robin sieht daher eine Verpflichtung von Labels und Security-Standards als bessere Option gegenüber der freiwilligen Einführung.[2]

Bihr hat aus dem »Trustable Technology Mark«-Projekt dennoch etwas gelernt: »Aus der Ecke von Smart-City-Projekten kam ein wahnsinnig großes Interesse. Zwar ist ein Gütesiegel in diesem Bereich schwer durchsetzbar, aber die Projekte sind mit ähnlichen Fragestellungen konfrontiert. Smart-City-Projekte haben Innovationsdruck und oft gibt es hier ein hohes Problembewusstsein, weil sie digitale Bürgerrechte schützen müssen«, erklärt Bihr. Diese Erfahrung haben auch

---

2   vgl. *https://futurezone.at/digital-life/wiener-decken-schwere-luecke-in-ueberwachungskamera-auf/234.479.006*

andere Forscher gemacht, und deshalb gibt es, wie Sie aus dem vergangenen Kapitel wissen, im Bereich Smart City auch tatsächlich die meisten »Vorzeigebeispiele«.

Manifest für digitalen Humanismus

Oft kommen Ideen für einen Einsatz von Technologien, bei denen der Mensch im Mittelpunkt steht, auch aus dem Bereich der Universitäten, weil es Orte sind, die (zum Teil) noch unabhängig sind und die Grundlagenforschung betreiben und Ideen Raum geben können. In der Stadt Wien hat sich an der Technischen Universität (TU) Wien etwa eine Gruppe von Forschern der Fragestellung gewidmet, wie man das Zusammenspiel von Mensch und Technik positiv beeinflussen kann. Daraus entstanden ist das »Wiener Manifest für digitalen Humanismus«.[3] Es geht dabei nicht nur um vernetzte Dinge, sondern um das »große Ganze«: wie neue Technologien Menschen beeinflussen und wie wir sie gestalten. »Dieses Manifest ist ein Aufruf zum Nachdenken und Handeln angesichts der aktuellen und zukünftigen technologischen Entwicklung«, heißt es darin. Die Forscher wollen verhindern, dass der Mensch durch Technologie versklavt wird. Stattdessen soll sie uns dabei helfen, besser zusammenzuleben. »Wir müssen Technologien nach menschlichen Werten und Bedürfnissen formen, anstatt nur zuzulassen, dass Technologien Menschen formen«, heißt es weiter. Dazu benötigt werde ein »breites, gesamtgesellschaftliches Verständnis dafür, dass Technologien immer auch Werte transportieren«, sagt Florian Cech, einer der Forscher an der TU Wien, der das Manifest des digitalen Humanismus mitträgt.

---

3 vgl. *https://www.informatik.tuwien.ac.at/dighum/wp-content/uploads/2019/07/Vienna_Manifesto_on_Digital_Humanism_DE.pdf*

Die TU Wien hat zusätzlich zur Entwicklung des Manifests, das von allen Interessenten unterschrieben werden kann, auch noch eine eigene Vortragsreihe zu dem Thema gestartet. Dort war Ende 2019 die Professorin Susan J. Winter aus den USA zu Gast. Sie forscht an der University Maryland an Smart Citys. In einer Studie zusammen mit Kollegen aus West Baltimore fand die Professorin heraus, dass die Einführung von selbstfahrenden Bussen in einem bestimmten Stadtteil bei der Bevölkerung nicht gut ankam. Die Busse sollten dort eingesetzt werden, um Kosten zu sparen, doch die Bevölkerung lehnte diese vehement ab. Der Grund war recht plausibel: In dem Viertel leben rund zwei Drittel Afroamerikaner. Diese befürchteten, dass das Fehlen eines Busfahrers zu mehr Kriminalität und rassistisch motivierter Gewalt führen könnte. Die Busfahrer würden ihnen ein Sicherheitsgefühl geben, den ein selbstfahrender Bus – selbst wenn dieser mit Kameras ausgestattet wäre – nicht mit sich bringen würde. Statt eines Verzichts auf den Busfahrer wünsche sich die Bevölkerung kostenlose WLAN-Verbindungen im Bus, damit jeder Einzelne die Zeit, die er oder sie zu ihrem Job pendelt, besser nutzen kann. Das Beispiel zeigt, dass der Einsatz von Technologie nicht überall gleich funktioniert – und dass die Bedürfnisse der lokalen Bevölkerung nicht übergangen werden dürfen.

»Menschen und Technologien entwickeln sich beide nebeneinander weiter, aber es gibt auch einen dritten Marktteilnehmer: die Unternehmen. Diese sind vor allem ihren Aktionären verpflichtet und haben nicht immer das Wohl des Menschen im Auge, um ihre Ziele zu erreichen«, sagt Winter im Gespräch.[4] Unternehmen versuchen zudem, ihre Technologie an Städte zu verkaufen. Doch diese dürfen nicht vergessen, ihre Bevölkerung einzubinden, wie das Beispiel schön zeigt. Wie ich Ihnen bereits im Smart-City-Kapitel dargelegt

---

4   vgl. *https://futurezone.at/netzpolitik/digitaler-humanismus-wieso-arme-menschen-selbstfahrende-busse-ablehnen/400674077*

habe, ist das Wichtigste, dass Städte Möglichkeiten zur Beteiligung anbieten, wenn es um Entscheidungen zu neuen Technologien geht. Ich darf Ihnen daher an dieser Stelle den Rat geben: Nutzen Sie diese Möglichkeit auch aktiv! Wenn Ihre Stadt zu Vorträgen oder Workshops einlädt, bei denen Sie etwas über den Einsatz von geplanten Technologien in der Stadt erfahren, gehen Sie hin, hören Sie sich alles an, bilden Sie sich Ihre Meinung und teilen Sie diese auch der Stadt mit. Treten Sie in Dialog mit den Verantwortlichen. Technologie in einer Stadt sollte niemals über Sie drübergestülpt werden, sondern Sie haben ein Recht darauf, mitzureden, was in Ihrer Umgebung passiert. Um genau das geht es auch beim »Wiener Manifest für digitalen Humanismus«: Der Mensch steht im Mittelpunkt.

Laut der Wiener TU-Forscherin Julia Neidhardt gibt es bereits erfolgreiche Beispiele, bei denen es Bürger geschafft haben, Firmen durch öffentlichen Druck dazu zu bewegen, ihren Ansatz zu ändern. Das kann bei Stadtprojekten funktionieren, aber auch bei Consumer-Produkten. Wenn eine Organisation etwa zu einem Boykott eines bestimmten Produkts wie der vernetzten Puppe Cayla aufruft und Sie diesen Boykott aktiv unterstützen – mit Ihrer Unterschrift, einem Social-Media-Posting oder indem Sie Freunden davon erzählen, kann dies dazu führen, dass der Hersteller nachbessern muss und am Ende vielleicht eine vernetzte Puppe auf den Markt bringt, die den Ansprüchen der Masse genügt. Gemeinschaftlicher Protest kann auf vielen verschiedenen Ebenen funktionieren und ist immer ein Mittel, um seine Interessen zu vertreten. Ergo: Wenn Sie das Mittel des Boykotts wählen, lassen Sie das Unternehmen das am besten lautstark wissen, denn nur so kann Ihr Ziel, dass sich etwas ändert, am Ende auch erreicht werden.

Das »Manifest für digitalen Humanismus« wurde auch von Kollegen aus Deutschland unterzeichnet wie etwa Manfred Hauswirth von der TU Berlin oder Marco Aiello von der

Universität Stuttgart. Es sorgte international für Aufsehen und dient als Vorbild im wissenschaftlichen Umfeld.

»Digitaler Humanismus« ist aber nicht nur an der TU Wien angekommen, sondern auch in der Stadt. Diese stellt einzelnen Projekten im Jahr 2020 hohe Förderungen zur Verfügung, um Projekte voranzutreiben, die dafür sorgen sollen, dass Technik für Menschen gemacht wird und der Mensch bei neuen Technologie-Projekten nicht vergessen wird. Eines der Projekte, das von der Universität Wien eingereicht worden ist, umfasst etwa die Untersuchung von digitalen Infrastrukturen der Partizipation. Bei Smart Citys ist es wichtig, alle Menschen zu erreichen, und nicht nur eine bestimmte, besonders Technologie-affine Gruppe. Das Projekt will Lösungsvorschläge erarbeiten, um Hürden für zivilgesellschaftliches Engagement zu senken. Bei einem weiteren Projekt von der NGO epicenter.works und der Plattform für Grundrechtspolitik geht es darum, Qualitätskontrollen für Apps zu entwickeln. Wie ich Ihnen bereits dargelegt habe, sammeln auch Apps viel mehr Daten über Sie, als Sie sich wahrscheinlich bewusst waren. Bei »Ethics in an App« will man genau dieses Problem adressieren und ethische und datenschutzrechtliche Kriterien entwickeln. Entstehen soll ein Guide für Entwickler mit Empfehlungen und Handlungsanweisungen.

Diese Beispiele zeigen, dass es mit Engagement und Ideenreichtum durchaus gelingen kann, dem Überwachungskapitalismus etwas entgegenzusetzen. Technologien gestalten statt verwalten – dieses Motto könnten sich neben der Stadt Wien auch viele weitere Städte setzen und bewusst in diese Richtung arbeiten, oder, wie Wien, Förderungen ausschreiben und Projekte finanziell unterstützen. Darin liegt sehr viel Potenzial, denn gute Ideen brauchen nun mal auch finanzielle Unterstützung und wenn immer mehr Städte hier Schwerpunktakzente setzen, kann sich tatsächlich in ganz Europa etwas tun. Es hilft sicherlich zusätzlich, wenn Universitäten ihre Forschungen dahingehend ausrichten, den Menschen ins Zentrum zu stellen, und einen Schwerpunkt auf digitalen Humanismus legen. »Digitale Technologien sollen so gestaltet sein, dass sie Demokratie und Inklusion fördern. Dies wird besondere Anstrengungen erfordern, um derzeitige Ungleichheiten zu überwinden und das emanzipatorische Potenzial digitaler Technologien zu nutzen – und damit unsere Gesellschaft inklusiver zu gestalten«, heißt es in dem Manifest. Das wäre ein schönes Ziel, auch für künftige Forschungsprojekte.

Man darf aber freilich nicht erwarten, dass Firmen plötzlich aufhören, ihre Technologien zu verkaufen und die vermeintlichen Vorteile zu bewerben. Oder dass der Überwachungskapitalismus von einem Tag auf den anderen abgeschafft wird. Das wäre illusorisch, denn die großen IT-Konzerne sind viel zu mächtig. Dennoch muss man versuchen, an Alternativen zu denken und zu basteln. Für die Konzerne, die auf das Modell des Überwachungskapitalismus setzen, und die, die einfach rasch auf den Markt gehen wollen, ohne dass sie sich groß über Datenschutz und IT-Sicherheit Gedanken machen, braucht es hingegen eine Regulierung. Ein Manifest reicht hier nicht aus.

Regulierung in der EU

Eine Regulierung des Internets der Dinge auf nationaler Ebene bringt nicht viel. Wenn ein einzelner Nationalstaat sagt: »Ich verbanne alle Alexas und Caylas«, ist das zwar ein guter erster Start, aber es bringt kein Unternehmen dieser Welt zum Umdenken. Dann werden die Alexas oder Caylas einfach in anderen Ländern verkauft, Punkt. Wenn aber die gesamte EU Gesetze erlässt, dann müssen sich Firmen und Großkonzerne zumindest überlegen, wie sie diesen Gesetzen entsprechen können.

Das hat man gut gesehen bei der EU-Datenschutzgrundverordnung (DSGVO). Diese ist am 25. Mai 2018 in Kraft getreten und Unternehmen aller Welt haben sie zumindest ernst genug genommen, um ihre Richtlinien und Vorgaben offiziell daran anzupassen. Gut, es gibt jetzt noch immer zahlreiche Unternehmen, die ganz bewusst dagegen verstoßen und erst einmal warten, ob sie verklagt werden. Aber es haben sich zusätzlich zu diesen Sündern auch Firmen am Markt etabliert, die den EU-Datenschutzrichtlinien tatsächlich entsprechen und die daraus einen Vorteil für sich gewonnen haben. EU-Cloud-Dienste können sich etwa damit brüsten, dass sie alle Daten nur innerhalb der EU speichern und das völlig datenschutzkonform. Für viele Firmen und Behörden ist das ein wichtiges Kriterium geworden, wenn sie Online-Dienste in Anspruch nehmen. Ergo: Die DSGVO hat zwar nicht alle Datenschutz-Probleme beseitigt, aber sie hat Alternativen geschaffen und sorgt dafür, dass es klare Regeln gibt. Jetzt müssen die Gerichte nur noch dafür sorgen, dass diese auch eingehalten werden. Denn es scheitert jetzt nicht mehr an den Regeln, sondern lediglich an der Durchsetzung. Das ist ein – hoffentlich – lösbares Problem.

Für das Internet der Dinge relevant ist auch der Cybersecurity Act, den die EU beschlossen hat. Doch dieser umfasst bei Weitem nicht genügend Punkte, um wirklich für die Sicherheit von IoT-Produkten zu sorgen, von denen ich Ihnen berichtet habe. Politikberater Jan-Peter Kleinhans, Leiter des Projekts IT-Sicherheit im IoT, fasst recht treffend zusammen, was das Problem des Cybersecurity Act ist: »Die Motivation dafür kam von nationalen Sicherheitsbehörden. Diese haben den Fokus auf IT-Sicherheit, die nichts mit Marktregulierung zu tun hat, gelegt, sondern nur mit kritischer Infrastruktur«, erzählt Kleinhans im Podcast von netzpolitik.org. »Das ist ein Top-5-Prozent-Ansatz. Kritische Infrastruktur muss hochsicher sein. Das hat aber nichts mit einem Ansatz zu tun, der Verbraucher schützt, wie wir es von physischen Produkten kennen.«[5] Ergo: Die 95 Prozent der vernetzten Dinge, die sich Endkonsumenten wie Sie zu Hause ins Wohnzimmer stellen, werden mit dem Cybersecurity Act gar nicht erfasst. Pech für Sie, oder?

Ja. Der Cybersecurity Act sieht nämlich zwar eine freiwillige Zertifizierung von vernetzten Dingen vor, aber das bedeutet genau gar nichts. »Man hat mit dem Gesetz versucht, IT-Sicherheit wie physische Sicherheit zu regulieren«, sagt Kleinhans. Denn die EU-Zertifizierung soll genau einmal erfolgen – zu Beginn, wenn das Produkt auf den Markt kommt. Aber IoT-Produkte sind für einen längeren Einsatz konzipiert, im Idealfall halten sie über zehn Jahre oder länger – denken Sie beispielsweise an ein Connected Car. Natürlich wollen Sie das nicht nach zwei Jahren austauschen, weil es keine Updates mehr gibt. »Aber genau aus dieser Denkschule heraus, die sich um physische Sicherheit dreht, hat man IT-Sicherheit jetzt reguliert«, meint Kleinhans. Auch Ross Anderson, IT-Security-Professor an der Cambridge University, hält dies für schwer bedenklich. Seiner Ansicht nach müssten bei vernetzten Produkten wie Connected Cars verpflichtende Security-Updates »mindestens zehn Jahre« gewährt werden, wie er in seinem Talk beim Chaos Communication Congress erwähnt. »Autos sind wie Smartphones oder Computer. Wir brauchen daher Sicherheit und Nachhaltigkeit zur selben Zeit und Security-Patches für eine lange, lange Zeit.«

Die EU hat im April 2019 allerdings noch eine Direktive beschlossen, die smarte Produkte betrifft, die Anderson positiv erwähnt. Nach der Richtlinie »New Deal for Consumers« werden Verbraucher zumindest eine Spur besser geschützt als bisher. So gibt es eine Update-Pflicht für smarte Geräte. Softwarehersteller haben sich bei Angeboten, die einmalig erworben wurden, zumindest an der Gewährleistungsfrist zu orientieren. »Auch Waren mit einer digitalen Komponente (beispielsweise intelligente Kühlschränke oder intelligente

---

5   vgl. *https://netzpolitik.org/2018/das-internet-der-ungesicherten-dinge-netzpolitik-podcast-156-mit-barbara-wimmer-und-jan-peter-kleinhans/*

Uhren) werden von dieser Richtlinie erfasst«, heißt es. Damit ist es eine Verbesserung zum Status quo – wenn auch nicht hinreichend weitergedacht. Bei Connected Cars ist diese Frist etwa viel zu kurz gegriffen.

Mit dem »Digital Services Act« ist außerdem gerade ein EU-Gesetz in Entstehen, das ebenfalls regulierend in den Bereich IoT eingreifen soll. Die Europäische Kommission startete am 2. Juni 2020 die öffentliche Konsultation zur Modernisierung der E-Commerce-Richtlinie. Nach den Empfehlungen des EU-Parlaments sollen Smartphone-Hersteller künftig dazu gezwungen werden, dass auch vorinstallierte Apps (siehe Kapitel 9) deinstallieren lassen. Dies wäre für den Kunden ein großer Schritt in die richtige Richtung und daher sehr zu begrüßen.[6] Außerdem sollen sich auch Dienstleister außerhalb der EU künftig an alle Vorschriften, die in der EU gelten, halten. Das wäre im Bereich IoT ebenfalls ein wichtiger Schritt, wenn wir an die chinesischen Gadgets im Überwachungsbereich denken. Verbraucher sollen zudem besser vor illegalen, gefälschten und unsicheren Produkten geschützt werden und es soll strengere Kriterien für gezielte Werbung und mehr Kontrolle für die Nutzer darüber geben, was sie online sehen. Da das Gesetz erst im Entstehen ist, lässt sich an dieser Stelle noch nicht mehr dazu sagen.

Laut Experten, die sich mit IoT-Standards beschäftigen, dürfte das in Europa noch nicht das Ende der Regulierung gewesen sein. Manfred Wöhrl, zertifizierter Sachverständiger im Bereich IT und Mitglied mehrerer Arbeitsgruppen bei Austrian Standards, erzählte mir in einem Gespräch etwa, dass es regulative Empfehlungen seitens Standardisierungsgremien gebe, die Standard-Passwörter betreffen. IoT-Geräte sollen demnach künftig keine Standard-Passwörter mehr bekommen, weil diese ein zu großes Einfallstor für Cyberkrimi-

---

6   vgl. *https://www.ft.com/content/1773edd6-7f1d-4290-93b6-05965a4ff0db*

nelle sind, so Wöhrl: »Es soll einen Mechanismus geben, der solche Webcams und andere IoT-Geräte in Europa nur zulässt, wenn sie Grundprinzipien der Safety und Security berücksichtigen.«[7]

Das wäre in der Tat eine wichtige Errungenschaft, die sehr viele vernetzte Geräte in Zukunft mit einem Schlag sicherer machen würde. Ob diese Empfehlungen der Standard-Gremien am Ende umgesetzt werden, ist allerdings noch völlig unklar. Es lässt aber jedenfalls Hoffnung aufkommen, wenn Experten sich in hochrangigen Gremien darüber unterhalten. Wer weiß, wie EU-Gesetze entstehen und wie oft diese überarbeitet und adaptiert werden, verliert aber vielleicht ein wenig Optimismus, dass die Vorschläge der Experten tatsächlich so umgesetzt werden könnten. Außerdem bleibt dann noch immer eine Frage offen: Was passiert mit den Milliarden unsicheren IoT-Geräten da draußen, die bereits im Umlauf sind? Sie sehen schon: Während ich durchaus optimistisch und positiv gestimmt bin, was einzelne Projekte rund um IoT-Sicherheit, Datenschutz und digitalen Humanismus betrifft, sehe ich noch viel Luft nach oben, wenn wir in den Bereich der EU-Gesetze und vor allem der Rechtsdurchsetzung kommen.

Einer, der sich auch sehr viele Gedanken darüber gemacht hat, wie man das Internet der Dinge sicherer und konsumentenfreundlicher machen kann, ist der ehemalige EU-Abgeordnete Jan Philipp Albrecht (Grüne). Er hat im Jahr 2017 einen »10-Punkte-Plan für Sicherheit im Netz« präsentiert. Albrecht sprach sich damals für einen »Airbag und Sicherheitsgurt fürs digitale Zeitalter« aus – ein Vergleich, mit dem viele von Ihnen sicherlich etwas anfangen können. Als die ersten Automobile aufkamen, gab es schließlich auch keinen Airbag und viele Unfälle verliefen daher tödlich. Erst mit der Zeit kam es zu mehr Regulierung und jetzt sind weder Airbags noch

---

7 vgl. *https://futurezone.at/b2b/iot-fachkongress-digitalisierungsschub-durch-corona/400973660*

Sicherheitsgurte aus Autos wegzudenken. Dasselbe sollte auch für die digitale, vernetzte Welt gelten, so die These von Albrecht, der ich nur zustimmen kann. Er spricht sich für verpflichtende Mindestanforderungen für die IT-Sicherheit aus.

Das könnte beispielsweise dieser erste Schritt sein, von dem Wöhrl im Gespräch mit mir gesprochen hat, zumindest, wenn es um Passwort-Sicherheit geht. Schaffen wir unsichere, voreingestellte Standard-Passwörter ab! Entweder müssen Sie bei jeder Inbetriebnahme ein selbst gewähltes Passwort setzen, oder aber es werden sichere Einmal-Passwörter vergeben, die nicht nachvollziehbar sind und die es in ihrer Art und Länge potenziellen Angreifern zumindest schwerer machen, auf die Geräte zuzugreifen. Sowohl Albrecht als auch Wöhrl sind sich sicher, dass Normen und Standards dabei helfen können, viele Szenarien, von denen ich Ihnen in diesem Buch erzählt habe, zu verhindern und die IoT-Welt eine kleine Spur sicherer zu machen.

Ein weiteres Thema, das Albrecht in seinem 10-Punkte-Plan aufgebracht hat, ist jenes der digitalen Produkthaftung. Stellen Sie sich vor, ein Familienmitglied verunglückt in seinem Tesla, weil es den Autopiloten ausprobiert hat und die Hände zwar in der Nähe des Lenkrads hatte, aber nicht mehr rechtzeitig reagieren konnte. Tesla versucht in so einem Szenario derzeit, jegliche Schuld von sich zu weisen, und spricht von einem »Anwendungsfehler«. Und jetzt stellen Sie sich vor, es hat sich jemand von außen ins Auto gehackt und das Fahrzeug absichtlich zum Crashen gebracht. So ein Szenario habe ich etwa in meinem ersten Roman aufgegriffen, um zu verdeutlichen, dass es dafür derzeit keine gesetzlichen Regelungen gibt. Albrecht fordert, dass kommerzielle Hersteller von Software dafür haften müssen, wenn sie bekannte Sicherheitslücken nicht schließen: »Software-Lizenzvereinbarungen, die eine Herstellerhaftung etwa für Folgeschäden eines Hackerangriffs ausschließen, wollen wir abschaffen. Im Rahmen der Verhandlungen zum europäischen Online-Kaufrecht wollen wir erreichen, dass Softwarehersteller Updates für

Sicherheitslücken schnellstmöglich anbieten müssen und die Gewährleistung auf Nachbesserung und Umtausch um Mängel bei der IT-Sicherheit erweitert wird. Dies stärkt nicht nur die Sicherheit der Verbraucherinnen und Verbraucher, sondern schafft auch einen konkreten Anreiz für mehr Qualitätssicherung.«

Das wäre eine sehr gute Idee gewesen, die dann leider am Ende nur halbherzig umgesetzt worden ist.[8] Oft schaffen es gute Vorschläge auf EU-Ebene leider nicht in die finalen Verordnungen und Richtlinien, weil diese meistens Kompromisse sind – Kompromisse, an denen sehr viele Stellen herumgeschraubt haben. Die EU-Nationalstaaten haben über den Ministerrat ein Mitspracherecht, die EU-Kommission legt meistens einen eigenen Entwurf vor, und das EU-Parlament darf diesen adaptieren. Heraus kommt am Ende eine Lösung, mit der alle leben können – und nicht immer ist das eine, die von Experten auch tatsächlich empfohlen wird. An der EU-Datenschutzreform wurde etwa mehrere Jahre lang von unfassbar vielen Seiten und in unzähligen Versuchen von Lobbyisten und Tech-Konzernen Änderungen vorgeschlagen und eingebracht, bis am Ende eine Lösung herauskam, die zwar vieles besser regelt als zuvor und uns wesentlich mehr Rechte im Netz gibt, die als Gesamtes aber einige Fragestellungen offenlässt, die ungeregelt bleiben.

Automatisierte Entscheidungen

Bei einem der ganz großen Brennpunkt-Themen der kommenden Jahre gibt es ein immenses Schlupfloch: Automatisierte Entscheidungen von Computersystemen sind in der DSGVO zwar geregelt, aber semi-automatisierte Entscheidungen leider nicht. Was bedeutet das jetzt? Denken wir beispielsweise an ein Computersystem, das unsere Chancen am Ar-

---

8 vgl. *https://www.janalbrecht.eu/2017/09/2017-09-11-gruener-10-punkte-plan-fuer-sicherheit-im-netz/*

beitsmarkt berechnen soll. Dafür zieht das System bestimmte Daten heran wie Alter, Geschlecht und Wohnort. Am Ende guckt sich das ein Mitarbeiter der Arbeitsmarkt-Vermittlung an und trifft anhand dieser Daten eine Entscheidung darüber, welche Kurse Sie belegen dürfen. Sie haben keine Möglichkeit, Einspruch zu erheben, wenn Sie mit der Empfehlung nicht zufrieden sind, denn die Entscheidung traf der Mensch und nicht der Computer.

Mathematikerinnen wie Cathy O'Neil sehen darin eine große Gefahr, weil die Sachbearbeiter in der Regel nicht wissen, wie das System zu diesem Vorschlag gekommen ist. Die Algorithmen, die das im Hintergrund ausrechnen, sind meistens nicht transparent – und somit können die Mitarbeiter der Arbeitsmarkt-Vermittlung nur eines tun: dem System vertrauen. Weil Maschinen generell rascher als »objektiv« wahrgenommen werden, werden derartige Vorschläge des Computers selten hinterfragt. Deshalb müssten die Rechte, die Menschen haben, die von derartigen Systemen in Zukunft betroffen sein werden, auch für semi-automatisierte Entscheidungen gelten. Dazu müsste man allerdings wieder die DSGVO ändern und nachbessern. Es wird sicherlich nicht passieren, dass das Internet der Dinge und die Vernetzung der Gesellschaft sich jemals wieder zurückentwickeln. Wir müssen daher auch die Regulierung weiterhin vorantreiben – und dabei an Tempo aufnehmen. Es macht nämlich keinen Sinn, technologischen Entwicklungen immer jahrelang hinterherzuhinken.

Dieses Beispiel war übrigens nicht erfunden, sondern es stammt aus Österreich, wo gerade von 2018 bis Ende 2020 ein Algorithmus erprobt wird, der Arbeitslose in drei Kategorien einteilt, was ihre Arbeitsmarktchancen betrifft.[9] Im Fall des Arbeitsmarktservice hat sich jetzt auch die nationale Datenschutzbehörde in Österreich eingeschaltet, und das System

---

9 vgl. *https://futurezone.at/netzpolitik/ams-algorithmus-sollte-ganz-abgedreht-werden/401009924*

wurde vorübergehend auf Eis gelegt, und zwar unter anderem genau deshalb, weil es keinen Mechanismus gibt, bei dem betroffene Arbeitslose eine Beschwerde gegen die Entscheidung einreichen können. Zusätzlich hat der Staat allerdings auch eine Datenschutz-Folgeabschätzung »vergessen« und keine gesetzlichen Rahmenbedingungen für das System geschaffen. Normalerweise müsste der Staat von Experten erheben lassen, welche Auswirkung die Einführung des neuen Systems auf die Privatsphäre und die Lebenswelt der Betroffenen hat. Zahlreiche Wissenschaftler, Datenschützer und Arbeitsmarktexperten hatten monatelang davor gewarnt, doch die Bedenken wurden ignoriert.

Ähnliche digitale Systeme wie dieses, bei denen Entscheidungen über Menschen automatisiert (oder semiautomatisiert) werden, poppen derzeit in ganz Europa auf und werden uns noch lange beschäftigen. Sie sind ein Teil der zunehmenden Vernetzung und Digitalisierung, bei der wir gerade noch am Anfang stehen, Regelungen zu schaffen.

In Deutschland gibt es ausgezeichnete Institute, die sich sehr ausführlich mit den Auswirkungen von algorithmusbasierten Entscheidungen befassen und bei denen Sie noch mehr und ausführlicher über dieses Themenfeld erfahren werden: Algorithmwatch[10] oder das Projekt »Ethik der Algorithmen« der Bertelsmann-Stiftung[11].

Bei computerbasierten Entscheidungssystemen, die auf Daten beruhen und die das Leben einzelner Menschen betreffen, braucht es neben maximaler Transparenz nämlich noch viel, viel mehr. Auch muss es klar sein, dass das Wohl des einzelnen Menschen immer über der vermeintlichen Effizienz eines potenziellen Systems stehen sollte. Wir müssen Technologien so gestalten, dass sie den Menschen dienen und dass sie nicht einfach geschaffen werden, weil sie möglich sind

---

10 *https://algorithmwatch.org/*
11 *https://www.bertelsmann-stiftung.de/de/unsere-projekte/ethik-der-algorithmen/projektbeschreibung*

und uns irgendeine Firma eine Lösung verkaufen möchte, damit diese wirtschaftliche Erfolge erzielt. Der Mensch muss im Mittelpunkt stehen und »Tech for Good« darf nicht nur ein Schlagwort sein. Es ist möglich, Technologie gemeinwohlorientiert zu entwickeln und trotzdem digitale Innovationen hervorzubringen.

Wie man das erreichen kann, damit beschäftigt sich unter anderem derzeit das Team von Algorithmenethik.[12] Frankreich und Schweden haben etwa einen »Innovationsrat« geschaffen, der sozial-digitale Herausforderungen angeht und bei dem auch der Staat dahintersteht, um sich gesellschaftlichen Herausforderungen gemeinwohlorientiert mit technologischen Lösungen zu stellen. In diesem Kontext erscheint auch die Erwähnung von Open Data besonders wichtig. Die Datensätze, auf denen Projekte basieren, sollen für alle frei zur Verfügung stehen. Wenn Projekte unter Open Source stehen und den Code veröffentlichen, herrscht zudem maximale Transparenz und digitale Offenheit.

Sie glauben jetzt, ich träume davon, die Welt besser zu machen, als sie ist? Ganz ehrlich: Ja, tue ich. Wenn wir Technologie mitgestalten und Ideen entwickeln, ist es möglich, etwas zu ändern. Dazu möchte ich Sie auch noch im kommenden Kapitel motivieren.

Auf dem Weg dorthin gibt es zudem tatkräftige Unterstützung von Vereinen, Non-Profit-Organisationen und NGOs, wie die Initiative von Peter Bihr in diesem Kapitel zeigt. Weitere Initiativen möchte ich Ihnen im letzten Kapitel, wo es auch darum gehen wird, wie Sie sich aktuell wehren können, aufzeigen. Wichtig ist: Vergessen Sie niemals die Macht, die Sie als reiner Konsument haben: Sie können Produkte und Hersteller boykottieren und: Sie können bei Projekten partizipieren und diese mitgestalten.

---

12 vgl. *https://algorithmenethik.de/2020/06/17/tech-for-good-auswertung-blogparade/*

13

ZUSAMMENFASSUNG UND WIE SIE SICH WEHREN KÖNNEN

>> Smart« ist oft gar nicht so smart. Von der »smarten« Zahnbürste bis zur »smarten« Lampe reichen die Beispiele von vernetzten Dingen, die uns versprechen, unser Leben bequemer, einfacher und besser zu machen. Doch während der Lektüre dieses Buches haben Sie gelernt, dass das Internet der Dinge jede Menge Probleme mit sich bringt, die vor der Vernetzung der vielen Dinge gar nicht existiert haben, und dass auch die Bequemlichkeit ihren Preis hat.

Die Babycam, mit der nicht nur Sie Ihre Kinder überwachen, zum Beispiel, kann aufgrund von Sicherheitslücken und unsicheren Passwörtern auch Sie überwachen. Kein angenehmer Gedanke. Oder erinnern Sie sich noch an das Kinderspielzeug, das Ihr Kind dazu bringen könnte, Fremden die Türen zu öffnen? Das könnte Ihr Kind dauerhaft verstören, wenn das jemand ausnutzt, um ihm absichtlich Schaden zuzufügen.

Die smarte App, mit der Sie Ihren Menstruationszyklus aufzeichnen, sammelt Ihre Daten, um diese mit Werbetreibenden zu teilen. Das macht Sie zum Produkt. Es macht Sie unmündig, weil Sie nicht selbst darüber entscheiden können, mit wem Sie Ihre Daten teilen – und mit wem nicht. Sie wollen ja eigentlich nur digital Ihre Menstruation aufzeichnen, damit Sie einen besseren Überblick haben, wann es das nächste Mal wieder so weit ist.

Und was macht die smarte Lampe im Hintergrund? Die ist auch nicht besser: Sie sendet die exakten Ortsdaten an den Hersteller, mitsamt der Daten, wann sie zum letzten Mal angeschaltet worden ist. Von Alexa und den anderen digitalen Sprachassistenten ganz zu schweigen. Die machen nicht nur ein Produkt aus Ihnen, sondern verwenden Ihre Suchanfragen außerdem dazu, das eigene Produkt zu verbessern. Genauso wie Tesla, der Autokonzern, der Sie als Testobjekt heranzieht, um das Fahrzeug zu optimieren und zu verbessern.

All das konnte passieren, weil Vernetzung schlagartig plötzlich »in« war und die Hersteller verschiedenster Branchen damit begonnen haben, alles mit dem Internet zu verbinden – ganz egal, ob das jetzt eine schlaue Idee war oder nicht. Der Druck auf ganze Branchen, die Digitalisierung nicht zu verschlafen; der Druck, neue Geschäftsmodelle zu erschließen; der Druck innovativ zu sein: All das hat dazu geführt, dass heutzutage alles vernetzt wird, was geht. Ich hoffe sehr für uns alle, dass diese Phase bald vorbei sein wird und dass die Firmen aus den ersten anfänglichen Fehlern etwas lernen. Ich erinnere mich nur zu genau an den Lampenhersteller, der seine Straßenlaternen vernetzt hat und für ganz Europa nur eine einzige Person eingestellt hatte, die für die Sicherheit der Produkte sorgen sollte. In solchen Fällen haben Cyberkriminelle ein leichtes Spiel. Natürlich wären die Konsequenzen von ausgefallenen Straßenlaternen durchaus ernst: Es könnte leichter zu Vergewaltigungen, Raubüberfällen oder anderen Straftaten kommen – oder jemand könnte umknicken, weil er eine Gehsteigkante nicht rechtzeitig entdeckt hat. Ich hoffe, diese Firma hat mittlerweile mehr Sicherheitsexperten engagiert, um ihre Produkte entsprechend abzusichern. Bei kritischen Infrastrukturen wie Strom- und Wasserversorgung empfiehlt es sich zudem, diese vom öffentlichen Internet getrennt zu halten.

Das ist allerdings auch ein guter Tipp für den Heimbereich. Auch in Ihrem Haushalt sollten Sie Geräte nicht mit dem WLAN verbinden, mit dem Sie im Internet surfen. Es empfiehlt sich eine Trennung der Funktionsbereiche, damit Angreifer es nicht so leicht haben. In Ihrem Haushalt haben Sie es in der Hand, wie Sie Ihre Produkte absichern – und welche Sie sich zulegen.

Ich hoffe, dass Firmen bald lernen, dass man nicht alles mit dem Internet verbinden muss, auch wenn es technisch möglich ist. In manchen Bereichen macht es schlichtweg keinen Sinn – oder nur für sehr spezifische Zielgruppen und nicht für die Allgemeinheit. Smarte Windeln, die anzeigen, wann sie voll sind, bringen beispielsweise eher demenzkranken Senioren etwas als bei Babys. Was ich mir in diesem Zusammenhang wünschen würde, ist, dass die Hersteller zumindest einen sogenannten »Offline-Modus« einbauen.

Die Überwachungskamera von Nest beispielsweise funktioniert ohne aktive Internet-Verbindung nicht, manche smarten Lampen ebenfalls nicht. Das ist es aber, was wir brauchen. Wir haben das Recht, Produkte auch nutzen zu können, wenn sie keine Internet-Verbindung haben. Backofen, Toaster, Geschirrspüler oder andere Haushaltsgeräte müssen auch dann ihre Dienste verrichten, wenn diese gerade nicht mit dem Internet verbunden sind. Die Fernwartung der Geräte kann man auch gezielt aktivieren und deaktivieren – dazu müssen sie nicht ständig Daten an den Hersteller senden oder mit dem Internet verbunden sein. Das Internet braucht man in der Regel beim Geschirrspülen nicht, oder?

Dasselbe sollte auch für Connected Cars gelten. Die Daten sollten nicht ständig übertragen werden. Derzeit ist es üblich, dass einige der Fahrzeuge am Ende des Tages den aktuellen

Standort mitsamt aller Tagesdaten wie der gefahrenen Route an die Hersteller übertragen. Offiziell zu »Wartungszwecken«. Das zeigt einmal mehr die Datensammelwut so mancher Unternehmen – und dass es heutzutage üblich geworden ist, dass Kunden in Wahrheit das Produkt sind und sie dieses gar nicht mehr richtig besitzen. Was bringt Ihnen das beste Auto, wenn Sie es nicht fahren können, wenn die Software des Herstellers nicht mehr gewartet wird? Eigentlich sollten Sie die Herrschaft über die Daten haben, die Ihre Produkte generieren. SIE sollten kontrollieren können, welche Daten Sie mit wem zu welchem Zweck teilen. Was für den Staat zumindest streng reglementiert ist, wird von kommerziellen Firmen komplett ausgenutzt. Der Überwachungskapitalismus hat sich zum großen Teil durchgesetzt. Also was können wir eigentlich noch dagegen tun?

Wenn Sie bereits gekauft haben

Wenn Sie ein Produkt bereits gekauft haben, können Sie nur noch die gängigen Security-Maßnahmen ergreifen und jedem einzelnen Gerät etwa ein individuelles, starkes Passwort verpassen, das nicht aus dem Geburtstag Ihrer Oma und dem Namen Ihres Haustiers besteht. Aktivieren Sie zudem die Zwei-Faktor-Authentifizierung, um die Dinge besser vor unerlaubten Zugriffen zu schützen.

Bei vernetztem Spielzeug können Sie etwa regelmäßig mit Ihrem Kind spielen, um zu sehen, wie es die smarte Puppe, die Sie ihm geschenkt haben, tatsächlich einsetzt. Seien Sie dabei, wenn es diese benutzt. Dann werden Sie auch rasch darauf aufmerksam, wenn etwas nicht stimmt. Und hören Sie Ihrem Kind ganz genau zu, wenn es von merkwürdigen Vorfällen berichten sollte.

Sie können regelmäßig in Ihrem Haushalt überprüfen, welche Geräte am Internet hängen und ob das wirklich notwendig ist. Der »Smart TV« beispielsweise muss in der Regel nicht mit dem WLAN verknüpft werden, wenn Sie damit nur normal fernsehen und nicht ins Internet gehen. Nur weil das Gerät diese Funktion hat, muss man sie nicht zwangsweise nutzen, wenn Sie daneben Ihren Rechner stehen haben oder ein Smartphone beim Fernsehen in der Hand haben, auf dem Sie Informationen ebenfalls – und meist schneller – abrufen können.

Oder Sie haben sich eine Alexa angeschafft und merken, dass Sie diese eigentlich kaum verwenden. Dann spricht nichts dagegen, dass Sie Alexa bis zur nächsten Nutzung einfach ausstecken und vom Strom trennen. Dann gibt es in Ihrem Haushalt zumindest ein Gerät weniger, das permanent mitlauscht. Überprüfen Sie also bei jedem Ihrer vernetzten Geräte, ob Sie es wirklich permanent brauchen, und wenn es einen Ausschalt-Knopf hat, betätigen Sie ihn.

Es macht nichts, wenn Sie bereits voller Enthusiasmus vernetzte Produkte gekauft haben, die Sie in anfänglicher Technik-Euphorie für besonders schlau gehalten haben. Niemand verurteilt Sie deswegen. Alles, was neu ist, übt einen gewissen Reiz aus – und gerade am Anfang, als die ersten Produkte auf den Markt kamen, wusste man noch nicht so recht, was diese zunehmende Vernetzung aller möglichen Dinge wirklich bedeutet. Wenn Sie Dinge, die Sie erworben und ins Heim-WLAN integriert haben, nicht mehr nutzen, hilft es nicht nur Ihnen, wenn Sie diese vom Netz nehmen, wenn Sie sie nicht mehr brauchen. Es verhindert auch, dass diese in sogenannte Botnets integriert werden und Schaden anrichten, von dem Sie als Besitzer gar nichts mitbekommen. Denn auch diese Schäden sind ernst zu nehmen und können gravierend sein und etwa dazu führen, dass ganze Internet-Service-Provider lahmgelegt werden, wie es schon einmal mit einem IoT-Botnet passiert ist. Der Angriff auf den US-Dienstleister Dyn im Jahr 2016 hatte dazu geführt, dass Dienste wie Spotify, Netflix, Paypal oder Twitter ausgefallen waren – und daran waren neben infizierten Druckern auch zahlreiche Smart-Home-Geräte beteiligt.

Seien Sie wachsam und informieren Sie sich, was die Hersteller der Geräte mit Ihren Daten anstellen. Sie können ein sogenanntes Auskunftsbegehren stellen. Damit lässt sich vom Hersteller erfragen, welche Daten er über Sie gespeichert hat. Das Recht haben Sie bei kleinen Anbietern und Start-ups genauso wie bei großen Konzernen wie Amazon, Google oder Apple. Wenn Sie das Gefühl haben, dass die Liste, die Sie bekommen, nicht vollständig ist, seien Sie lästig und fragen Sie nach – oder reichen Sie eine Beschwerde bei der Datenschutzbehörde ein. Wir dürfen den Firmen nämlich nicht alles durchgehen lassen, was sie so vorhaben. Überwachungskapitalismus hin oder her: Durch die EU-Datenschutzgrundverordnung haben wir Bürger einige Rechte und Instrumente für die Rechtsdurchsetzung an die Hand bekommen. Je mehr Menschen diese nutzen, desto besser – denn genau das zeigt Firmen, dass sich Kunden sehr wohl um ihre Privatsphäre sorgen und diese schützen möchten.

Vor dem Kauf

Am besten ist es freilich, bereits zu handeln, bevor Sie ein vernetztes Produkt kaufen. Durch dieses Buch sind Sie sensibilisiert, worauf Sie achten müssen. Das ist gut – und noch besser ist es, wenn Sie diese Erkenntnisse auch mit so vielen Menschen wie möglich teilen. Denn nur eine informierte, aufgeklärte Gesellschaft kann wirklich selbst bestimmen, worauf es ankommt. Und ein Teil der Selbstbestimmung ist es auch, ein Produkt nicht zu kaufen, wenn es nicht Ihren Ansprüchen genügt. Sie haben damit als Kunde eine gewisse Macht, die Sie auch in Anspruch nehmen sollten. Je mehr Menschen dies tun, desto schneller verschwinden vernetzte Produkte, die den Ansprüchen nicht genügen, wieder vom Markt. Konsumenten können die Hersteller nicht zwingen, bestimmte Features einzubauen oder darauf zu verzichten; wir können die Hersteller auch nicht dazu zwingen, auf Standard-Passwörter zu verzichten. Das können nur gesetzliche Rahmenbedingungen. Aber wir können uns frei entscheiden, was wir in unseren Haushalt lassen.

Daher meine Ratschläge für Sie: Schauen Sie sich an, woher ein Produkt kommt, das sie kaufen möchten. Schauen Sie sich an, wer es produziert hat, wie lange die Firma schon existiert. Lesen Sie sich Bewertungen durch. Recherchieren Sie im Internet, ob es zu einem bestimmten Produkt schon Warnungen gibt – etwa über nicht behobene Sicherheitslücken, die zu Risiken in der Anwendung führen, oder Verstöße gegen den Datenschutz.

Lesen Sie sich alle Informationen zur Datenspeicherung durch, die gesamte Datenschutzerklärung. Schauen Sie nach, wo Ihre Daten gespeichert werden und ob die Server dafür in der EU stehen. Überprüfen Sie, zu welchem Zweck Ihre Daten gesammelt und verwendet werden. Versuchen Sie, herauszufinden, ob Sie das Gerät auch offline nutzen können oder ob eine Datenverbindung während der Nutzung zwingend notwendig ist. Versuchen Sie, herauszufinden, ob der Hersteller datensparsam agiert oder ob er aus Ihren Daten Profit schlagen will.

Ich weiß, dass das viel verlangt ist. Sehr viel. Ich gestehe auch, dass ich selbst nicht vor jedem Kauf die Datenschutzbestimmungen durchlese – und manchmal ist das auch gar nicht möglich, weil diese erst dann aufrufbar sind, wenn man ein Produkt bereits erworben hat. Wissen Sie was? Dann lassen Sie diesen Punkt einfach weg. Die Liste muss nicht akribisch bis ins kleinste Detail ausgeführt und umgesetzt werden. Wenn dieser Punkt für Sie zu viel Aufwand bedeutet oder es schlichtweg nicht möglich ist, die Bestimmungen vor dem Kauf abzufragen, ist das genauso zu akzeptieren, wie wenn Sie nach diesem Buch noch immer der Meinung sind,

»Na und? Dann haben die halt meine Daten!« Es ist Ihre Entscheidung, wie Sie mit dem Wissen umgehen.

Bleiben Sie skeptisch

Bisher habe ich Ihnen vor allem Tipps gegeben, die den
Datenschutz und Ihre Privatsphäre betreffen. Aber was ist
eigentlich mit IT-Sicherheit?

Hier ist vor allem eines wichtig: Bleiben Sie skeptisch,
wenn eine Firma selbst über sich und ihr Produkt schreibt,
»supersicher« zu sein. Das kann auch nur eine Werbestrate-
gie sein, es muss nichts dahinterstecken. Jede Überwachungskamera sollte im Prinzip dazu dienen, Ihr Zuhause sicherer
zu machen, daher werben gerade diese Firmen häufig damit,
dazu beizutragen, dass die Sicherheit erhöht wird. Aber in der
Praxis ist das leider nicht immer so, denn wie ich Ihnen
bereits aufgezeigt habe, können auch Überwachungskameras
selbst anfällig sein für Cyberattacken und Ihr Schlaf- und
Wohnzimmer kann völlig ungeschützt im Netz für jeden zu
sehen sein, während Sie sich in absoluter Sicherheit wiegen.
Wenn eine Firma also bloß behauptet, »supersicher« zu sein,
geben Sie nicht zu viel darauf.

Werbeslogans alleine reichen nicht, aber wenn eine Firma
mehr vorlegt als einen Slogan, ist es einen Extrablick wert.
Wenn sie beispielsweise angibt, das Produkt von externen IT-
Security-Experten testen zu lassen, und diese vergeben eine
Art freiwilliges Label, darf man dem Produkt zumindest schon
ein bisschen mehr Vertrauen entgegenbringen. Solange es
keine offiziell verpflichtenden Sicherheitsstandards gibt oder
ein freiwilliges Label, wie things.com es mit dem »Trusted
Technology Mark« versucht hat, an dem Sie sich orientieren
können, ist es das Einzige, das eine Firma derzeit tun kann,
um Ihr Vertrauen zu gewinnen. Es ist meist ein Qualitäts-
merkmal, wenn eine Firma ihr Produkt von externen Experten checken lässt, bevor es auf den Markt kommt. Das sollte

Ihnen auch ein paar Euro mehr wert sein, wenn Sie auf so etwas stoßen. Das gilt auch für Firmen, die Datenschutz groß schreiben und angeben, alle Daten nur in der EU zu speichern. Sie können also durch Ihre Kaufentscheidung aktiv dazu beitragen, solche Firmen zu unterstützen, die sich im Bereich Sicherheit oder Datenschutz besonders auszeichnen und sich etwas überlegt haben.

Dass der Check von Datenschutzbestimmungen, die Recherche im Internet über Produkte oder auch das Nachfragen beim Hersteller für Sie als Konsument einen enormen Extra-Zeitaufwand bedeutet, Sie davon teilweise überfordert sind und dass das keine Dauerlösung sein kann, ist mir klar. Das Extra-Wissen über ein Produkt bringt aber nur Vorteile mit sich und wird Sie dabei unterstützen, eine informierte und selbstbestimmte Entscheidung zu treffen. Wenn Sie nach dem Durchlesen aller Bestimmungen und Recherchieren im Netz ein bestimmtes Produkt noch immer kaufen wollen, obwohl es Risiken mit sich bringt, wissen Sie über diese Risiken wenigstens Bescheid und können entsprechend reagieren – und eine Kamera etwa über Nacht vom Netz nehmen, wenn sie in Ihrem Schlafzimmer positioniert ist. Solange es keine gesetzliche Regulierung und Lösung des eigentlichen Problems gibt, ist es das Wichtigste, was Sie – neben einem Boykott – derzeit tun können.

Ich möchte vor allem, dass Sie sich gegenüber den kommerziellen Anbietern ein bisschen weniger machtlos fühlen. Viele lernen gerade dazu und verändern ihre Strategien, wenn sie sehen, dass diese bei Kunden nicht gut ankommen – oder sie kommen darauf, dass ein vernetztes Produkt in diesem Segment doch keinen Mehrwert schafft. Wenn sich diese Firmen wieder auf ihr Kerngeschäft konzentrieren und sie vorher zufrieden und glücklich mit dieser Firma waren: Vertrauen Sie ihr ruhig wieder. Sie hat experimentiert und eingesehen, dass etwas nicht funktioniert hat. Das ist legitim.

Lassen Sie die Firmen auch wissen, was Sie von ihren Produkten und Strategien halten. Sie können Unternehmen schreiben, wenn Sie mit einer Praxis ganz und gar nicht einverstanden sind, und Sie können Ihren Unmut mit anderen Menschen teilen, Boykottaufrufe im Internet starten – oder sich an den Verbraucherschutz wenden oder an Datenschutz-NGOs, Bürgerrechtsorganisationen oder sonstige Initiativen, die sich schon seit Längerem mit dieser Materie auseinandersetzen. Denn längst haben viele Nicht-Regierungs-Organisationen das Problem erkannt und setzen sich für Menschenrechte im digitalen Zeitalter ein – das gilt auch für Menschenrechte in einer vernetzten Welt.

Vereine unterstützen

An dieser Stelle möchte ich Ihnen ein paar Beispiele für spenden- oder mitgliederfinanzierte Vereine nennen, die sich für Datenschutz, IT-Security und Grundrechte einsetzen. All diese Vereine freuen sich über personelle sowie finanzielle Unterstützung in Form von Spenden.

In Deutschland ist das etwa die Gesellschaft für Freiheitsrechte (GFF)[1], die sich für Grundrechte einsetzt und dass diese von der Verfassung garantierten, unantastbaren Rechte auch eingehalten werden. Immer wieder werden strategische Klagen eingereicht, bei denen das Recht auf informationelle Selbstbestimmung oder das Recht auf Informations- und Meinungsfreiheit zum Tragen kommt. So hat die GFF beispielsweise gegen das Auslesen der Handys von Asylsuchenden durch das Bundesamt für Migration und Flüchtlinge (BAMF) geklagt.

Der Chaos Computer Club (CCC)[2] ist ein Verein, der seit rund 30 Jahren aktiv ist. Er ist die größte, europäische Vereini-

---

1 *https://freiheitsrechte.org/*
2 *https://www.ccc.de/de/*

gung von Hackern, die jährlich nach den Weihnachtsfeiertagen mit dem Chaos Communication Congress ein Event mit rund 14.000 Menschen organisiert. Der CCC hat sich durch seine Expertise im Bereich IT-Sicherheit einen Namen gemacht, setzt sich in diesem Zusammenhang auch für Grundrechte wie das Recht auf Privatsphäre ein sowie für das Recht auf Informationsfreiheit im Internet und die Auswirkungen von neuen Technologien auf unsere Gesellschaft. Dazu zählen auch das Internet der Dinge und künstliche Intelligenz. Der CCC wird auch seitens der Politik respektiert und für seine Expertise herangezogen, sei es in Form von Gutachten für das Bundesverfassungsgericht oder öffentlichen Anhörungen der Bundesregierung. In Deutschland ist der CCC in regionalen Niederlassungen (Erfa-Kreisen) organisiert, die dem Erfahrungsaustausch zwischen den Hackern dienen. Man kann den Verein freilich auch unterstützen, wenn man selbst kein Hacker und IT-Profi ist. Zudem gilt die sogenannte Hacker-Ethik[3], die unter anderem besagt: »Öffentliche Daten nützen, private Daten schützen.«

In Deutschland gibt es auch noch die Digitale Gesellschaft[4], die sich für Freiheitsrechte einsetzt. Sie veranstaltet in Berlin im Hackerspace c-base einmal im Monat den »Netzpolitischen Abend«. Dabei können Interessierte spannenden Themen, Projekten und Initiativen aus dem weiten Feld der Netz- und Digitalpolitik lauschen oder sich in die Diskussion einbringen. Hier werden Sie Zuspruch finden, wenn Sie sich für diese Themen interessieren. Das Event findet jeden ersten Dienstag im Monat ab 20 Uhr statt, der Eintritt ist frei.

In Österreich gibt es den »Netzpolitischen Abend«[5] dank einer Initiative des Universitätsprofessors Leonard Dobusch auch. Dorf findet der »NetzPAT« jeden ersten Donnerstag im

---

3 vgl. *https://www.ccc.de/de/hackerethik*
4 *https://digitalegesellschaft.de/*
5 *https://netzp.at*

Monat im Hackerspace Metalab in Wien statt. Rund 50 Events haben bereits stattgefunden und es gab auch einige Vorträge zu den Themen künstliche Intelligenz und Internet der Dinge. Auch dort werden Sie Menschen finden, die sich mit den gesellschaftlichen Herausforderungen, die durch neue Technologien auf uns zukommen, beschäftigen.

In Österreich gibt es zudem noch die Bürgerrechtsorganisation epicenter.works[6], die sich mit dem Thema befasst und vor allem empfiehlt, Standards und Regeln zur Normierung von IoT-Produkten zu schaffen.[7] Der Verein, ursprünglich hervorgegangen aus dem »Arbeitskreis Vorratsdatenspeicherung«, setzt sich auch für eine Evaluierung der Überwachungsgesetze ein und fordert eine Gesamtrechnung, die besagt, welche Auswirkungen alle Überwachungsmaßnahmen zusammen auf die Gesellschaft haben. Der Verein reicht zudem auch Stellungnahmen zu Gesetzesvorschlägen ein und bringt als NGO auf Einladung der Politik die Perspektive der Zivilgesellschaft in einzelne Gesetzesvorhaben ein. Der Verein sieht sich auch als Kontrollinstanz, damit die Grundrechte der Menschen nicht vergessen werden.

Eine weitere Organisation aus Österreich, die sich europaweit dafür einsetzt, dass Datenschutzrechte durchgesetzt werden, ist noyb[8]. »None of your Business« (»Geht dich nichts an«) ist ein europäischer Verein, der von Max Schrems gegründet wurde. Mitglieder haben einerseits die Möglichkeit, sich beraten zu lassen, und zwar nicht nur zu österreichischen Themen, da die Experten EU-weit arbeiten. Noyb bringt andererseits aber auch immer wieder Beschwerden bei den diversen europäischen Datenschutzbehörden ein, damit Konsumenten zu ihrem Recht kommen. So geht der Verein etwa

6   *https://epicenter.works/*
7   vgl. *https://epicenter.works/content/internet-of-things-qualitaet-durch-regulierung*
8   *https://noyb.eu/en*

bereits gegen Apps vor, die die Daten unerlaubt an Dritte – wie Facebook – weitergegeben haben, oder aber setzt sich für Menschen ein, die durch algorithmische Entscheidungen Benachteiligungen über sich ergehen lassen mussten.

Weitere erwähnenswerte Organisationen und Initiativen, die Sie sich näher anschauen können, sind die Open Knowledge Foundation[9], Wikimedia Foundation[10], Frag den Staat[11] sowie das Forum Informationsfreiheit[12], die Digitalcourage[13] und die quintessenz[14].

Mutige Ideen

Offene Daten und die Möglichkeit, Auskunft über diverse politische Vorhaben zu erhalten, sind für gesellschaftliche Teilhabe enorm wichtig, auch im Zusammenhang mit dem Internet der Dinge. Wenn es immer mehr Daten gibt, die von den »Dingen« generiert werden, müssen wir uns gut überlegen, wie wir sie nutzen. Warum sollen beispielsweise nur die Firmen Zugang dazu erlangen, um ihre Produkte zu verbessern, und nicht auch die Allgemeinheit, um das gemeinsame Leben zu optimieren? Das ist eine Frage, mit der sich Digitalpolitik in den nächsten Jahren beschäftigen muss, um den Anschluss an die technologischen Entwicklungen nicht zu verpassen.

Sie können Politiker mit den richtigen Fragen dazu anstupsen und ermutigen, sich auf diese Reise zu begeben. Im Bereich Regulierung und Gestaltung neuer Technologien passiert derzeit alles noch immer viel zu langsam. Natürlich ist es gerade am Anfang einer Entwicklung neuer Technolo-

---

9   *https://okfn.org/*
10 *https://wikimediafoundation.org/*
11 *https://fragdenstaat.de/*
12 *https://www.informationsfreiheit.at/*
13 *https://digitalcourage.de/*
14 *http://quintessenz.at/*

gien wichtig, dass sich diese erst einmal entfalten können. Wenn wir aber sehen – so wie beim Internet der Dinge –, dass sich diese in die falsche Richtung bewegt und der Gesellschaft mehr schadet als nützt, dann sollte man rasch regulierend eingreifen. Offizielle Gütesiegel und Sicherheitslabels sowie eine digitale Produkthaftung wären der erste Schritt.

Zudem sollte man sich Gedanken darüber machen, wie man das Geschäftsmodell des Überwachungskapitalismus zerschlagen kann, wie es beispielsweise der Aktivist und Science-Fiction-Autor Cory Doctorow fordert. Sie haben richtig gelesen: zerschlagen, nicht regulieren. Das Problem ist laut Doctorow nämlich nicht, dass uns Tech-Konzerne überwachen, sondern dass sie ein Monopol haben. Es brauche daher Alternativen. Zwar haben bereits viele Start-ups ebenfalls damit angefangen, datengetriebene Modelle zu übernehmen, und diese Entwicklung ist brandgefährlich, aber bei den »Kleinen« lässt sie sich vielleicht noch durch Regulierung stoppen. Unternehmen wie Amazon, Google oder Apple hingegen ändern nicht einfach ihre Praxis, weil ein neues Gesetz daherkommt. Erstens haben diese Großkonzerne finanzielle Möglichkeiten, Lobbyisten zu engagieren, um die Gesetze zu beeinflussen. Zweitens haben sie die besten Anwälte der Welt, die in jedem Gesetz Schlupflöcher finden werden, um diese so auszulegen, wie es ihnen gefällt. Ergo: Die These, dass Monopolisten zerschlagen gehören, damit sich etwas ändert, ist durchaus attraktiv.

Ein weiterer Punkt, den ich an dieser Stelle als Anregung einbringen möchte, ist: Wir brauchen definitiv Zusammenarbeit und eine Schnittstelle zwischen Politik und Technik, wie es auch Bruce Schneier in seinem Buch »Click Here to Kill Everybody« fordert. Woher sollen Politiker all das, was ich Ihnen jetzt in diesem Buch erzählt habe, wissen? Sie müssten Experten auf diesem Gebiet sein! Das ist utopisch, denn selbstverständlich ist das Internet der Dinge nicht das einzige Thema auf dieser Welt und Politiker müssen vor allem ein

Allgemeinverständnis dafür haben, was in der Welt passiert. Politiker müssen auf Sachexperten vertrauen können, um Entscheidungen zu treffen. Und von genau diesen Experten – als Schnittstelle zwischen Politik und Technik – brauchen wir mehr. Diese Arbeit können die ehrenamtlichen Vereine, bei denen es genau solche Experten gibt, nicht alleine übernehmen.

Ich habe Ihnen bereits geschildert, dass andere europäische Staaten eine Art »Innovationsagentur« ins Leben gerufen haben, um den gesellschaftlichen Nutzen von technologischen Entwicklungen zu erforschen, mit Hands-On-Mentalität auszuprobieren und diese dann in die Politik einfließen zu lassen. Das bräuchten wir auch für Deutschland und Österreich. Plus eine Agentur, die sich mit den technologischen Auswirkungen auf die Gesellschaft beschäftigt und neben dem Nutzen auch die Gefahren von neuen Entwicklungen analysiert und Lösungen anregt.

Und weil wir das nicht nur nationalstaatlich denken dürfen, bräuchte es so etwas auch auf EU-Ebene. Damit könnten wir den Fortschritt, den neue Technologien mit sich bringen, für uns als Gesellschaft nutzen. Wir müssen als Gesellschaft Technologien selbst gestalten, wenn wir nicht von ihnen überrollt werden wollen. Wir können das! Das gilt für das Internet der Dinge und die Vernetzung der Gesellschaft genauso wie künstliche Intelligenz und viele weiteren Entwicklungen, die uns noch bevorstehen. Und ganz wichtig: Sie können das auch!

STICHWORTVERZEICHNIS